BOSHI WENKU
〔环境法学〕

江南大学自主科研计划青年基金（JUSRP1064）

生态破坏侵权责任研究

SHENGTAI POHUAI QINQUAN ZEREN YANJIU

薄晓波　著

U0953264

知识产权出版社
全国百佳图书出版单位

内容提要：

本书着重对生态破坏侵权进行研究，此种侵权与环境污染侵权既有密切联系又有实质区别。人们在开发利用自然资源的过程中可能侵害他人人身、财产权益，这种侵害可能是直接对他人在自然资源之上享有的物权的侵害，也可能是通过生态环境的中介作用引发对他人权益的间接侵害。针对生态破坏直接侵权和生态破坏间接侵权，应当分别适用不同的归责原则和侵权责任构成要件。我国现有立法针对生态破坏侵权责任的规定十分不足，亟待完善。

责任编辑：彭小华　　**责任校对：**董志英
特约编辑：徐施峰　　**责任出版：**卢运霞
执行编辑：王　岩

图书在版编目（CIP）数据

生态破坏侵权责任研究／薄晓波著．—北京：知识产权出版社，2013．9
ISBN 978－7－5130－2256－9

Ⅰ．①生…　Ⅱ．①薄…　Ⅲ．①环境破坏－侵权行为－研究－中国　Ⅳ．①D922．684

中国版本图书馆 CIP 数据核字（2013）第214680号

生态破坏侵权责任研究

薄晓波　著

出版发行：知识产权出版社
社　　址：北京市海淀区马甸南村1号　　邮　　编：100088
网　　址：http：//www.ipph.cn　　邮　　箱：bjb@cnipr.com
发行电话：010－82000860转8101/8102　　传　　真：010－82005070/82000893
责编电话：010－82000860转8113　　责编邮箱：pengxiaohua@cnipr.com
印　　刷：知识产权出版社电子制印中心　　经　　销：新华书店及相关销售网点
开　　本：880mm×1230mm　1/32　　印　　张：9
版　　次：2013年9月第1版　　印　　次：2013年9月第1次印刷
字　　数：211千字　　定　　价：28.00元
ISBN 978－7－5130－2256－9

序

薄晓波博士读博期间是我的学生，在这3年中她辅助我做了不少工作，对环境法学相关的许多问题进行了深入研究，比如法规环评、气候变化应对立法、低碳发展等，颇有成果。她的博士学位论文《生态破坏侵权责任研究》即将由知识产权出版社出版，作为她的导师，我由衷地为她感到高兴，遂欣然提笔。

进行博士学位论文选题之初，她与我进行过多次商讨，期望能够选择一个既有理论研究价值又有实践指导意义的题目。最终，结合她民商法学硕士的学术背景，我们一致认为，环境侵权比较适合由她来做研究，毕竟这是环境法与民法结合最为紧密的一个领域。考虑到环境污染侵权责任已经被学界进行了十分广泛而深入的研究，于是她提出来选择生态破坏侵权责任作为她的博士论文选题。这的确是一个很新的题目，之前对此有过探讨的著作、文章寥寥无几。但我也提醒过她，之所以研究得少，必然是有原因的。一方面，生态破坏行为引发他人利益受损可能较之于环境污染来说更加难以确定因果关系，另一方面，生态破坏引发的损害影响范围较之于环境污染来说可能也要大得多。因此，对此问题进行研究难度必然非常之大，但她表示有难度才更能体现出写这个题目的意义，最终结果证明她的选择是正确的。

长期以来，一说到环境侵权，对环境法有所了解的人常常都会很自然地想到环境污染侵权，并且认为其归责原则应该是无过错责任，而在环境侵权纠纷诉讼中应当适用因果关系举证责任倒置规则。这是因为我们在环境法教学过程中，许多老师在讲环境侵权问题时都是着重讲环境污染侵权，而环境法学者在撰写环境侵权相关专著和论文时也是将研究重点聚焦在环境污染侵权问题上。对于生态破坏侵权，虽然许多学者有所提及，却甚少给予其更多关注。但现实生活中却大量存在着生态破坏致使他人权益受损的情形，譬如开采矿产资源引发地陷进而损毁他人房屋、滥采滥伐导致山体滑坡并伤及他人性命等，这些行为并非环境污染，因此其造成的侵权无法纳入环境污染侵权范畴，对其也不应简单套用现有立法中关于环境污染侵权作出的特殊性规定。薄晓波博士在这本书中对生态破坏侵权责任进行了深入的研究。

论文首先是对一些基本概念的界定，在我国民事立法的基础之上对侵权责任、环境侵权、环境污染侵权、生态破坏侵权等概念进行了界定，为后面的章节奠定基础。明确了何为生态破坏侵权之后，对此类侵权采取类型化分析的方法来研究不同的生态破坏侵权分别具有什么样的特征，并最终选取生态破坏直接侵权和生态破坏间接侵权作为分类研究的切入点。前者是侵权人对自然资源造成破坏的行为直接侵害自然资源权利人所享有的对自然资源的物权，这种侵害是直接引发权利侵害后果的；而后者是侵权人的生态破坏行为对自然资源造成侵害，再经由生态环境的中介作用，进而使得他人人身财产权益遭受危害。两种侵权的途径显然不同，因此各自应当适用的归责原则和责任构成要件也相应的会有所区别，这是本书的研究重点。作者对于此问题的研究并非停留在书本层面，而是对现有的立法和司法实践情况进行了系统的梳理和分析，总结现有立法中关于生态破坏侵权责任的规定存在何种不足。在掌握了问题的前提下，再去有的放矢地学习发达国家关于生态破坏侵权的立法和司法经验，在借鉴国外先进经验的基础上，本书最后从理论走向实践，提出了颇具建设性的立法修改意见。

作者薄晓波从2000年起进入中国政法大学学习法律，她的勤奋、踏实和执着探索精神令我印象深刻。硕士毕业后她曾经做过两年律师工作，之所以重新回到学校攻读博士学位并且选择了环境与资源保护法学专业，据她介绍是因为自己对现在严峻的环境形势感到十分忧虑，希望通过自己的一点力量来尽可能地为保护环境做一点贡献。在这样一个人心浮躁的年代，她能够继续保持着追求理想的热情与纯真实属珍贵。在中国政法大学读书期间，她作为志愿者加入了“污染受害者法律帮助中心”（CLAPV），从事对污染受害者的法律援助和维权工作。这样的实务工作恰好与书本知识两相结合，让她能够通过对实际案件的思考，深刻认识我国环境法治存在的问题，并且在研究环境法理论的过程中对现实中存在的问题进行深入反思，继而寻求理论上的突破，再将理论研究成果运用到现实中去。本书的写作也很好地体现出理论创新性、结果合理性和可应用性等特征。

薄晓波博士现已成为江南大学法学院环境法学科的青年教学骨干。路漫漫其修远兮，我期望她以一贯的良好风貌和求索精神，在环境法教学和科研工作中取得更大的成绩，通过传道、授业、解惑为祖国培养更多有志于保护环境的栋梁之才。

是为序。

孙佑海

2013年8月20日

本书主要法律文件简称

（按在正文中出现的先后顺序排列）

1.《中华人民共和国侵权责任法》——《侵权责任法》
2.《中华人民共和国环境保护法》——《环境保护法》
3.《中华人民共和国矿产资源法》——《矿产资源法》
4.《中华人民共和国水法》——《水法》
5.《中华人民共和国刑法》——《刑法》
6.《中华人民共和国民法通则》——《民法通则》
7.《中华人民共和国宪法》——《宪法》
8.《中华人民共和国大气污染防治法》——《大气污染防治法》
9.《中华人民共和国水污染防治法》——《水污染防治法》
10.《中华人民共和国固体废物污染环境防治法》——《固体废物污染环境防治法》
11.《中华人民共和国森林法》——《森林法》
12.《中华人民共和国草原法》——《草原法》
13.《中华人民共和国水土保持法》——《水土保持法》
14.《中华人民共和国渔业法》——《渔业法》
15.《中华人民共和国环境噪声污染防治法》——《环境噪声污染防治法》
16.《中华人民共和国海洋环境保护法》——《海洋环境保护法》

17. 《中华人民共和国放射性污染防治法》——《放射性污染防治法》

18. 《中华人民共和国物权法》——《物权法》

19. 《中华人民共和国土地管理法》——《土地管理法》

20. 《中华人民共和国野生动物保护法》——《野生动物保护法》

21. 《中华人民共和国民事诉讼法》——《民事诉讼法》

22. 《中华人民共和国森林法实施条例》——《森林法实施条例》

摘　要

环境污染和生态破坏共同构成次生环境问题，在环境污染和生态破坏的过程中都可能出现侵害他人民事权益的情形，即发生侵权行为。有权利即应有救济。当侵权行为发生后，受害人得以依据法律规定请求加害人承担侵权责任，方能令受害人的民事权益得到保障。我国现有立法对环境污染侵权责任已经作出了较为细致的规定，但关于生态破坏侵权责任的规定则十分不足。环境法学界对生态破坏侵权责任的研究也几乎处于空白阶段，而学者对环境污染侵权责任的探讨已经相当周全和深入，两种类型的环境侵权的学术研究表现出明显失衡的状态。

生态破坏侵权责任属于侵权责任，侵权责任最为核心的问题当属归责原则和责任的构成要件。侵权责任的归责原则随着时代的发展而发生了明显的变化，与之相对应，侵权责任的构成要件也有所改变。我国《侵权责任法》与传统大陆法系民法中关于损害赔偿责任的规定不同，其规定的侵权责任承担方式不再限于损害赔偿，而是将停止侵害、排除妨碍和消除危险等也纳入侵权责任承担方式中，由此对我国侵权责任的构成要件也产生了重大影响。在这样的立法背景下研究我国的生态破坏侵权责任，必须结合考虑我国一般侵权责任的归责原则和构成要件。

生态破坏行为导致他人的民事权益受到侵害可能是直接侵害他人对自然资源的所有权或使用权，也可能通过生态环境的中介作用间接侵害他人的人身、财产权益。在这两种类型的生态破坏侵权中，显然生态破坏行为与民事权益受损害结果之间的作用途径是截然不同的：前者更加类似于一般的财产侵权，侵权行为直接以他人的财产权益为作用对象；而后者则与环境污染侵权十分类似，以生态环境为中介，加害人的行为间接侵害他人的民事权益。我国现有立法更多关注的是前一种生态破坏直接侵权，即自然资源的所有权或使用权遭受侵害时，追究加害人的侵权责任。由于我国的自然资源大多数情况下属于国家和集体所有，因此现有立法常常以行政责任形式来追究此种类型的侵权责任。而对于后一种生态破坏间接侵权的情形，只有极少数法律中以个别条文对这种侵权责任作出了规定。这极少数的规定由于其立法水平不足、体例安排不合理以及未能与《侵权责任法》相呼应等多方面因素，在司法实践中也未能受到重视和运用。司法实践中不止一次出现“违法”判决更有利于保护受害人的尴尬局面，更加反映出生态破坏侵权责任立法亟待完善的迫切性。

由于生态破坏直接侵权与生态破坏间接侵权对他人民事权益侵害的途径迥异，在研究生态破坏侵权责任时有必要作类型化分析。生态破坏直接侵权与一般的财产侵权基本没有差别，其归责原则和责任构成要件可以类比一般侵权责任，责任构成要件包括加害行为、损害或损害之虞、因果关系和过错；生态破坏间接侵权则不同于一般侵权，在此种情形下生态破坏行为引发损害结果（或损害之虞）的机理更加类似于环境污染侵权，都是以环境为中介，加害行为与损害结果（或损害之虞）之间存在的是间接联系。由于这种间接联系的隐蔽性，在生态破坏间接侵权发生之后，人们往往将损害归因于“天灾”，而忽视了其“人祸”的一面，受害人自吞苦果、加害人置身事外。尽管这种联系不似一般侵权那样明显、直接，却无法否认如果没有加害人的生态破坏行为，受害人就不会遭受那样惨重的损害。无救济等于无权利，如果受害人只能一味忍受这种损害，那么其依法享有的人身、财产权益无异于形同虚设。立法几近空白与司法实际需求之间的冲突要求立法者尽早对此种类型的侵权责任作出法律规定，明确受害人请求救济的法律依据。加害人从事的生态破坏间接侵权行为往往是其开发利用自然资源的经济活动中产生的附随品，在一般情况下其对侵害受害人权益并不存在主观过错；如果按照一般损害赔偿责任采用过错责任归责原则，那么受害人得到赔偿的可能性微乎其微，这显然不符合法律公平正义的精神。综合考虑各方面因素，对生态破坏间接侵权适用无过错责任原则更为合理。其责任构成要件包括加害行为、损害或损害之虞、因果关系。由于生态破坏间接侵权行为具有隐蔽性、形式多样性、结合性等特征，对此种情况下的行为与结果之间因果关系的判断非常困难，必须确立科学、合理的举证标准和举证责任分配规则。

在区分不同情况以分析生态破坏直接侵权和间接侵权分别应当适用的归责原则和责任构成要件的基础之上，可以考虑如何对我国生态破坏侵权责任提出具有可行性的立法建议。由于立法资源有限、单独立法不具有必要性等因素，我国不必制定单独的“生态破坏侵权责任法”，只需在现有立法中增加和删减相应的条款即可。《环境保护法》和《侵权责任法》中都应明确有关生态破坏侵权责任的规定，尤其是《侵权责任法》应将生态破坏间接侵权纳入特殊侵权类型，令其适用一些特殊的规则，以达到更加有利于救济受害人权益的法律效果。而各部自然资源开发利用及保护相关的单行法中，可以选择以《矿产资源法》为突破口，对其进行修改完善，健全有关矿产资源开发利用过程中的生态破坏侵权责任的条款，在此基础上总结经验与教训，再逐步完善其他自然资源相关立法中的生态破坏侵权责任规定。

关键词：生态破坏　归责原则　责任构成要件　生态破坏直接侵权　生态破坏间接侵权

ABSTRACT

Secondary environmental problems are composed of pollution and ecological damage. In the process of both pollution and ecological damage, situations may arise that infringe the civil rights of others, which give rise to torts. It is appropriate that there should be relief when such infringements occur. When violations occur, the victim can only ensure his or her civil rights are protected only if the offender is required to assume the tort liability. Although tort liability for environmental pollution in the existing legislation has been made more detailed, the tort liability for ecological damage is still inadequate. Environmental law scholars' study on tort liability for ecological damage is still at a very early stage, while research on pollution tort liability is comprehensive and in-depth. Clearly, the academic researches conducted into these two types of environmental tort are extremely imbalanced.

Tort liability for ecological damage belongs to tort liability, the core issues of which are the liability principles and elements. Liability principles change a lot along with the development over time, and changes of the tort liability elements take place correspondingly. The forms of tort liability in Tort Liability Law of the People's Republic of China differ from liability for damages in traditional civil law. They are no longer limited to damages, but also include cessation of infringement, removal of obstruction and elimination of danger. This has a significant impact on the constituent elements of tort liability. With this legislative background, to study the tort liability of ecological damage, we have to consider Chinese general tort liability principles and elements.

Behavior causing ecological damage may infringe directly upon others' ownership or natural resources use rights, or may infringe upon others' personal or property interests indirectly with the environment playing the intermediary role. The ways that ecological damage behavior infringes civil rights of others are distinct in these two kinds of ecological damage torts. The former is more similar to a general property infringement, in which the behavior is directly against the property rights and interests of others, however, the latter is much more similar to the environmental pollution tort, in which the environment plays an intermediary role and tort behavior is an indirect infringement of civil rights. Our existing legislation is more concerned about the former direct infringement, holding perpetrators bear tort liability when the victims' ownership or natural resources use rights have been violated. Since China's natural resources belong to the state or collectives in most cases, the way of settling this kind of dispute of environmental tort is often by administrative remedy according to existing legislation. For the latter indirect infringement, there are very few legal provisions provide for the tort liability in a handful of laws, which are not taken seriously or used in judicial practice because of their low legislative level, unreasonable style arrangements, inconsistency with the Tort Liability Act, amongst many other factors. This embarrassing situation, that "illegal" judgment is more conducive to the protection of the victims, has appeared more than once in judicial practice. This reflects the urgent need for ecological damage tort liability legislation to be improved.

Because the methods of infringing on others' right are completely different between direct and indirect ecological damage torts, it is necessary to research by classification. Direct ecological damage tort, which is similar to general property infringement, should hold the same tort liability principles and elements with general tort. The liability elements include harmful behavior, damage or the risk of damage, causation and fault. However, indirect ecological damage tort is much more similar to pollution tort instead of the general tort in its causation mechanism. In such cases, the causation between ecological damage behavior and the damage (or the risk of damage) is indirect, and needs to use the environment as an intermediary role. Because of the hidden nature of this indirect link, people often attribute this kind of damage to "natural disasters", while ignoring the human factors. In most cases, victims swallow their tears, and offenders are able to avoid liability. However, though the link between those actions and the results is not as obvious and direct as that in general torts, we can not deny that if the tortfeasor does nothing to destroy the ecological environment, the victim would not suffer such severe damage. No relief is tantamount to no rights. If the victims can only blindly tolerate such damage, their legally entitled personal or property interests are useless. The conflict between the legislative deficiency and the urgent need in judicial practices requires the legislators to make laws to clearly define this type of tort liability as soon as possible, in order to offer legal basis for victims to get relief. In those cases of indirect ecological damage tort, damage to the ecological environment is often accompanied with economic activities to use natural resources, so the tortfeasor has no fault during the process of infringement upon victims' civil rights. If it takes fault liability as the liability principle, like general tort, it is almost impossible for victims to get compensation, which is obviously inconsistent with the spirit of fairness and justice. Considering various factors comprehensively, we would find it is much more reasonable to hold the no-fault liability principle in indirect ecological damage tort. The liability elements include harmful behavior, damage or the risk of damage, and causation. Because the indirect ecological damage tort has some characteristics, such as concealment, form diversity, and associativity, it is very hard to judge the causal relationship between behavior and results. We have to establish a scientific and reasonable standard of proof and allocation rules of proof's burden.

On the basis of the differentiated analysis of the direct and indirect infringement of ecological damage tort should apply to different liability principles and elements, we can consider how to offer feasible legislative proposals for ecological damage tort liability. Since legislation resources are limited, separate legislation does not have the necessity and so on, it is unnecessary to enact a separate "Ecological Damage Tort Liability Act", however, we just need to make additions and amendments to some articles of the existing legislation. Environmental Protection Law and Tort Liability Act should include definite ecological damage tort liability provisions, especially the Tort Liability Law should put indirect ecological damage tort into the section on special torts, which applies to some special liability rules, in order to provide relief to victims more effectively. We can choose the Mineral Resources Law as a breakthrough from those laws related to natural resources use and protection, to revise and improve tort liability provisions in the process of using and exploiting mineral resources. Then, on the basis of summing up experiences of implementing this law, we can gradually improve the ecological damage tort liability provisions in other legislation related to natural resources.

KEY WORDS: Ecological Damage Liability Principle Liability Elements Direct Ecological Damage Tort Indirect Ecological Damage Tort

目　　录

导　论

一、选题背景

环境问题日趋严重地影响着人类的正常生产和生活。以环境问题的产生原因作为分类标准，环境问题可以分为原生环境问题和次生环境问题。

前者由自然力引起，对人类来说具有不可抗拒性和巨大的灾难性，人们无法通过制度设计和法律调整手段来控制和阻止这种问题的产生。因此，对原生环境问题进行研究主要是自然科学领域的任务，自然科学研究人员期望能够通过研究分析掌握原生环境问题的发生规律，在这些事件发生之前能够准确预报，以达到尽量减少人员伤亡、财产损失的目的。而环境法学界一般来说对原生环境问题不作重点研究；但如果某种原生环境问题系由次生环境问题所引起，则可能也会成为环境法学研究的对象。

与原生环境问题相对应的，是由人类活动所引起的环境问题，也即次生环境问题，它正是环境法所要重点防止和解决的对象。次生环境问题分为环境污染和生态破坏两种。从目前我国环境法学界的研究现状来看，环境污染问题备受青睐，而生态破坏问题则相对受到冷落。尤其是对环境侵权责任的研究方面，大多数学者在讨论环境侵权的时候很自然地就会着眼于研究由环境污染行为引起的侵权责任，而忽视了由生态破坏行为引发的侵权责任问题，甚至经常有人将环境民事责任、环境污染民事责任这两个概念混同使用。[1]从我国《侵权责任法》的规定来看，也很明显地体现出这一现状。该法第八章专章特别规定了“环境污染责任”，而对生态破坏责任则未有单独提及和强调。

为什么生态破坏的侵权责任至今未能受到学者应有的关注？是因为其非常罕见而不值一提吗？现实并非如此。近年来，生态破坏事件时常发生，并且往往后果十分严重、社会影响非常大，政府和公众都已经十分清楚地认识到生态破坏形势的严峻性和治理的必要性。据《2010 年中国环境状况公报》，目前我国总体生态系统服务功能不强，生物多样性下降趋势尚未得到有效遏制，遗传资源不断丧失和流失，外来入侵物种危害严重。特别是近年来受全球气候变暖等自然因素影响，加之人为开垦、超载过牧、破坏生态用地等影响，主要生态环境问题依然突出。90% 的草原不同程度退化；内陆淡水生态系统受到威胁，部分重要湿地退化；海洋及海岸带物种及其栖息地不断丧失，海洋渔业资源减少；现有水土流失面积 356. 92 万平

[1] 例如，金瑞林主编的《环境与资源保护法学》（高等教育出版社 2006 年版）第 292 页提及：“环境民事责任，在其构成要件上表现出特殊性，主观上的过错和行为的违法性不再是环境民事责任的构成要件。”笔者诚以为，这里作者想表达的是污染侵权责任的构成要件，却以环境民事责任代之。吕忠梅主编的《环境资源法学》（中国政法大学出版社 2005 年版）第 224 页提及：“我国有关法律法规规定，环境污染的损害赔偿采用无过错责任”，并举了若干法律条文予以佐证；之后又提出：“环境资源民事责任实现无过错责任原则是现代工业发展的结果，它的产生具有深刻的理论和现实基础。”金瑞林、汪劲所著《20 世纪环境法学研究评述》（北京大学出版社 2003 年版）第 273 页提及：“一般侵权行为大多直接作用于受害人，环境侵权则要通过‘环境’这一载体，再作用于人体和财产，其因果关系不容易直接和立即显现出来。环境侵权的原因事实是排放于环境的各种污染物。”显然，这些作者并没有严格区分环境污染的责任和环境资源民事责任概念，轻易忽视了生态破坏侵权责任问题。

方千米，占国土总面积的37.2%。2010年，地质灾害发生数量、造成的死亡失踪人数和直接经济损失与上年同期相比均有较大幅度增加。实际发生的地质灾害中，滑坡22 329起、崩塌5 575起、泥石流1 988起、地面塌陷499起、地裂缝238起、地面沉降41起。[1]从这些统计数据来看，我国生态环境破坏程度已不容忽视，生态破坏侵权责任未受重视并非因为生态破坏问题还不够严重；相反，生态环境已经遭受严重破坏已成为有目共睹的事实。

那么，是因为生态破坏侵权责任并不具备类似于环境污染侵权责任的特殊性，所以没有必要作特别规定吗？似乎也不尽然。虽然对自然资源的不合理使用可能直接侵犯的是自然资源权属主体的所有权或使用权，看起来与一般侵权并无二致，没有作单独研究的必要。但进一步引申来看，在生态破坏行为对自然资源造成破坏之后，除资源所有权人或使用权人之外，可能还有更多的人会由于生态环境的恶化而受到间接损害。这种潜在的、间接的损害至今还没有引起环境法学界的足够重视，立法中也很少有相关规定。然而，受害人的权利受到损害是客观存在的事实。如果每一种权利都能各行其道，当然也就没有必要予以救济。但正是由于权利会受到来自各方面的侵害，权利救济的制度配置就显得十分具有必要性，也就是所谓的无救济即无权利。从私权利的历史发展脉络可以看出，自罗马法开始直到现代民法理论中，私权一直都是按照"原有权—救济权"的模式来进行制度构建的。[2]由此，侵权责任的配备对权利设定来说就成为重要的制度保障。当生态破坏行为会对他人

[1] 数据来源：《2010年中国环境状况公报》。

[2] 杨明："请求权、私权救济与民事权利体系"，载《比较法研究》2007年第4期，第68页。

民事权益直接或间接地造成损害时，就有必要设定相应的侵权责任，以保障受害人的合法权益。

如果说直接侵害自然资源权属主体对自然资源享有的所有权或使用权的侵权行为所引发的侵权责任类似于一般侵权责任的话，那么间接导致他人人身、财产权益受到损害的生态破坏行为引发的侵权责任较之于环境污染侵权责任可能更加特别、更加复杂难辨。要分析生态环境的破坏行为与因生态破坏而遭受间接损害的受害人所受损害之间的因果关系，往往比污染侵权纠纷中的因果关系更加难以确定。这是因为生态环境破坏间接导致他人民事权益受到损害，往往会披着自然灾害的外衣，很容易令人切断之前的生态破坏行为与最终的损害结果之间的关系链条。

此外，自然资源的开发利用行为对经济发展来说具有不可或缺性，对自然资源开发利用行为人追究侵权责任的宽松或严苛程度，也体现出经济发展与环境保护、行为自由与权利保障等多方面的力量博弈。要解决好这个问题，也许不仅仅是法律制度的完善这样简单，还会涉及诸多法律制度之外的因素。可能也正因为如此，环境法学界中虽然有些人已经意识到这个问题的重要性，却在考虑解决该问题的方法时望而却步，未做深入研究。

笔者选择这样一个问题来作研究，早已清醒地认识到其难度与挑战性，但正如哲学家杰纳勒尔·乔治·S. 巴顿所说——接受挑战，就可以享受胜利的喜悦。笔者希望能够通过这项研究，最终享受到得出研究成果时胜利的喜悦。

二、选题出发点

（一）由泥石流灾害引发的思考

2010年8月7日晚，甘肃省舟曲县城东北部山区突降特大暴雨，降雨量达97毫米，持续40多分钟，引发三眼峪、罗家峪等四条沟系特大山洪地质灾害，泥石流长约5 000米，平均宽度300米，平均厚度5米，总体积750万立方米，流经区域被夷为平地。这场罕见的灾害使舟曲成为全国的关注焦点。对这场罕见灾害的成因，也形成了多种意见。国土资源部部长徐绍史在2010年8月9日下午召开的国土资源系统舟曲抢险救灾紧急会议上指出，舟曲泥石流灾害的成因主要有：地质地貌原因（舟曲一带大部分属于炭灰夹杂的土质，这种土质很容易形成地质灾害）；“5·12”地震震松了当地的山体，导致山体极易垮塌，短期内无法回复到震前形态；气象原因（2010年的严重干旱导致岩体、土体收缩，形成裂缝，这些裂缝一旦进水将很容易形成山体滑坡和泥石流）；瞬时的暴雨和强降雨（由于岩体因地震已经产生裂缝，瞬时的暴雨和强降雨深入岩体深部，导致岩体崩塌、滑坡，形成泥石流）；地质灾害的隐蔽性、突发性、破坏性强等。

但某些专家则提出了另一个重要原因——人类的滥采滥伐。❶

发生泥石流的舟曲县三眼峪沟曾经也是一个林木茂密、植被覆盖率极高的地方。在舟曲老一辈人的印象中，森林茂密的舟曲常被冠以“不二扬州”“陇上小江南”的美誉。此次发生灾难的三眼峪在几十年前到处都是茂密的树林，“最大的树，要几个人才能抱住”。据资料显示，新中国成立之初舟曲的森林覆盖率为44.7%，远远高于甘肃省的平均水平（7.48%）和全国平均水平（22%）。然而，自20世纪80年代开始，舟

❶ “专家：舟曲10多年滥砍滥伐 没有灾害才是奇迹”，载http：//china.huanqiu.com/roll/2010－08/1019816.html，最后浏览时间：2011年4月9日。

曲开始密集地开采当地的森林资源，现在许多地方的森林已经成为残败的次生林。甘肃省水利厅一名官员接受《中国经济时报》记者采访时直言不讳："此次洪水泥石流灾害与水土流失有很大关系。"❶其实早在1995年，北京大学教授李树德在对白龙江中游的地质灾害研究中，就提出舟曲县连年来植被破坏和水土流失严重，引起的滑坡、泥石流逐渐增多；特别是在舟曲县鱼儿沟，在28平方公里的区域内，大型滑坡就有6处。在中铁西北科学研究院总工程师王桢看来，遭遇了十多年的滥采滥伐之后，舟曲"不产生灾害才是奇迹"。十多年前的舟曲，尚有葱茏的绿意；而2010年泥石流发生之前的舟曲，目之所及均是土色的山体，并且基本都已支离破碎。❷

2011年6月10日，湖南省临湘市詹桥镇发生了历史罕见的特大泥石流灾害。凌晨时分，山洪泥石流冲垮民房，该镇的观山村几乎被完全吞噬。此次泥石流灾害共造成观山村27人死亡，生命和财产损失十分严重。当事后谈及泥石流发生的原因时，临湘市市委宣传部的官员认为导致这次灾难发生的主要原因是"山洪以及三百年不遇的强降水"。❸而当地幸存下来的村民们则持不同意见，他们普遍认为此次灾难系悬在观山村村子上方的采石场过度开采造成的，由于采石场长期过度开采，致使观山村周边山体水土流失严重。❹另外，采石场在附近的

---

❶ 火兴才、王克勤："舟曲泥石流成因调查：与生态破坏等多种因素有关"，载《中国经济时报》2010年8月23日，第A01版。

❷ "专家：舟曲10多年滥砍滥伐 没有灾害才是奇迹"，载 http://china.huanqiu.com/roll/2010-08/1019816.html，最后浏览时间：2011年4月9日。

❸ 崔木杨："湖南岳阳一处村庄24户被泥石流吞没"，载《新京报》2011年6月12日，第A04~A06版。

❹ 同上。

山上堆积了大量废沙，废沙越堆越高、越堆越大，就好比一个“定时炸弹”，当遇到暴雨天气，很容易形成泥石流。❶

从目前的认知来看，滥采滥伐即使不是造成泥石流灾害的根本成因，至少也是导致其发生的重要原因。基本上很少有人对这种观点持有异议。由此引发了笔者的思考：泥石流发生后导致的重大人身、财产损害，难道只能归结为“天灾”，就应该让受灾群众自认倒霉？他们可不可以要求此前在周围山林中进行滥采滥伐的那些人进行损害赔偿？这种滥采滥伐行为显然属于生态破坏行为的范畴。❷ 那么，由于这种生态破坏行为而遭受损害（或者即使还没有真正遭受损害，但确实面临着遭受损害的危险）的受害人是否可以主张这些滥采滥伐行为人承担生态破坏侵权责任？

（二）对山西“悬空”危机的反思

山西省因煤矿资源丰富而闻名全国，经过年复一年的挖掘，如今山西全省15万平方公里的土地，采空区近3万平方公里，被喻为“悬空寺”。采空区内，大面积沉降塌陷导致土壤龟裂、山体滑坡、水源枯竭、岩崖塌方、路桥凹陷，当地机关学校、工矿企业、居民住房无不如履薄冰。据统计，山西省内“不适合人类居住的村庄”已经超过700个。已经有不少村庄因地陷而被整体废弃，村民房屋尽皆倒塌，家具、家电等生活用品被掩埋在废墟下。这些村庄里到处可见“受地质灾害影响，请注意地陷”“请注意山体滑坡”等字样的警示标语，是村庄迁移前村民留下用于提醒过往车辆及行人的。207国道长治和晋城境内、309国道长治境内频频发生的采空区塌

❶ “岳阳暴雨18人遇难”，载《新京报》2011年6月11日，第A01版。

❷ 薄晓波：“论生态破坏侵权行为的归责原则与责任构成要件”，载《研究生法学》2011年第2期，第65~66页。

陷所造成的路基下沉、路面断裂的重大事故令人谈路色变。对于采空区时常发生的坍陷事件，有采矿企业的负责人提出："也许是规模开采引发地质灾害。"有些村庄因地底有煤而被迫整村迁移，由采矿企业出资给村民兴建新村，并声称建造房屋采取的是抗变形技术，安全性能足够高。但新村仍然"悬"在采空区地表；并且事实证明，新建的村庄房屋根本不具有抗变形性，仅3.2级的小地震就足以让房屋墙体开裂。有村民多次向各级政府信访办和人大、政协上访，要求调查纠正本村村民被侵权事件，并揭露当地政府的贪腐问题。[1]有记者对这一事件进行了深度报道。

关于采煤问题，公众长期以来更多地将注意力聚焦在矿难事故上。的确，我国矿难事故频频发生，造成了巨大的人身伤亡和财产损失，也产生了极其恶劣的社会影响。而由于采煤导致地面塌陷问题随着采空区面积增大而越来越严重，也逐步受到社会关注。此外，采矿企业的采矿行为往往还会引发地下水水位下降，进而影响周边居民的正常生活和农业生产用水需求。由此，笔者不禁思考，这种情形的出现显然是采矿企业的采矿行为对当地居民的人身、财产权益造成了损害（或者有损害之虞），应当追究其侵权责任。

针对此种情形，笔者努力搜寻了可以适用的法律依据。首先，《侵权责任法》对此类侵权并没有作出特殊性规定，因此根据该法只能以一般侵权的规定来追究采矿企业的侵权责任。

其次，《矿产资源法》中的法律责任部分缺乏明确规定侵权责任的条文，而只是规定了由政府部门责令那些违反该法规

---

[1] "山西煤炭采空区调查"，载 http：//city. ifeng. com/cskx/20111103/172563. shtml，最后浏览时间：2011年11月12日。

定，未取得采矿许可证擅自采矿，擅自进入国家规划矿区、对国民经济具有重要价值的矿区范围采矿，或者擅自开采国家规定实行保护性开采的特定矿种的行为人停止开采、赔偿损失。但从该条款的实质内容分析，此处的“赔偿损失”所指向的对象似乎并不是因采矿行为而受到人身、财产侵害的受害人（或潜在受害人），而是拥有矿产资源所有权并且所有权受到上述行为侵害的国家。该法第32条第3款规定：“开采矿产资源给他人生产、生活造成损失的，应当负责赔偿，并采取必要的补救措施。”但该条在实践中并未受到应有的重视，很少在司法审判中得以适用。

最后，《水法》第31条第2款规定：“开采矿藏或者建设地下工程，因疏干排水导致地下水水位下降、水源枯竭或者地面塌陷，采矿单位或者建设单位应当采取补救措施；对他人生活和生产造成损失的，依法给予补偿。”从内容来看，该条确实规定了采矿破坏地下水或导致地面塌陷的情况下采矿单位的责任，但明确以“因疏干排水”作为限定条件。此外，该条款仅规定了对造成损失给予补偿的责任形式，并未规定预防性的停止侵害、排除妨碍、消除危险等责任，“补偿”一词也并非严格意义上的民事责任用语。下文将对该条款进行详细分析，此处不赘述。从已有的几件此类情形的侵权案件中，《水法》的该条款似乎也并未被法官援用，未受到应有的重视。而更值得关注的问题在于，绝大多数受害者在家园被采矿者摧毁之后，并未诉诸法律寻求救济。纵然此种情况与中国人传统的“厌讼”心理密切相关，但法律规定的极度欠缺也是受害人无法获得足够的诉讼信心与热情的重要原因。

显然，在类似的案件中，往往加害者与受害者之间经济实力悬殊，是否应当在法律中对这类侵权的受害者给予特别保护，以彰显法律的公平正义精神？这样做是否更加有利于发挥侵权法的救济功能？在众多有关生态破坏的损害后果逐步显现以后，笔者对生态破坏侵权责任深入研究的决心也愈加坚定。

三、研究现状

尽管环境侵权在我国早已引起关注，但生态破坏侵权似乎尚未进入公众视野。笔者对相关词条进行了检索，截至 2013 年 6 月 16 日，检索结果列表如表一所示：

表一　生态破坏侵权相关词条检索结果

作为主题的检索词 / 检索网站	环境侵权	污染侵权	环境污染侵权	生态破坏侵权	环境破坏侵权	备注
国家图书馆网站（http://www.nlc.gov.cn/）	15	3	2	0	0	图书检索
中国政法大学图书馆（http://www.cupl.edu.cn/library）	7	0	1	0	0	图书检索
中国知网（http://www.cnki.net）	981	114	80	0	1❶	学术论文检索
万方数据库（http://g.wanfangdata.com.cn/）	826	87	64	1	0	学术论文检索

从检索结果来看，研究“环境侵权”的专著和学术论文很多，也有较多关于“环境污染侵权”的研究成果，但对“生态破坏侵权”或者“环境破坏侵权”的专门研究极少。也曾有学者提及“生态型环境侵权”的问题，并且指出其具有特殊性。❷但该学者所说的生态型环境侵权与本书所研究的生

❶ 这一条是笔者发表的一篇粗浅分析生态破坏侵权责任构成要件的论文。

❷ 吕忠梅主编：《环境法案例辨析》，高等教育出版社 2006 年版，第 86～106 页。

态破坏侵权并非完全相同的概念，只是有部分交叉重合的内容。且该学者并未深入、系统地研究生态型环境侵权，只是作出了较为简单的介绍。

其他国家环境法理论中并未对环境问题的环境污染和生态破坏作出明确界分，对侵权责任的研究也并没有专门区分环境污染侵权和生态破坏侵权。❶

总体来看，无论是国内还是国际环境法学界，对生态破坏侵权责任的专门研究基本上都还处于空白的阶段。

四、研究意义

对生态破坏侵权责任进行研究既具有重要的理论价值，又能够解决诸多现实问题。

（一）理论意义

目前环境法学者倾注了大量精力和时间对环境污染侵权责任进行深入研究，并且已经形成较为成熟完善的理论架构。在学术理论的推动下，立法者对于环境污染侵权也给予了高度重视。现行立法对环境污染侵权责任作出了许多具有特殊性的规

---

❶ 笔者查询了美国哥伦比亚大学法学院图书馆数据库系统，输入“ecological damage”，只有一本符合搜索条件的英文专著，其名称为：*Environmental Liability and Ecological Damage in European Law*；但细查其内容，发现其所称的“ecological damage”是指环境污染导致的损害，并不是中文中所称的“生态损害”，也跟生态破坏侵权没有密切联系。参见 Monika Hinteregger, *Environmental Liability and Ecological Damage in European Law*, Cambridge University Press, 2008。另外，以“environmental damage”或者“environmental liability”为检索词进行检索后发现，几乎所有的国外学者在谈论此问题时，都仅指环境污染责任，而没有对生态破坏责任的论述。参见 Mark Wilde, *Civil Liability for Environmental Damage—A Comparative Analysis for Law and Policy in Europe and the United States*, Kluwer Law International, 2002; Greatta Goldenman, *Environmental Liability and Privatization in Central and Eastern Europe*, Graham & Tortman Limited, 1994.

定，将其与一般侵权责任区分开来。甚至我国立法中许多关于污染侵权的规定还领先于西方发达国家。例如，环境污染案件中关于因果关系举证责任倒置的举证规则，明显体现出我国立法者在污染者的经济利益与污染受害人的人身、财产权益之间，更加倾向于保护污染受害者权益的价值判断。这种立法取向对于污染受害者的权益救济起着不容置疑的重要作用。[1]

与环境污染侵权责任的立法现状相比，生态破坏侵权责任的相关规定则明显不足，条文数量很少，且有限的条文中的责任规则也非常模糊，甚至出现责任构成要件和责任承担方式在逻辑上无法对应的技术性问题，显露出立法技术的落后。而因生态破坏行为而遭受到损害（或有损害之虞）的受害人根据这些法律条文也难以主张自己的权利、请求救济。

笔者认为，之所以生态破坏侵权责任的立法现状远远落后于环境污染侵权责任，很重要的一方面原因在于学界对该问题的长期忽视。从著作、论文的数量对比方面就可以很明显地看出这一点：环境法学者在广泛研究环境污染侵权的同时，却普遍忽视了生态破坏侵权问题。造成这种学术研究落差的原因主要包括以下几点：

其一，20世纪后半期污染问题日趋严重，公害事件频繁发生且影响巨大。经济发展迅速的国家在享受发展成果的同时也付出了非常惨重的代价，他们在国际会议上向其他国家介绍公害问题给自己带来的难以消除的不利影响，令我国参会代表清楚地认识到污染问题的严重性和危险性，由此开始，我国意识到污染防治工作的紧迫性。因此，在《环境保护法》制定

[1] 诚然，实践中许多污染受害者在要求污染者承担侵权责任时受到重重障碍，但这些障碍更多地来自执法和司法层面，而不是由立法不完善所致；这些障碍的排除有赖于执法、司法机制的改革和完善，并非立法所要解决的问题。

之初，学者和立法机关就将污染防治作为我国环境保护立法的着眼点和重点内容，这与当时的历史背景密不可分。

其二，对泥石流、地面沉降等导致人身伤亡、财产损失的灾害现象，绝大多数人将其归结于“天灾”，而很少有人认为其是“人祸”，故在实践中尚未对生态破坏侵权责任的追究提出明确的立法需求。

其三，生态破坏行为对生态环境造成不利影响时，私权利主体较少受到此种行为的直接影响，国家作为自然资源大多数情况下的所有权人可以通过行政责任和刑事责任的方式来追究生态破坏者的法律责任，故而侵权责任这种民事救济方式在此类情形中较少得到适用。

其四，也许有人会认为，对环境的不合理开发利用行为破坏的是自然资源，即便自然资源的物权主体（所有权人、使用权人等）主张侵权责任，也不过是财产权受到侵害的侵权问题，与一般侵权无异，没有必要专门进行研究。而环境污染侵权则不同，污染者对受害人造成损害（或有损害之虞）是借由环境这一中间介质实现的：首先污染者将污染物排入环境中，也许在环境中又与其他物质发生化学、生物等反应，然后才会对他人造成损害（这种损害可能要在若干年之后才会显现，具有滞后性、潜伏性等性质），体现出极端的复杂性，加之污染者与受害人之间经济地位悬殊，因此有必要对环境污染侵权制定特殊规则，以保护受害人。而生态破坏侵权的情况是对自然资源的过度开采利用或者是违法开采利用，由此遭受损害的往往是对自然资源享有物权的主体。这种权利侵害过程相对于污染来说似乎并没有那么复杂，也就没有制定特殊规则的需要。

其五，最为重要的问题在于，生态破坏行为发生后间接引发他人民事权益受到损害的情况下，要确定责任人并界分各加害人之间的责任分担是个极其难以解决的问题，因为相对于环境污染行为，生态破坏行为的主体更加难以限定。以抽取地下水问题为例，可能方圆几百公里范围内有数以千计的农户都在抽取地下水，如何寻找责任主体就成为一道难题。即便确定了责任主体，各主体之间应当如何承担侵权责任也很难界分。更为艰难的任务在于因果关系的确定。在生态破坏行为直接侵犯他人财产权（如盗伐他人林木侵犯他人的林木所有权）的情况下，因果关系一目了然。但是，在生态破坏行为导致环境要素的数量减少、质量降低、功能减弱之后，由此发生了生态事故乃至生态灾难，并间接侵害了他人的人身、财产权益的情况下，如何判断生态破坏行为与最终损害结果之间的因果关系？受害人怎样主张自己所遭受的损害是由某个人的生态破坏行为而不是由其他人的其他行为所引起？这都是现实存在却又十分难以解决的问题。也许大多数环境法学者都是考虑到这样的巨大困境，于是没有展开对生态破坏侵权责任的深入研究。

从理论研究的角度来看，环境污染侵权和生态破坏侵权都属于环境侵权，前者已经被研究得十分深入，而对后者的研究则基本上还没有真正起步。笔者认为，如果能对生态破坏侵权责任也进行系统全面的梳理、深入细致的分析，则可以改变这种学术研究失衡的现状。当然，笔者深知，生态破坏侵权是一种异常复杂的侵权类型，“身先士卒”必然会面对难度非常高的挑战；但如果能够在研究之后得出一定程度上的成果，即便不够周全、完善，至少作为探路者也可以为以后关于生态破坏侵权责任的研究奠定一些基础。

（二）实践意义

1. 补充与完善生态破坏民事责任，打破法律责任不均衡

现状

《刑法》分则第6章“妨害社会管理秩序罪”第6节“破坏环境资源保护罪”中的第340~345条规定的均是生态破坏达到一定严重程度时要对生态破坏者追究的刑事责任，自然资源保护相关的各单行法中的法律责任部分规定了大量关于生态破坏行为的行政责任，而民事责任条款则寥寥无几。可以说，我国现有立法中，针对生态破坏行为通常运用刑事责任和行政责任的方式来对行为人进行惩戒，通过行政责任（或行政化的民事责任）和极少量的民事责任规定对自然资源的所有权人和使用权人予以保护。但是对于非自然资源所有权人或使用权人的其他人因生态破坏而遭受人身、财产权益损害（或有损害之虞）的情形，则很少有明确的权益救济法律依据。这种立法格局明显体现出我国环境资源法“重行政轻民事、重处罚轻赔偿”的立法现状，而这已经越来越不能满足市场经济体制下对环境法治的需要。因为市场经济体制要求属于私法领域的纠纷应当由当事人通过行使自己的权利来解决，国家不应过多地利用行政权力加以干预。[1]因此，当人们的权益因生态破坏而遭受损害时，应当赋予其追究侵权责任的权利和能力，通过生态破坏侵权在立法上的补充与完善，来保障受害人的权益能够得到有效救济，同时也令生态破坏的民事责任与行政责任、刑事责任相比不再沦为短板。

2. 充分发挥生态破坏侵权责任的救济功能，保障生态破坏受害人的权益

人类社会进入工业化时代之后，由于污染问题十分严重，

[1] 王灿发：“论环境纠纷处理与环境损害赔偿专门立法”，载《政法论坛》2003年第5期，第20页。

公害事件不断出现，造成了巨大的人身和财产损害，甚至许多受害人因此而丧失生命，故而污染问题开始受到世界各国的普遍关注。人类社会将防治污染、保护环境作为一项十分重要的任务，致力于采用各种手段（包括立法手段）来完成这一任务，这也是促使环境法学界和立法者倾注如此多精力去完善环境污染侵权理论研究和立法制度构建的社会背景。相比之下，生态破坏引发的类似于公害那样的社会群体性问题似乎还并没有那么显著地爆发出来，或者是因为生态破坏行为对除自然资源物权人之外的其他人的人身、财产权益的侵害与环境污染侵权相比会具有更强的滞后性。即便滥采滥伐引发泥石流，过度采矿导致地陷、植被破坏、地下水水位下降，并进而威胁周边居民的人身、财产安全等一系列不利后果已经呈现出愈演愈烈的势头，但似乎引起的社会关注还不足够；或者说即使此类事件已经引起关注，但是社会关注的焦点似乎并未放在生态破坏侵权责任问题上。在泥石流事件发生后，更多的人（包括泥石流事件中遭受损害的当地居民）将其看做天灾，呼吁社会捐款帮助灾区人民渡过难关，而没有想到要去追究滥采滥伐者的侵权责任；在过度采矿引发地面塌陷事故之后，人们更多的是诘难采矿企业在安全管理中的疏忽，而没有追本溯源地去思考采矿行为本身的生态破坏性。

当然，现有立法中缺乏相关的制度规定，无从为这种侵权责任的主张提供法律依据。与《侵权责任法》中独立成章的“环境污染责任”相比，关于生态破坏侵权责任的立法明显不足。尽管二者都属于环境侵权的范畴，但生态破坏侵权毕竟不同于环境污染侵权，前者发生之后不应适用后者的相关法律规定。但现在的司法实践中，却又确实出现了法院以环境污染责任的相关规定来审理生态破坏侵权纠纷的案件，体现出立法不足给司法需求带来的尴尬困境。

因此，如果对生态破坏侵权责任进行系统的研究，提出合理的制度设计，则可以为将来侵权法和环境法的立法完善提供建议。

3. 使生态补偿落到实处

生态补偿是指通过对损害（或保护）资源环境的行为进行收费（或补偿），提高该行为的成本（或收益），从而激励损害（或保护）行为的主体减少（或增加）因其行为带来的外部不经济性（或外部经济性），达到保护资源的目的。生态补偿在我国已经被呼吁多年，但至今尚未形成一套完整的、行之有效的机制。关于生态补偿的三个基本问题从未得到根本的解决：谁补偿谁，即补偿支付者和接受者的问题；补偿多少，即补偿强度的问题；以及如何补偿，即补偿渠道的问题。[1]

笔者认为，追究生态破坏行为人的侵权责任，可以视为通过民事途径向损害环境的主体征收费用，提高其行为成本，并将该费用支付给在生态破坏中受到损害的人，作为其忍受生态破坏结果的补偿。这恰恰从一个角度解决了生态补偿中难以解决的问题，使得补偿的支付者、接受者都得以明确，补偿金额即为受害人所受到的损害，补偿渠道即通过支付损害赔偿金的方式。当然，这只是单单从侵权责任的角度来实现生态补偿的一个渠道，与一整套生态补偿机制的建立还相差甚远。

五、研究内容与创新

本书的研究内容主要包括：

---

[1] 毛显强、钟瑜、张胜：“生态补偿的理论探讨”，载《中国人口·资源与环境》2002 年第 4 期，第 38 页。

导论。对本书的选题背景、选题出发点、研究现状、研究意义、主要研究内容和创新之处、研究方法等作出说明。

第一章，基本概念界定。主要剖析了生态破坏、侵权责任、生态破坏侵权、生态破坏侵权责任等基础性概念的内涵和特征。

第二章，生态破坏侵权责任的类型化分析。从不同角度对生态破坏侵权责任进行类型划分，最终选取生态破坏直接侵权和生态破坏间接侵权这种分类方法作为下文讨论生态破坏侵权责任构成要件的基础。

第三章，我国生态破坏侵权责任的实践分析。介绍我国现有的关于生态破坏侵权纠纷的司法案例判决结果、生态破坏侵权责任相关立法规定以及学者观点，指出其存在的主要问题。

第四章，国外生态破坏侵权责任的考察借鉴。考察其他国家关于生态破坏侵权责任的立法规定和司法实践，总结其经验并加以借鉴。

第五章，生态破坏侵权责任的立法健全与完善。对生态破坏直接侵权和生态破坏间接侵权分别提出归责原则和责任构成要件的建议。由于前者与一般侵权较为类似，而后者则具有较强的特殊性，因此，本章重点对生态破坏间接侵权的责任构成要件进行深入分析。在此基础上提出对我国立法的修改建议。

本书对生态破坏侵权责任进行专门研究本身就是一种新的尝试。此外，本书突破以往将环境侵权作为特殊侵权对待的传统视野，将与环境因素密切相关的侵害自然资源物权的一般侵权也纳入生态破坏侵权的范畴中予以分析，对生态破坏侵权作出了生态破坏直接侵权与生态破坏间接侵权的类型划分。

全书紧密结合民法学和环境法学的理论，灵活运用传统的侵权法知识来探讨新兴的环境法学领域的问题，体现出较强的学科交叉性质。在立足于我国《侵权责任法》的基础上，本书还对我国民法学界通说所认同的侵权责任构成要件学说提出挑战，质疑损害结果、过错等作为侵权责任构成要件的合理性，大胆地提出有别于通说中有关侵权责任构成要件观点的新主张。

六、主要研究方法

本书所使用的研究方法主要有：

（1）比较分析法。这种研究方法贯穿全文，比较分析生态破坏与环境污染、生态破坏侵权与环境污染侵权、生态破坏直接侵权与生态破坏间接侵权等多组概念，并且考察借鉴不同国家对待生态破坏侵权责任的立法规定与司法判例。通过对比，更加清楚地展现出各个概念的特征。

（2）案例分析法。对于国内和国外实际发生的有关生态破坏侵权的案件和判例进行考察，分析其值得肯定和有待改进的地方，为最终的建议提供案例依据。

（3）价值分析法。对侵权责任构成要件进行取舍，需要确定风险分配、矫正正义等价值标准。

（4）利益分析法。本书考虑生态破坏侵权责任构成要件时综合分析加害人与受害人的利益受制度选择的影响，以及私权权益与生态利益的平衡。

（5）规范分析法。对我国《侵权责任法》以及多部自然资源保护单行法中的制度设计、具体条文规定的含义进行规范分析，指出其不足，并提出完善建议。

第一章　基本概念界定

概念乃是解决法律问题所必需的和必不可少的工具。没有限定严格的专门概念，我们便不能清楚地和理性地思考法律问题。没有概念，我们便无法将我们对法律的思考转变为语言，也无法以一种可理解的方式把这些思考传达给他人。[1]生态破坏侵权责任是侵权责任的一种，与生态破坏又密切相关。因此，在研究生态破坏侵权责任构成要件之前，有必要厘清其中一些重要的子概念，如生态破坏、侵权责任等。

第一节　生态破坏

一、生态破坏的定义

本书所说的生态破坏，也被许多学者称为环境破坏。但因为环境破坏本身从字面来看是一个含义十分广泛的概念，似乎只要是对环境造成不利影响的情形都可以被称为环境破坏。对中国环境法理论研究并不熟悉的人在听到该词时都会很自然地将环境污染也纳入环境破坏的范畴中，认为只要对环境造成了不利的影响就是环境破坏，当然也应当包括污染行为导致的不利影响。也有其他法律专业的博士生在与笔者讨论时认为环境

[1] ［美］E. 博登海默：《法理学：法律哲学和法律方法》，邓正来译，中国政法大学出版社2004年版，第504页。

破坏是环境污染达到非常严重的程度时所使用的概念，与污染问题是在程度上有所区别。在日常生活语境中，或者在其他国家并没有将次生环境问题分类为环境污染和环境破坏的研究背景下的环境法学界，环境破坏一词的内涵的确远远超过笔者在本书中所要研究的对象。欧盟关于起草《废弃物排放的民事责任的指令》的提案中，第 2 条第 1 款 d 定义了“环境破坏”：不构成第 2 条第 1 款 c 第 2 项意义上的财产损害，但是造成环境质量在物理上、化学上、生物上严重恶化影响的事件。[1]这一定义似乎更加有意要强调遭受破坏的对象——是环境质量而非私人财产。这显然不同于我国环境法理论中对环境破坏（抑或是生态破坏）进行的界定。

较之于上述关于环境破坏含义的广义界定来说，我国环境法理论中对环境破坏的界定属于狭义上的环境破坏。我国不同学者对生态破坏（环境破坏）的具体界定作出了以下不同的表述：

蔡守秋教授认为，取出性损害或开发性损害，简称生态破坏或环境破坏，又称非污染性的损害，即由于人类不适当地从环境中取出或开发出某种物质、能源（统称非排污行为）所造成的对环境和人类的不利影响和危害，如滥捕野生动植物、滥伐森林、滥垦土地、滥采矿产资源、滥抽（取）地下水等。[2]

王灿发教授提出，环境破坏具体是指由人类活动引起的生态退化及由此而衍生的环境效应。它可以使一个或数个环境要素数量减少、质量降低，从而降低乃至破坏它们的环境效能，

[1] ［德］克里斯蒂安·冯·巴尔：《大规模侵权损害责任法的改革》，贺栩栩译，中国法制出版社 2010 年版，第 85 页。

[2] 蔡守秋主编：《环境资源法教程》，高等教育出版社 2004 年版，第 7 ~ 8 页。

使生态平衡遭到破坏。❶

周珂教授提出，自然环境破坏是指人类不合理地开发利用自然环境，过量地向环境索取物质和能源，使自然环境的回复和增殖能力受到破坏的现象。❷

吕忠梅教授提出，自然环境破坏是指人类不合理地开发利用自然环境的一个或数个要素，过量地向环境索取物质和能量，使它们的数量减少、质量降低，以致破坏或降低其环境效能、生态失衡、资源枯竭而危及人类和其他生物生存与发展的一种现象。❸

徐祥民教授认为，环境破坏是指由于人类的活动造成的对自然资源原有状态的破坏。❹

虽然以上各位环境法学者对环境破坏（生态破坏）所下的定义从表述上各有不同，但总结起来，上述种种定义具有较大程度上的共同点：首先，环境破坏（生态破坏）是由人类对生态环境中的物质、能源——或称自然资源进行不合理的开发、利用行为所引起；其次，环境破坏（生态破坏）会导致环境要素数量减少、质量降低，并可能引发生态失衡的后果；最后，环境破坏（生态破坏）作为一种环境问题，是一种现象，而非导致现象的行为。

在我国环境法学领域中，环境破坏与生态破坏是可以相互替代的概念；但对于该领域外的人来说，似乎环境破坏比生态破坏具有更为广泛的含义。为了避免用语理解出现歧义，笔者

---

❶ 王灿发：《环境法学教程》，中国政法大学出版社1997年版，第8页。

❷ 周珂：《环境法》，中国人民大学出版社2005年版，第9页。

❸ 吕忠梅主编：《环境资源法学》，中国政法大学出版社2005年版，第15页。

❹ 徐祥民主编：《环境法学》，北京大学出版社2005年版，第12页。

在本书中选择使用“生态破坏”概念。

在总结众多学者所下的定义的基础上，笔者认为，生态破坏指的是因人类不合理地开发、利用自然资源，导致环境要素数量减少、质量降低，环境效能和生态平衡遭到破坏的现象。

二、生态破坏与环境污染的联系与区别

较之于生态破坏，环境污染似乎是个令人更加耳熟能详的概念。它指的是人类活动向环境排入了超过环境自净能力的物质或能量，从而使环境的物理、化学、生物性质发生变化，产生不利于人类及其他生物的正常生存和发展的影响的一种现象。[1]

生态破坏与环境污染同属于次生环境问题，都由人类行为引起，都对环境造成不利影响。生态破坏会降低环境效能，使环境自净能力减弱，从而导致环境污染加剧。有时，这两种环境问题可能会在同一项人为活动中同时发生。例如，采矿行为可能既破坏植被，导致地表塌陷、地下水水位降低，造成生态破坏，同时也会使废矿渣堆积，导致水质污染。两者之间存在千丝万缕的联系。

但是二者又有着显著区别，主要体现为对环境造成影响的方式不同。污染行为之所以对环境造成不利影响，主要是通过向环境排放物质或能量超过了环境的自净能力，从而导致环境质量降低并影响人类或其他生物的正常生存和发展。而生态破坏则大多是对自然资源的不合理开发利用行为，导致环境要素的数量减少和质量降低，破坏环境效能和生态平衡。简而言

[1] 吕忠梅主编：《环境资源法学》，中国政法大学出版社2005年版，第15页。

之，前者是向环境排入环境中本来不应该有的（或者不应该有那么多的）物质或能量，而后者是从环境索取环境中本来应该保留的（或者应该保留更多的）。

三、小结

分析生态破坏这一概念主要有以下几方面意义：

首先，本书所要研究的生态破坏侵权责任以生态破坏这一概念为基本元素。只有首先明晰何谓生态破坏，清楚分析生态破坏对环境造成不利影响的方式，才能在此基础上来探讨生态破坏行为引发的侵权责任问题。

其次，本节所说的生态破坏是从其现象、状态的层面来谈的，是次生环境问题的一种。而与此紧密相关的另一个概念“生态破坏行为”，有时也被简称为生态破坏，但二者并不一致，是行为与后果的关系；并且有时彼后果并非由此行为所引发，本章第三节将论及此问题。本书所要研究的生态破坏侵权责任系由生态破坏行为所引起，而并不是一定发生了生态破坏后果或现象的环境问题。

最后，生态破坏与环境污染之间既有紧密联系又存在明显区别，通过对二者的比较分析可以了解彼此的共通之处与差异。由此，在研究生态破坏侵权责任时，可以利用已经被深入研究的环境污染侵权责任作比较研究，参考立法中已经较为成熟的环境污染侵权责任相关规定来构建目前尚有欠缺的生态破坏侵权责任。

第二节　侵权责任

有学者曾指出：“要探讨环境污染致害的侵权行为（environment tort）概念，对侵权行为这一概念不可不察，这是特殊与一般的关系。”[1]同样地，要探讨生态破坏侵权责任，也要建立在考察侵权责任的基础之上，二者也是特殊与一般的关系。但毕竟侵权责任是一个内涵十分丰富的概念，笔者无法在本书中全面详尽地介绍侵权责任的方方面面，在此仅针对其中与下文将要论述的“生态破坏侵权责任”有密切关联的问题作归纳分析。

侵权责任以侵权责任构成要件为核心内容，侵权责任构成要件表达了侵权责任法中最重要的价值判断，并且揭示了侵权责任应当具备的各项要素。只有确定了侵权责任构成要件之后，方能对侵权责任作出概念界定。而侵权责任承担方式则是确定侵权责任构成要件的前提，对侵权责任承担方式的认识不一，对侵权责任构成要件的立法设计也会有所不同。[2]因此，首先需要明晰侵权责任的承担方式。

一、侵权责任承担方式

（一）传统大陆法系民法中单一的侵权责任承担方式

大陆法系传统民法中，侵权责任承担方式仅包括损害赔偿责任，具体形式有恢复原状与金钱赔偿两种。《德国民法典》第823条规定了“损害赔偿义务”，该条规定：“（1）故意或有过失地不法侵害他人的生命、身体、健康、自由、所有权或其他权利的人，负有向该他人赔偿因此而发生的损害的义务。（2）违反以保护他人为目的的法律的人，负有同样的义务。依照法律的内容，无过错也可能违反法律的，仅在有过错的情

[1] 曹明德：《环境侵权法》，法律出版社2000年版，第13页。

[2] 王轶：“论侵权责任承担方式”，载《中国人民大学学报》2009年第3期，第15页。

况下，才发生赔偿义务。”[1]该条后面诸多条文中所涉及的情形均以损害赔偿作为责任承担方式。由此可见，在德国，侵权行为所引发的仅仅是损害赔偿义务。[2]德国著名民法学者克雷斯蒂安·冯·巴尔教授也提出过：“侵权行为法是私法的一部分。它决定某人受到侵害后得到赔偿（或者说在出现此等侵害情形时，是否有权得到法律上的救济）。”[3]受德国民法影响至深的我国台湾地区“民法”中也有类似规定，其“民法”第184条规定：“因故意或过失，不法侵害他人之权利者，负损害赔偿责任。故意以背于善良风俗之方法，加损害于他人者亦同。违反保护他人之法律，致生损害于他人者，负赔偿责任。但能证明其行为无过失者，不在此限。”

可以看出，损害赔偿是大陆法系传统民法中侵权责任承担方式的唯一形态。

（二）我国现有民法中多元化的侵权责任承担方式

从我国《民法通则》和《侵权责任法》的规定可以明显看出，我国立法者所采纳的侵权责任承担方式相对于传统民法来说要丰富得多。

《民法通则》第6章“民事责任”中规定了违约责任和侵权责任，其中第3节“侵权的民事责任”中罗列了7种侵权责任的承担方式：返还财产、恢复原状、赔偿损失、停止侵害、消除影响、恢复名誉、赔礼道歉。该法第134条还规定了

---

[1] 陈卫佐译：《德国民法典》，法律出版社2006年版，第306页。

[2] 笔者认为，在中国语境中，将这里的“损害赔偿义务”理解为“损害赔偿责任”更加妥当。

[3] ［德］克雷斯蒂安·冯·巴尔：《欧洲比较侵权行为法》（上卷），张新宝译，法律出版社2001年版，第1页。

排除妨碍、消除危险和修理、重作、更换的责任方式。❶《侵权责任法》第15条专门规定了承担侵权责任的方式，主要有停止侵害、排除妨碍、消除危险、返还财产、恢复原状、赔偿损失、赔礼道歉、消除影响、恢复名誉等。由此可见，我国现有立法中对侵权责任承担方式的规定呈现出多元化特征，这种多元化侵权责任承担方式的确立具有特定的背景。

首先，多元化的侵权责任承担方式更有利于对民事权益的完整、有效保护和救济。相对于损害发生后予以赔偿的责任方式，在发现有损害发生之虞时即赋予存在受损害危险的人（可称之为潜在受害人）请求侵害人消除危险的权利，在侵害正在进行、妨碍仍然存在而损害结果可能尚未产生时受侵害人得以请求侵害人停止侵害、排除妨碍，可以在损害实际发生之前就对潜在受害人的权利进行保护。相对于事后救济性质的侵权责任来说，这种预防性质的侵权责任更有利于降低整个社会的运行成本。克雷斯蒂安·冯·巴尔教授也曾指出："对包括预防性法律保护的简单解释是，预防损害比赔偿好得多……因此，认为预防性法律保护是侵权行为法的必要部分的观点是正确的。"❷而在论及"预防性法律保护措施"时，他强调："我们以前就指出过，它是私法损害赔偿法的一部分，是必要的和先于损害赔偿制度的那一部分。"❸

其次，从立法体系的角度来看，我国《侵权责任法》能

❶ 《民法通则》第134条中还规定了支付违约金的责任方式，但这显然是违约责任的承担方式，而非侵权责任承担方式，故不予列举。

❷ ［德］克雷斯蒂安·冯·巴尔：《欧洲比较侵权行为法》（上卷），张新宝译，法律出版社2001年版，第1页。

❸ ［德］克雷斯蒂安·冯·巴尔：《欧洲比较侵权行为法》（下卷），张新宝译，法律出版社2001年版，第166页。

够单独立法与侵权责任承担方式多元化密切相关。如果侵权行为只能引起传统的损害赔偿责任，那么侵权行为与合同、不当得利、无因管理等都属于债的发生原因，统一在债编中予以规定即可，没有单独立法的必要。反之，当侵权责任承担方式除了损害赔偿之外，还包括停止侵害、排除妨碍、消除危险、消除影响、恢复名誉等时，侵权责任就不再仅仅对应于债的法律关系，而是具有某些传统民法中物权请求权的因素，债法不再能够涵盖所有的侵权责任。这就为《侵权责任法》的单独制定以及《侵权责任法》成为未来民法典中独立的一编提供了坚实的基础。[1]

最后，这种多元化侵权责任承担方式的确定沿袭了我国《民法通则》乃至于1982年的《中华人民共和国民法草案》的做法。《民法通则》于1987年开始施行，至今已有20余年，可以说，其立法体例和内容规则长期以来一直是我国民事立法的重要参考。将法律责任独立成章的立法例还得到了我国台湾地区民法学者曾世雄教授的高度评价，他认为："法律关系自发生，经变更，至消灭，其变动之轨迹有正态反态二面。变动之结果如为反态时，终将以民事责任收场，因此民法总则中对于民事责任之基本原则，不能不作规定……《民法通则》第六章第一百零六条以下规定民事责任，体例上具有创见而合理。"[2]并且，在这样的立法模式下，我国司法审判实践中法官在处理物权纠纷案件时，用以解决纠纷的依据都是侵权责任而

---

❶ 王轶："论中国民事立法中的'中国元素'"，载《法学杂志》2011年第4期，第31页。

❷ 曾世雄：《民法总则之现在与未来》，三民书局1993年版，第264页。

非物上请求权。[1]可见，将停止侵害、排除妨碍、消除危险、消除影响等原本属于绝对权请求权的责任方式纳入侵权责任中，已经得到司法实践顺利运行的验证。尽管有诸多学者对此持反对意见，坚持认为应当将侵权责任与绝对权请求权泾渭分明地区别开来，[2]但立法者在制定《侵权责任法》时，继续采纳了多元化的侵权责任承担方式，使《民法通则》颁行以来我国所形成的具有中国元素的立法和司法传统得以延续。

---

[1] 王轶："论侵权责任承担方式"，载《中国人民大学学报》2009 年第 3 期，第 18 页。

[2] 有学者对绝对权请求权和债权进行了比较研究，指出：在民事权利体系中，对于绝对权的构造，其请求权的内容是在绝对权的排他性效力这一意义上进行构建的，这类请求权被称为绝对权请求权，其目的在于保障绝对权的实现（排除权利实现过程中的障碍）；如果绝对权受到侵害，使得权利人与侵权人之间成立特定之债的关系，那么此时权利人所享有的救济手段则表现为债权请求权，这类请求权的内容是在相对权中予以构建的。绝对权请求权是权利之绝对性效力的体现，且该请求权依附于绝对权而存在，但二者的内容并不相同；损害赔偿、不当得利返还等债权请求权则不同，它们基于特定之债的关系而产生，不仅是债权的表现形式，其内容也与债权相同。所以，在私权的救济手段中，债权请求权具有比绝对权请求权更强的独立性，它并不随着绝对权的产生、移转或消灭而发生。参见杨明："请求权、私权救济与民事权利体系"，载《比较法研究》2007 年第 4 期，第 72～76 页。

另外有学者对将停止侵害、排除妨碍、消除危险等责任形式纳入侵权责任承担方式范畴提出了反对意见，主要理由包括：第一，绝对权请求权是以强化绝对权的保护为目的的，其并不能扩张适用于所有的民事权益，否则可能导致实质意义上的无过错责任的泛滥，严重损害人们的行为自由。第二，绝对权请求权的行使既不以损害为要件，也不以过错为要件，而侵权责任则要求这两个要件，强行整合这二者会导致难以估量的困难。第三，侵权责任吸收绝对权请求权，会导致侵权责任法归责原则的混乱，即一方面坚持既有的归责原则，另一方面又按照侵权责任形式（如消除危险、赔偿损失）来确定归责原则。第四，侵权责任吸收绝对权请求权的做法，会给我国侵权责任法的体系乃至民法的体系带来无法估量的不利影响。参见周友军："我国侵权责任形式的反思"，载《法学杂志》2009 年第 3 期，第 20 页。

（三）本书立场

比较分析上述两种侵权责任承担方式，很难给出孰优孰劣的定论。大陆法系传统民法的代表《德国民法典》以其逻辑结构的严密性令世人叹服，其所规定的损害赔偿责任方式作为唯一的侵权责任承担方式，并非意味着该法典中完全没有规定排除妨碍、消除危险等保护受害人权利的其他方式，只是它们被纳入物权请求权、人格权请求权等其他部分，以绝对权请求权而非侵权责任的形式存在。不得不承认，与《德国民法典》、我国台湾地区“民法”相比，我国大陆地区的民事立法在体系安排上还存在诸多问题。例如，《侵权责任法》中规定了排除妨碍、消除危险、返还财产等责任方式，而《物权法》中也规定了返还原物、排除妨碍、消除危险等物上请求权，[1]对于如何处理侵权责任与物权请求权的竞合问题，法律中没有给出明确答案。在将来制定统一民法典的过程中，这将成为立法者必须解决的一道难题。

但我国所采用的立法例也并非毫无可取之处，尽管在学术讨论中对这种立法例存在肯定和否定两种声音，在司法实践中却似乎并未遭遇太多阻碍。或许，这种从形式上看起来不尽完美的立法例正是因其含有特殊的中国元素反而更能适应中国的实际需求。我国台湾地区民法学者也存在扩张侵权责任承担方式的观点，有学者认为人格权的除去侵害请求权和物上请求权都源于侵权行为理论，因此，虽然债权是相对权，仍然应当承认有防止或除去侵害请求权，以资保护。[2]

侵权责任承担方式究竟应采哪种模式，长久以来是民法学

---

[1] 《物权法》第34～35条。

[2] 孙森焱：《民法债编总论》（上册），文太印刷企业有限公司2004年版，第342页。

理论中一个争议不休的问题；本书并非专门研究侵权责任，无意对该问题作过于深入的研究。在此需要阐明的是，本书将基于我国现有的立法背景来讨论侵权责任的其他相关问题。也就是说，后文的立论基础在于：侵权责任的承担方式既包括损害赔偿，也包括停止侵害、排除妨碍、消除危险等其他方式。只有立足于现实进行的理论探讨方能解决现实问题。

二、归责原则

归责原则对侵权责任构成要件也会起到至关重要的作用，因此，在确定侵权责任构成要件之前，有必要对归责原则进行简单的梳理。

（一）概念解析

归责，顾名思义，指的是责任的归属。而归责原则则是在确定责任归属时所要遵循的根本规则。有人提出归责（imputatio，imputation）是决定某人对某种法律现象在法律价值判断上是否应承担法律责任。而从归责原则在英美侵权法中被称为"criterion of liability"可以看出，归责原则指的是归结侵权责任的根本标准。侵权法的功能在于填补和分配既生损害，其规则就是将遭受侵害的权益与致害原因结合起来，进而将损害结果转嫁由原因者承担；决定是否转嫁（分配）和如何转嫁（分配）损害的根本性法律价值要素就是归责原则。能够成为归责事由的因素有许多，其中带有评价性的根本事由才可以称为归责原则。[1]

归责在侵权法中非常重要，甚至曾被学者称为侵权行为法

[1] 孔祥俊："论侵权行为的归责原则"，载《中国法学》1992 年第 5 期，第 70 页。

的中心论题。该学者提出，隶属于侵权行为法范畴的规范的任务在于确定最终由何人承担损失（损失承担问题）。让我们想象由这样一种观念所主导的法律秩序：每个遭受损失的人都要自己来应对这些损失（损失被视为不幸或宿命）。如果损失是由他人的行为所造成的，则上述观念及其主导的法律秩序是无法令人满意的。一旦我们摒弃这种将损失只视为个人命运的法律状态，并试图以具有法律约束力的方式使他人对损失进行补偿，则我们所要面对的问题即为：在什么条件下应由该他人承担责任？这就是将损失归责于他人的原因和标准的中心问题。[1]

（二）归责原则的沿革

侵权行为在英语中对应的是 torts，来源于拉丁文中的 tortlls，其原意是指扭曲和弯曲，也用于将某人的手臂或腿砍掉的情形，此种含义现在仍然能从德语（jemanden einen tort antum，tortur）和法语（aviodu tort，faire du tortous）中找到；以后该词逐渐演化为错误（wrong）的意思。[2]在法语中，tortum 和 tort 都来源于拉丁语 delictum，其原意是“过错”“罪过”。拉丁语名词 delictum 派生于动词 delinqere（偏离正确的道路），意思是一个违法、一个失误或者一个错误。由此可见，侵权行为概念自产生伊始即包含了“错误”“过错”的含义。这种含义一直延续至今，成为法学界在对侵权行为进行界定的时候必须要考虑的一个因素。“无过错即无责任”也被视

[1] ［德］马克西米利安·福克斯：《侵权行为法》，齐晓琨译，法律出版社 2004 年版，第 1 页。

[2] Andre Tunc，*International Encyclopedia of Comparative Law* “*Torts*” *Introduction*，*JCB Mohr*（Paul Siebeck）Tubingen，1974，p. 7. 转引自王利明：“侵权行为概念之研究”，载《法学家》2003 年第 3 期，第 62 页。

为传统民法中的一项基本原则。该原则在《德国民法典》中得到了充分的体现。

从《德国民法典》第 823 条及其后一些条文可以看出，该法典的立法者信奉罗马法原则“所有权人自吞苦果”（casus sentit dominus）。此原则源于一个千百年来根深蒂固的法律观念，其出发点在于：反对由法律来阻碍偶然事件的发生，且反对由法律来补偿由命运所造成的不平等。只有当他人（故意或有过失地不法）实施了不正当的行为时，才可能由该他人代替遭受损失的人承担责任。在这里，过错与偶然事件是相互对立的。[1]《德国民法典》的条文体现出过错责任的归责原则与其时代背景密切相关：制定该法典时，资本主义社会中，经济自由主义精神兴盛，法律充分尊重人的自由，由此，意思自治、契约自由和过错责任成为传统民法的基本原则。[2]

但随着现代工业化生产不断发展，社会发生了翻天覆地的变化，发展为“一个危机四伏、充满损害的社会。矿场发生爆炸，工人罹患职业病；车祸每日有之，空难频传；废气伤害人畜，漏油污染良田；有缺陷的商品充斥市场；医生误诊或用药不当。除此等工业灾害、交通事故、公害及商品缺陷、医疗事故外，其他肇致损害的事由，更是层出不穷”。[3]许多以前时

---

[1] ［德］马克西米利安·福克斯：《侵权行为法》，齐晓琨译，法律出版社 2004 年版，第 2 页。

[2] 这里需要补充的是，对于过错推定责任，尽管其将过错不存在的举证责任倒置由被告承担，但只要被告能够证明自己不存在过错，即无须承担侵权责任。所以，过错推定责任仍然是过错责任，只不过是更加倾向于将败诉风险分配给被告的一种立法技术，难谓其为一种独立的归责原则。因此，笔者在正文中列举归责原则时不再论及过错推定责任。

[3] 王泽鉴：《侵权行为法》（第一册），中国政法大学出版社 2001 年版，第 1 页。

代并不存在的高度危险活动纷纷出现，而在这些高度危险活动进行的过程中，即使行为人只是进行毫无过错可言的正常生产活动，也很可能会附随产生侵害他人权益的损害结果。如果仍沿用传统侵权法中的过错责任原则，被侵权人将难以获得救济，这显然不符合法律的公平正义精神。于是，英美法中的严格责任（strict liability）理论开始引起关注，它是“指一种比由于没有尽到合理的注意而须负责的一般责任标准更加严格的一种责任标准。但这种责任标准也不是绝对责任，它是一种有时由制定法规定的标准。如果应该避免的伤害事件发生，则当事人必须负责，而不论其尽到了怎样的注意和采取了怎样的预防措施。如果承担严格责任，则仍有一些（尽管是有限的）对责任的抗辩可以援引，但当事人已尽到合理的注意不能作为抗辩的理由之一”。[1]在严格责任原则下，“一个人自担风险而行事，并就意外发生的损害承担责任，无论他是否具有不当的动机或者过失”。[2]

严格责任是英美法上的概念，[3] 在德国对应的是危险责任概念。德国法学家拉伦兹在论证危险责任之合理性时指出：“首先是因为企业、物品或装置之所有人或持有人制造了危险来源（危险来源说）；其次是企业者在某种程度上能控制这些

---

[1] ［英］戴维·M. 沃克：《牛津法律大词典》（中文版），光明日报出版社1988年版，第863页。

[2] R. F. V. Heuston and R. A. Buckley, *Salmon & Heuston on the Law of Torts*, 21th edition., Sweet & Maxwell, 1996, p. 307. 转引自王军：《论侵权法上的严格责任——比较研究与立法建议》，对外经济贸易大学2005年博士学位论文。

[3] 布莱克法律词典对严格责任也有解释：strict liability—Liability that does not depend on actual negligence or intent to harm, but that is based on the breach of an absolute duty to make something safe. Strict liability most often applies either to ultra hazardous activities or in products – liability cases.

危险（危险控制说）；最重要的理由，则是他们从其企业、装置或物品获得利益（利益说），享受利益，负担危险，于情于理，谁曰不宜!”[1]严格责任与绝对的无过错责任（或称为绝对责任）不可混同，在严格责任原则下，不可抗力、受害者过错和第三人过错等情形可以作为免责事由，而承担绝对责任的主体则没有任何免责理由。[2]

有学者提出，各国侵权法中采纳多元的归责原则，与侵权法具有救济法的性质密不可分。由于“侵权行为法的重要机能在于填补损害及预防损害”[3]，具有明显的救济法色彩，因此应当重点考虑的是如何使受害人得到充分、有效的救济，而不是对加害人的惩罚（惩罚一般都是施加在有过错的违法行为人身上的）。即使在侵权行为人没有过错的情况下，也不可忽视对受害人的救济。因此，传统的“自己责任”不足以适应这种需求，而“自己责任”所依存的过错责任归责原则也就不能再作为侵权法中单一的归责原则，而是要使加害人也承担“非自己”的责任，亦即严格责任原则的适用。[4]

无论过错责任还是严格责任，遭受损失的风险仅由一方承担。而在这两种归责原则之外，还有一种颇受争议的“公平

---

[1] ［德］卡尔·拉伦茨：《德国法上损害赔偿之归责原则》。转引自王泽鉴：《民法学说与判例研究》（第5册），中国政法大学出版社1998年版，第258～278页。

[2] 例如，在德国，依1936年《航空交通法》和1959年《安全利用核能和防范核能危险法》的规定，被告在诉讼中不仅不能以无过错为免责事由，而且也不能以不可抗力为由进行抗辩。参见王军：《论侵权法上的严格责任——比较研究与立法建议》，对外经济贸易大学2005年博士学位论文，第13页。

[3] 王泽鉴：《侵权行为法》（第一册），中国政法大学出版社2001年版，第34页。

[4] 王利明：“我国侵权责任法的体系构建——以救济法为中心的思考”，载《中国法学》2008年第4期，第3～15页。

责任”。这种责任在我国我国《民法通则》第132条和《侵权责任法》第24条中有所体现。[1]有人认为，公平责任不是一种真正的责任，其本质是根据当事人的经济负担能力来公平分配已经造成的损害，法官要考虑的基本因素是损害事实和经济状况。而法条中所说的“实际情况”主要就是指当事人的经济负担能力。但必须看清，对经济负担能力的评估显然不是对当事人行为或主观状况的评价，这种规则没有主观方面的价值判断可言。法官在审判中适用“公平责任”并不是在追究责任，而是根据自由裁量权让侵权人承担部分或全部损失。因此，将公平责任理解为损失分担而不是责任归属可能更加适当。[2]可以说，法官在适用公平责任条款时，更多是要表达一种对受害人的怜悯之情，也可以说是济贫救危的道德观，可以将公平责任理解为令不具有可归责性的当事人因道德上的要求而被判决去补偿或救助受损一方。这种责任适用的结果会使道德诉求“越位”为法律请求，会模糊或破坏法律和道德之间的分野。此外，公平责任还打破了过错责任和无过错责任共同构建起的逻辑完整性，人们通过公平责任条款无从预见自己行为将会产生的结果，故而不利于人们遵循规则。[3]

（三）归责原则与责任构成要件的关联

除了颇受争议的“公平责任”，其他被各国普遍接受的过错责任原则、严格责任（危险责任）原则乃至绝对责任，均

---

[1] 《民法通则》第132条规定：“当事人对造成损害都没有过错的，可以根据实际情况，由当事人分担民事责任。”《侵权责任法》第24条也作出了类似的规定：“受害人和行为人对损害的发生都没有过错的，可以根据实际情况，由双方分担损失。”

[2] 张新宝：《中国侵权行为法》，中国社会科学出版社1998年版，第71页。

[3] 陈龙江：“对我国民法上的‘公平责任’的质疑”，载《海南大学学报》（人文社会科学版）2005年12月刊，第395～400页。

涉及行为人的主观状态。

在过错责任原则（包括过错推定）的情形下，只有当行为人存在主观过错时，其才需要承担侵权责任。而在严格责任（危险责任）和绝对责任（笔者认为，这两类都可以称为无过错责任）等情形下，即使行为人能够证明自己主观上不存在过错，也需要承担侵权责任。[1]尽管在无过错责任之下，行为人不得以主观无过错来主张免除侵权责任，但客观上来说，该归责原则本身还是与主观状态有关，因为其本质上要讨论的是在行为人主观上无过错的情况下如何分配损害结果。应当说，归责原则与侵权责任的构成要件具有密切关系，前者是确定后者的前提条件。

详言之，当归责原则采过错责任原则时，行为人承担侵权责任以其存在主观过错为必要条件，那么过错显然就是侵权责任的构成要件之一。而当归责原则采无过错责任时，即使行为人没有主观过错，也需要承担侵权责任，此时过错就不再是侵权责任的构成要件。

三、侵权责任构成要件

不同的责任承担方式、不同的归责原则会导致不同的侵权责任构成要件体系。由于我国立法中采纳了不同于传统民法的多元化侵权责任承担方式，因此，建立在我国立法基础上的侵权责任构成要件有别于传统民法。但传统民法中的侵权责任构成要件仍然是探讨我国侵权责任构成要件的基石，因此，笔者先介绍传统民法中侵权责任的构成要件，在此基础上讨论我国

[1] 除非在严格责任（危险责任）下，行为人能够证明存在不可抗力、受害人过错或第三人过错等免责事由存在，方可免责。

立法背景下的侵权责任构成要件。

（一）传统民法中一般侵权责任的构成要件

由于归责原则的发展变异，与归责原则密切相关的侵权责任构成要件也应当随之调整。通常来说，学界将侵权分为一般侵权和特殊侵权。一般侵权是各国侵权法中关于侵权成立的普适性规定，往往在一个条文中予以规定即可，只要符合该条文中所涵盖的各方面要素，即可成立侵权行为，须承担侵权责任。由于传统民法中过错责任占据归责原则的主要地位，故正常情况下，行为人只有在存在过错时才须承担侵权责任。因此，各国立法中普遍在一般侵权责任的条款中纳入过错要件，我国也不例外。[1]但随着社会的不断发展，过错责任原则难以适应时代需求，过错推定责任[2]、严格责任（危险责任）、绝对责任等有别于传统过错责任的归责原则在一些特殊情况下也开始得到法律认可与采纳，由此衍生了特殊侵权行为。

民法学界所讨论的侵权责任构成要件大多是传统民法中一般侵权行为的责任构成要件。法国民法中采三要件说——包括过错、损害、因果关系，其中过错实际上已经涵盖了行为和违法性要素。德国民法采五要件说，即行为、违法性、过错、损害和因果关系。我国台湾地区民法学者则采用七要件说，认为一般侵权责任包含行为、责任能力、过错、违法、侵害权利或法益、因果关系和损害七个要件。[3]也有台湾学者提出六要件

---

[1] 参见我国《侵权责任法》第6条第1款。

[2] 尽管前文阐明过错推定责任并非一种独立的归责原则，但由于其存在举证规则的特殊性，在实践中往往与传统的过错责任将责任结果导向相反的两端，并且相对于过错责任原则下的侵权来说，实行过错推定责任的侵权并非常态，因此，将其也列入特殊侵权之中。

[3] 王卫国主编：《民法》，中国政法大学出版社2007年版，第606页。

说，即包括加害行为、侵害权利或利益、致生损害、行为不法、责任能力、过失。[1]后者只是将前者的行为和违法两个要件合并为行为不法一个要件，并无实质区别。

我国大陆地区民法学者经过对大陆法系传统民法经年累月的研究学习，也提出了关于侵权责任构成要件的不同观点。有三要件说，认为侵权责任构成要件应当包括损害、过错、因果关系。也有四要件说，认为侵权责任构成要件应当包括损害、过错、违法性、因果关系；[2]还有学者认为四要件指的是损害后果、加害行为、因果关系和过错。[3]

先来比较第二种四要件说（损害后果、加害行为、因果关系和过错）与三要件说，其多出的是“加害行为”这一要

[1] 姚志明：《侵权行为法》，元照出版有限公司2005年版，第4～5页。

[2] 王利明：“我国侵权责任法的体系构建——以救济法为中心的思考”，载《中国法学》2008年第4期，第7页。

[3] 王卫国主编：《民法》，中国政法大学出版社2007年版，第606页。这里需要澄清一个问题，即侵权行为构成要件和侵权责任构成要件的区别问题。笔者在构建本书思路框架之时已经考虑过该问题，最终确定选择使用“侵权责任构成要件”。在现在的民法理论研究中，有人使用侵权行为构成要件，也有人使用侵权责任构成要件，甚至许多人将二者混同。主要原因大概是，只要侵权行为成立即须承担侵权责任，而不存在侵权行为时也无从承担侵权责任，二者是共生共灭关系，这也就导致侵权行为构成要件和侵权责任构成要件这两个概念极易混淆。但笔者认为，还是后者更优，至少本书中选择后者更符合论文中心。因为本书研究目的是更好地理清生态破坏情形中的侵权责任，追究侵权人责任以保护受害人权益。因此，讨论其构成要件比讨论侵权行为的构成要件更加切合本书论点。另外，尽管侵权行为构成要件和侵权责任构成要件看起来非常相似，但仍然存在本质上的区别。笔者认为，侵权行为是致生侵权责任的缘由，侵权行为须结合其他因素方可导致侵权责任的产生，譬如过错。由于过错是行为人的主观状态，如果强行将其纳入侵权行为的构成要件中，有不分主观心理与客观行为之嫌。传统的过错责任是一种归责原则，也就是将过错作为确定责任归属时的一个考量因素，无过错即无责任。因此，过错只应作为侵权责任的构成要件而非侵权行为的构成要件。

件。不难看出，三要件说并非否认侵权责任的成立需要有行为人实施加害行为，而只是将“行为”默示涵盖在“过错”之中，这是不言自明的道理。有学者提出，可以将过错看做一个主观要素和客观要素相结合的概念，将其理解为在故意和过失这样的主观状态的支配下，行为人从事了在法律和道德上应受非难的行为。[1]因此，从实质上来看，这两种观点并没有显著区别，只是在加害行为是否明示的取舍上有所不同。笔者认为，将加害行为从过错中剥离出来更加符合一般人对过错的理解，人们在谈及过错时大多会考虑故意或过失的主观状态，而不会进一步引申到在该主观状态指引下的客观行为。将加害行为独立于过错之外，成为一个单独的侵权责任构成要件，更加一目了然，也更加符合过错的一般语义。[2]

再来比较第一种四要件说（损害、过错、违法性、因果关系）与三要件说，前者比后者多出的是“违法性”要件。对于违法性是否应当作为侵权责任构成要件之一，长期以来也一直存在争议，未有定论。我国台湾地区一些学者在界定侵权行为时，将不法性引入侵权行为的定义中。例如，王泽鉴先生指出：“侵权行为，指因不法侵害他人的权益，依法律规定，应对所生损害负赔偿责任的行为。”[3]也有人认为侵权行为是“因故意或过失，不法侵害他人之权利或利益所发生之损害，应负赔偿责任之行为”。[4]这种学术观点的形成与《德国民法

---

[1] 王利明：《侵权行为法研究》（上卷），中国人民大学出版社 2004 年版，第 472 页。

[2] 《牛津法律大辞典》中对过错（fault）的解释是：与罗马法上的过错（参见 culpa）相对应，经常作为侵权责任构成要件的主观因素。参见戴维·M. 沃克著：《牛津法律大辞典》，李双元等译，法律出版社 2003 年版，第 506 页。

[3] 王泽鉴：《侵权行为法》，中国政法大学出版社 2001 年版，第 59 页。

[4] 谢瑞智编著：《法律百科全书Ⅳ 民法》，三民书局 2008 年版，第 222 页。

典》和台湾“民法”的条文密不可分，因为在法典条文中就明确了侵权行为的“不法”因素。我国大陆地区学者早期也大多持类似观点，如认为：“侵权行为是加害人不法侵害他人人身权或财产权的行为。”❶“侵权行为就是指行为人由于过错侵害他人的人身和财产并造成损害，违反法定义务，依法应承担民事责任的行为。”❷但是我国《民法通则》并未沿袭德国和台湾的立法模式，没有将违法性作为民事责任的构成要件。该法第106条第2款规定：“公民、法人由于过错侵害国家的、集体的财产，侵害他人财产、人身的，应当承担民事责任。”《侵权责任法》第6条第1款进一步明确规定：“行为人因过错侵害他人民事权益，应当承担侵权责任。”

笔者认为，我国立法将违法性从侵权责任构成要件中剔除出去的做法值得肯定。首先，如果侵权责任以违法性作为其构成要件，则会增加受害人获得救济的难度，不符合侵权法作为救济法的精神。由于立法永远不可能穷尽所有可能，立法者也不可能预见到未来社会会出现的各类情况，加之现代社会的发展日新月异，总是有各种各样的新问题出现，因此任何一个阶段的法律都不可能周全备至地规范所有情形。如果要求违法才构成侵权，那么在法律尚未来得及进行规范的情况下，即使受害人遭受了损害，也会由于加害行为不具备违法性而令受害人无从请求加害人承担侵权责任。

其次，从比较法角度来看，法国也没有将违法性独立规定

❶ 佟柔等：《民法概论》，中国人民大学出版社1982年版，第305页。

❷ 王利明：“侵权行为概念之研究”，载《法学家》2003年第3期，第64页。

为侵权责任的构成要件，在法律适用上并没有出现困难；[1]而德国的五要件说虽然包含了违法性要件，但德国法官在具体审判时也指出违法性要件正变得越来越不重要，甚至认为其是空泛的概念。[2]在采纳结果不法说的情况下，权益侵害本身就被视为违法，违法性要件由此实质性转化为违法阻却事由；而在采纳行为不法说的情况下，客观过失的判断标准又很难与违法性判断中的“注意义务”相区分。[3]

最后，将违法性作为侵权责任构成要件也不符合立法逻辑。民法秉持意思自治原则，与刑法中的罪刑法定原则迥异，因此，民法不可能像刑法那样将禁止性条款规定得面面俱到。在刑法领域中，只要不违反刑法条文规定即不可定罪量刑。而在民法领域，大多数法律条文是关于权利的规定，禁止性条款非常少，对行为是否具有违法性的判断难以依靠民法领域的法律条文来进行，因此，一项行为合法与否，往往还要借助于行政法的规定来确定（《民法通则》第124条即为适例）。而行政法中规定违法情形的立法目的在于确定针对哪些行为可以适用行政处罚，而非对应民事责任，因此，以行政法上的违法与

[1] 唯需注意，违法概念在法国法律实务上与过错是不加区分的，二者是同一个概念。直到耶林于1867年出版《罗马私法中的责任要素》一书，始将将违法概念一分为二，分为主观违法与客观违法两个概念。主观违法即为过错，而违法专指客观的违法，即违反法律规范且无法律认可的事由，过错则指行为人故意或过失致人损害的态度。在现代侵权行为法上，违法概念普遍被认为独立于过错概念，专指客观的违法。参见B. S. Marksinis, *A Comparative Introduction to the German Law of Torts*, 2nd edition Clarendon Press Oxford, 1994, p. 68，转引自张长青：“论违法性与侵权责任的构成”，载《法律适用》2004年第6期，第48页。

[2] 王利明：“我国侵权责任法的体系构建——以救济法为中心的思考”，载《中国法学》2008年第4期，第7页。

[3] 王泽鉴：《民法学说与判例研究》（第6册），中国政法大学出版社1998年版，第302页。

否作为判断侵权行为是否成立的依据从法律体系和逻辑上讲是行不通的。这也正是《民法通则》第124条与《环境保护法》第41条之间存在矛盾及前者为众多环境法学者所诟病的重要原因。

综合以上种种原因，笔者赞同第二种四要件说，即传统民法中的侵权责任构成要件应当包括：损害后果、加害行为、因果关系和过错。

（二）我国立法背景下侵权责任构成要件之思考

民法学者们讨论侵权责任构成要件大多停留在对传统民法中一般侵权责任的构成要件进行分析，但由于我国侵权相关立法中有许多不同于传统侵权法规则的具有特色的规范，因此，在我国现有立法背景下来研究侵权责任构成要件必须要充分考虑这些有别于传统侵权责任的特殊元素。另外，《民法通则》时隔久远，有许多条文已经落后于时代；且该法并非专门规定侵权问题的法律，其第6章“民事责任”第3节“侵权的民事责任”部分简单规定了17个法律条文。与《侵权责任法》相比，《民法通则》对侵权责任作出的规定在针对性、具体性、周密性等各方面都明显较弱。因此，笔者在本部分对我国立法背景下的侵权责任构成要件进行分析时，主要考虑《侵权责任法》的条款，除非有特殊提及，否则不再回顾《民法通则》中的规定。

1. 是否应有损害结果

《侵权责任法》生效已逾3年，由于立法机关没有进行立法解释，最高人民法院至今也还没有完成该法的司法解释工作，因此，至今还没有对该法的权威官方解释。笔者只能依自己的理解对该法法条的含义进行揣度，这种揣度在缺乏权威解释的情况下具备充分的学术讨论空间。

《侵权责任法》第6条第1款规定："行为人因过错侵害他人民事权益，应当承担侵权责任。"第7条规定："行为人损害他人民事权益，不论行为人有无过错，法律规定应当承担侵权责任的，依照其规定。"比较两者发现，第6条第1款用的是"侵害"一词，而第7条用的是"损害"一词。这种用词的区别究竟是立法者经过深思熟虑后作出的选择，其中暗藏深意，还是立法者认为"侵害"与"损害"意思接近、并无二致？笔者更愿意相信前一种推测。尽管诸多学者在《侵权责任法》出台后纷纷对该法进行了释义，但大多没有针对第6条的"侵害"一词提出特别解释，仍然在该条后的"释义"中将"损害"罗列在侵权行为的构成要件中。[1]

笔者认为，应当将"侵害"和"损害"加以区分。显然，"损害"含有结果的含义，表明他人的民事权益遭受到确实的损失和危害。而侵害可以被理解为一种行为，也许这种行为已经造成了损害后果，也许这种行为还正在进行中，尚未或正要引发损害后果。对第6条作这样的理解，一方面体现出立法机关立法时选择用词的谨慎性，另一更为重要的方面在于，它能够与《侵权责任法》中所规定的侵权责任承担方式相呼应，形成一个严密、完整的立法逻辑体系。之所以这样说，是因为除了恢复原状和赔偿损失这两种传统侵权法中损害赔偿责任的表现形式之外，我国立法中的侵权责任承担方式还包括停止侵害、排除妨碍、消除危险、返还财产等。

《侵权责任法》第21条还明确规定："侵权行为危及他人人身、财产安全的，被侵权人可以请求侵权人承担停止侵害、

---

[1] 王利明主编：《中华人民共和国侵权责任法释义》，中国法制出版社2010年版，第25~33页；王胜明主编：《中华人民共和国侵权责任法释义》，法律出版社2010年版，第42页。

排除妨碍、消除危险等侵权责任。”其中“危及”一词清楚表明本条规定的是侵权行为对他人人身、财产安全有造成损害的风险，但此种损害尚未成为已然状态，只是通过预测发现：如果对侵权行为不加阻拦，则该行为终将导致损害结果的发生。因此，在被侵权人得知自己的人身、财产有遭受侵权行为损害的可能性时，即可请求侵权人承担这几种形式的侵权责任。这种规定体现了侵权法的预防功能，从《侵权责任法》第 1 条关于该法立法宗旨的规定中就可以看出，《侵权责任法》具有预防侵权行为发生的功效，通过阻止侵权行为人从事那些社会所不期待的行为达到事先防范的效果。❶

既然侵权行为仅仅在危及而尚未损害他人人身、财产安全的阶段就会导致侵权人的侵权责任，当然也就无从要求将确定发生的损害结果作为侵权责任的构成要件了。因此，在我国现有立法背景下，有损害结果或者有损害之虞，均可成立侵权责任。

2. 是否应有因果关系

如果确定加害行为并非造成损害结果（或损害之虞）的原因，那么要求行为人承担侵权责任，无论从法理上还是道德上都讲不通。人只需对与自己行为有关的结果承担责任，体现了自然法中的正义与安全价值，它表达了一种稳定的社会秩序。否则，如果要求人对与自己行为完全无关的损害结果（或损害之虞）承担责任，则会使人们无从根据法律规则来决定自己的行为以避免责任，进而导致整个社会人人自危。正如有人所说的，如果没有规则性，我们就会生活在一个疯狂混乱的世界中。人类试图过一种理性的、有意义的和有目的的生活

❶ 张新宝：《侵权责任法》，中国人民大学出版社 2006 年版，第 93 页。

的所有努力，都会在一个混乱不堪的世界里受挫。即便是在物理学领域，牛顿及其他古典物理学家们也都将自然界的因果关系法则视为一种绝对的法则。[1] 建立在现实生活之上的法律必须尊重自然界的这种法则，不能抹灭因果关系存在的必要性。

一般情况下，受害人要请求加害人承担侵权责任，需要证明加害人的行为与损害结果之间存在因果关系或者加害人的行为危及自己的人身、财产安全。因果关系作为侵权责任构成要件是比较容易理解的。但还存在因果关系举证责任倒置的特殊情况，笔者认为需要特别予以强调。诚然，我国《侵权责任法》中有关于因果关系举证责任倒置的规定，如该法第 66 条所规定的由污染者对其行为与损害之间不存在因果关系进行举证。应当说这种规定是立法者的价值判断在立法技术上的体现，即在污染者和受害者之间，立法者更倾向于保护受害者，因此采取这种因果关系举证责任倒置的手段，特别规定由污染者来承担原属于受害者的举证责任。只要污染者无法证明自己的行为与损害结果（或损坏之虞）之间不存在因果关系，则推定因果关系存在；如果没有其他免责事由，则污染者需要承担侵权责任。也许，在事实上，污染者的污染行为确实与损害结果（或损坏之虞）并没有因果关系，但是这里要清晰地划分事实与法律问题。纵然事实上也许该因果关系并不存在，但出于立法者的价值取向，在举证责任人无法举证证明该因果关系客观不存在的情况下，法律上推定这种因果关系是存在的。故而，在法律上认定因果关系存在的基础之上，行为人应当承担侵权责任，侵权责任仍然是以因果关系作为其构成要件的。

---

[1] ［美］E. 博登海默：《法理学——法哲学与法律方法》，邓正来译，中国政法大学出版社 2004 年版，第 230 页。

3. 是否应有加害行为

从《侵权责任法》的用语“行为人”一词中就可以判断，加害行为是必须存在的。没有加害行为的话，人们无从以其他途径（如单纯的意志）去侵害他人权益。这是不言自明的事实，无须赘述。

4. 是否应有过错

从《民法通则》第 106 条第 2 款和《侵权责任法》第 6 条的条文来看，我国立法者将“过错”作为一般情况下加害人需要承担侵权责任的条件；但《民法通则》第106 条第3 款和《侵权责任法》第 7 条又都作出了有关无过错责任的规定——即使行为人没有过错，但法律规定应当承担侵权责任的，依照该规定，行为人也需要承担侵权责任。

我国绝大多数学者在论及侵权责任构成要件时，都将“过错”纳入其中。一方面，一般侵权责任以过错责任为归责原则，过错作为侵权责任的构成要件自不待言。而那些以无过错责任为归责原则的侵权被称为特殊侵权。也许这些学者认为特殊侵权的情形属于零散的规范，也就没有必要归纳其统一的责任构成要件。另一方面，也有观点认为严格责任仍然考虑加害人的“过错”，在严格责任下，作为免责事由的不可抗力、受害者过错和第三人过错等恰恰体现出行为人没有主观过错。既然在这些情形下行为人可以免责，则说明在严格责任下并非完全不考虑行为人的过错，并进而提出严格责任可以被称为“严格的过错责任”。[1]这种观点从表面来看似乎不无道理，但从逻辑学角度着眼不难发现，这里对“过错”的认定属于从

[1] 王利民、郭明龙：“民事责任归责原则新论——过错推定规则的演进：现代归责原则的发展”，载《法学论坛》2006 年第 21 卷第 6 期，第 58 页。

行为人本身之外的角度出发对“过错”作出的广义上的理解，而不仅仅是从行为人自身的主观状态来判断其是否存在过错，这已经超出了我们在谈论传统侵权法中过错责任时所指的过错的外延。传统侵权法中所说的过错指的是主观故意或过失，是否存在故意或过失要从理性第三人的立场来判断侵权人自身的主观状态。过错责任意指有过错才需要承担责任，没有过错就不需要承担责任。可见，在过错责任中，无过错（这里的过错是指行为人主观故意或过失）是不承担责任的充分条件。然而，在严格责任下，行为人不得以自己不存在故意或过失作为理由主张免责，无过错不再是不承担责任的充分条件。因此，严格责任是与过错责任相对的概念，将其称为“严格的过错责任”存在逻辑混乱之嫌。

笔者认为，在考虑过错是否为侵权责任构成要件时，不应当因为严格责任下的侵权属于特殊侵权就不予考虑。毕竟，《民法通则》第106条第3款和《侵权责任法》第7条都以专门的条款来规定这一类的情形，它不再仅仅是特别的零散规定，而是一个已经被类型化的侵权种类。在这样一个类型中的所有侵权情形下，责任的承担都不以过错为必要条件。

因此，在论及侵权责任构成要件时，不应武断地将过错纳入其中，而是要区分一般侵权和特殊侵权，前者以过错为责任构成要件，后者则不以过错为责任构成要件。

四、小结

在对侵权责任进行定义之前，对其各项构成要件先进行分析取舍，确定组成元素之后再下定义，应该能够更加清楚地阐明何谓侵权责任。

笔者认为，在我国现有立法背景下，应当对侵权责任作如下定义：行为人因过错侵害他人民事权益造成损害或有损害之虞，依法应当承担的民事责任；即使行为人侵害他人民事权益造成损害或有损害之虞并非出于过错，但法律规定其须承担民事责任的，该行为人依法承担的民事责任。

第三节 生态破坏侵权

一、环境侵权之界定

马骧聪先生提出："危害环境的侵权行为，是一种特殊侵权行为。其侵犯的客体包括他人的财产权、人身权和环境权。"[1]曹明德教授对环境侵权作出了狭义和广义的区分，并指出狭义的环境侵权是指因行为人污染环境造成他人财产权、人格权以及环境权受到损害，依法应当承担民事责任的一种特殊侵权行为；而广义的环境侵权还包括因破坏环境造成上述损害的行为。[2]邹雄则认为环境侵权是指因产业活动或其他人为原因，致使环境介质的污染或破坏，并因而对他人人身权（含人格权）、财产权造成损害或有造成损害之虞，依法应当承担民事责任的行为。[3]

马骧聪先生对环境侵权所下的定义过于笼统，令人无法从中具体了解何谓环境侵权。

曹教授对环境侵权进行的这种狭义与广义区分，恰好从很大程度上突出了本书所要探讨的生态破坏侵权。按照其定义，因破坏环境造成某些损害后果的行为属于广义的环境侵权，不

[1] 马骧聪：《环境保护法》，四川人民出版社1998年版，第141页。
[2] 曹明德：《环境侵权法》，法律出版社2000年版，第18页。
[3] 邹雄：《环境侵权救济研究》，中国环境科学出版社2004年版，第21页。

属于狭义的环境侵权。而本书所要研究的，正是广义的环境侵权中刨除狭义的环境侵权之外所剩余的那一部分——因破坏生态环境而导致的侵权。但是笔者对于曹教授的定义也有不认同的方面，即损害结果问题。按照曹教授的定义，环境侵权须造成他人财产权、人格权以及环境权受到损害。笔者认为，这里需要考虑以下三方面问题：

其一，人格权抑或人身权？

大多数学者在谈到环境侵权时均指出造成他人人身权、财产权的损害，而较少使用“人格权”概念。既然曹教授特别舍“人身权”而取“人格权”概念，笔者认为有必要对二者进行比较。对比这两个概念，人身权的外延比人格权更广，包括人格权和身份权。身份权包括配偶权、亲属权等与人的身份密切相关的权利。有学者提出人格权又可以分为物质性人格权和精神性人格权，前者指的是生命权、健康权、劳动能力权等，而后者则包括了名誉权、荣誉权、隐私权、姓名权、肖像权等。[1]一般来说，环境侵权主要侵犯的是受害人的生命权、健康权等，而很少会导致身份权遭受侵害。从这个角度来看，也许曹教授使用“人格权”的范围较之于一般所说的“人身权”更加狭窄，更加贴近环境侵权的被侵害客体——生命权、健康权等。但其实人格权的外延还是囊括了除生命权、健康权等常常受环境侵权侵害的权利类型之外的种种其他权利，从这个角度来看，在这里使用人格权概念还是难以达到完全切合环境侵权所侵害权利的效果。

从另一角度来看，由于环境侵权存在各种样态，也许今天

[1] 张俊浩主编：《民法学原理》（上册），中国政法大学出版社2000年版，第139页。

我们看到的大多数情形是生命权、健康权等人格权受到侵害，但未来可能又会有新的权利种类受到侵害，因此，在针对被侵害权利不宜适用具体列举法的情况下，取外延周全也许是另一种选择。而《侵权责任法》第 2 条明确将该法所保护的民事权益分为人身、财产权益，那么，在对环境侵权进行定义时，沿用大多数学者所使用的“人身权”“财产权”遭受损害也许并无不妥。

其二，是否以受到损害为必要条件？

如前文所述，在我国的《侵权责任法》立法背景下，即使侵权行为尚未造成实际损害结果，只要存在造成损害结果的风险，即可以要求行为人承担侵权责任。因此，环境侵权也应当无须以实际的损害结果作为构成要件，有损害或损害之虞均可成立环境侵权。后文将对该问题展开分析，此不赘述。

其三，侵害环境权是否属于环境侵权？

环境法学者对于环境侵权的客体是否包括环境权一直存有争议。笔者认为，在回答这个问题之前需要先明确何谓环境权。作为一种新型的权利类型，环境权应当具有不同于传统的人身、财产性权利的特质，否则若是要用环境权来代替民法中业已存在的财产权及人格权，不仅会导致民事权利设置的重复、混乱，也不利于真正地确立环境权。[1]与人身权、财产权关注具体的人身性、财产性权益不同，环境权所关注和保护的应当是具有整体性、长远性、公益性、无形性特征的“环境生态功能”。[2]就权利内容而言，有观点认为环境权既包括享受

[1] 朱谦：“论环境权的法律属性”，载《中国法学》2001 年第 3 期，第 66 页。

[2] 邹雄：《环境侵权救济研究》，中国环境科学出版社 2004 年版，第 8 页。

良好环境的权利，也包括使用环境资源的权利。❶笔者对此不敢苟同。使用环境资源当属于对环境资源财产性功能的发挥利用，这种对环境资源加以使用以获得其经济价值的权利可以并且应当被纳入财产权的范畴。也有学者从环境权创设目的的角度反驳了环境使用权的论调，指出如果承认环境使用权，则排污者的污染行为得以在原有的财产权之外又增加一项新的权利砝码——对环境的生产性使用的权利，从而使其得以借环境使用权与环境污染受害者的环境使用权相对抗，❷这样非常不利于对污染受害者的保护，显然也不符合环境权制度设计的初衷。

此外，前文已述，环境权的客体应当是具有整体性、长远性、公益性、无形性特征的“环境生态功能”，在这样一个具有不可分性的同一客体上建立具有相互冲突、排斥性质的使用权，也不符合民法上的一物一权原则。因此，笔者认为，环境权的权利内容应当只包含享受良好环境的权利，而不包括使用环境资源的权利。从环境权的客体和内容可以看出，环境权的主体只能限于自然人（包括当代人和后代人），而不能包括法人。这是由其天然特征所决定的，没有自然生命体的法人无法享受良好的环境生态功能。综合上述因素，可以将环境权定义为自然人享有适宜自身生存和发展的良好环境的法律权利。❸并且这种对良好环境的享有应当是投射到对整体的环境生态功

---

❶ 吕忠梅：《环境法新视野》，中国政法大学出版社2000年版，第123页；陈泉生：《环境法原理》，法律出版社1997年版，第105~106页。

❷ 徐祥民：“对公民‘环境使用权’的意义的疑问”，见中国环境资源法研究会编：《中国海洋大学法学院论文集》，中国海洋大学出版社2003年版，第44~45页。

❸ 邹雄：《环境侵权救济研究》，中国环境科学出版社2004年版，第19页。

能的享有，而不是细节上的日照权、通风权等。[1]只有当行为真正侵害了环境整体上的生态功能，如造成气候变暖、水土流失、臭氧层空洞扩大等宏观层面上的后果时，才是对环境权的侵害。

有学者专门从救济的角度对环境侵权和侵害环境权进行了五个方面的对比区分：其一，救济方式不同，前者主要是民事诉讼的方式，后者则主要通过公众参与的方式；其二，行使权利的主体不同，前者是具体当事人，后者是不特定公众；其三，救济目的不同，前者为私益，后者为公益；其四，救济性质不同，前者是私法救济，后者是社会法救济；其五，救济的结果及其归属不同，前者一般是对受害人进行损害赔偿，后者一般是将恢复环境的经费给予公众。[2]由此，环境侵权与侵害环境权显然是分属于不同法律领域的两个概念。该学者对二者的对比可谓煞费苦心。笔者认为，对这个问题也可以作简单化理解：只要清楚确定了环境权不同于人身权或财产权，即可将环境权排除出环境侵权的客体范畴。因为环境侵权是侵权的下位概念，而我国《侵权责任法》第 2 条第 1 款已经非常清楚地规定了“侵害民事权益，应当依照本法承担侵权责任”。该条第 2 款随即对民事权益作出了界定：民事权益包括诸如生命权、健康权、姓名权等人身、财产权益。由此可见，只有人身、财产权益是受《侵权责任法》保护的，这二者之外的其

[1] 《民法通则》第 83 条中将采光、通风等纳入相邻关系，并且该条是规定在第 5 章“民事权利”第 1 节“财产所有权和与财产所有权有关的财产权”之下；《物权法》第 89 条也规定了通风、采光、日照问题，该条处于第 2 编“所有权”第 7 章“相邻关系”部分。综合这两部法律可以看出，我国的民事立法是将通风权、采光权和日照权作为财产性权利来对待的。

[2] 邹雄：《环境侵权救济研究》，中国环境科学出版社 2004 年版，第 23 页。

他权益被侵害时，受害人则无从依照《侵权责任法》请求加害人承担侵权责任，而此时对其他权益的侵害行为也就无法成为我国现有立法背景下的侵权行为。

此外，在许多其他国家，名为“环境民事责任法”的法律实际上都是用以处理传统损害的，即人身伤害或财产损害，而不是如名称所指的环境损害。如果人身伤害或财产损害是由环境（如空气污染或水）污染所导致的（传统）损害造成的，这类法律就将其纳入环境民事损害的范畴。例如，1990 年的《德国环境责任法》第 1 条规定了工厂和设施对环境影响的民事责任：如果发现一个工厂对环境的影响造成人员伤亡或影响人们健康，或者损害财产，则工厂的所有者有义务为其所造成的损害向受损害人赔偿损失。该法的使用范畴仅限于因特定设备影响环境所产生的生命、身体、健康或财产损害。仅仅发生生态损害或环境损害不属于该法的调整范围。❶

对比上述几种环境侵权的定义，笔者更加赞同邹雄老师对环境侵权的界定，但是该定义又稍显繁琐。在其基础上，笔者将环境侵权定义为：因环境污染或生态破坏，对他人人身、财产权益造成损害或有损害之虞，依法应当承担民事责任的行为。而环境侵权责任就是指因环境污染或生态破坏，对他人人身、财产权益造成损害或有损害之虞，依法应当承担的民事责任。

这里需要声明的是，本书中并未像许多学者那样直接将环

---

❶ 蔡守秋：《调整论——对主流法理学的反思与补充》，高等教育出版社 2003 年版，第 631 页。

境侵权作为一种特殊侵权来对待，[1]这一点对下文的写作具有重要影响。

二、生态破坏侵权的定义

生态破坏与环境污染都是次生环境问题。本书第一章第一节即分析了生态破坏的概念，它是指因人类不合理地开发利用自然环境，导致环境要素数量减少、质量降低，环境效能和生态平衡遭到破坏的现象。这里所说的生态破坏是一种现象、一种结果状态。那么造成这种状态的行为——不合理地开发、利用自然环境的行为——属于生态破坏行为。这种行为会导致生态破坏现象的发生。但生态破坏现象不是这种行为的唯一结果，因为在导致生态环境遭受破坏的同时，这种行为可能还会引发其他不利影响——对他人人身和财产权益的损害，也就是侵权。

本节第一部分已经介绍了环境侵权，指出环境侵权的原因行为有两种：环境污染和生态破坏（这里的污染和破坏指的是污染行为和破坏行为，而不再是现象或后果）。其中第二种原因行为——破坏生态的行为——所导致的侵权即属于生态破坏侵权。简言之，生态破坏侵权指的是因实施破坏生态的行为，对他人人身、财产权益造成损害或有产生损害之虞，依法应当承担民事责任的行为。

---

[1] 马骧聪：《环境保护法》，四川人民出版社 1988 年版，第 141 页；金瑞林、汪劲：《20 世纪环境法学研究评述》，北京大学出版社 2003 年版，第 273 页；曹明德：《环境侵权法》，法律出版社 2000 年版，第 18 页；吕忠梅主编：《环境法案例辨析》，高等教育出版社 2006 年版，第 77 页。

三、生态破坏侵权的范围

环境法理论中的生态破坏概念相对于生态学上的生态破坏概念来说要狭窄得多，它仅包括人类在开发、利用自然资源的过程中造成的不利于生态环境的行为及后果。进一步具体到生态破坏侵权范畴中，此时生态破坏的指向更加狭窄，它仅指生态破坏行为（开发、利用自然资源，从环境中索取物质或能量的行为），而不包括生态破坏的现象和后果。从这个层面来说，诸如排放温室气体导致气候变化等情形就不属于环境法中的生态破坏侵权范畴。尽管气候变化会引发海平面上升、极端性天气频发等一系列生态破坏后果，但导致气候变化的原因行为——排放温室气体——并非以自然资源为作用对象，它是向空气中排放物质，而不是向环境索取物质或能量。目前，我国还未将温室气体列为大气污染物，温室气体排放行为在现在的立法背景下也还不能称为污染行为，但显然它也不能构成环境法中严格意义上的生态破坏行为。

此外，有必要声明的是，并非所有开发、利用自然资源的行为都能成为生态破坏侵权行为，因为自然资源与人们的生产、生活密切相关，可以说，离开自然资源的话，人们将难以生存下去。例如，农民从水塘里取水灌溉庄稼，村民从自己家房前屋后砍几棵树做家具等，这些正常生活中所需要的少量、零星利用的自然资源属于人们的生活必备品，此类行为应当从生态破坏侵权中排除出去，否则几乎所有人都须承担生态破坏侵权责任。也就是说，只有开发、利用自然资源行为中属于生产经营范畴的行为，才可能被作为生态破坏侵权行为来考虑。

此外，还须将本书的生态破坏侵权与某些学者提出的生态型侵权问题区分开，该学者以湖北省的梨锈病案例作为佐证来阐述生态型侵权责任。该案发生在1997年，湖北省某公路部门在某区国道两旁种植桧柏后，附近梨园开始逐年减产。2003年春末夏初，由于爆发了大面积的梨锈病，梨的产量跌到了历史最低点。2 227户梨农认为之所以会大规模爆发梨锈病，是因为栽种的桧柏破坏了原有的生态环境，于是将所在市交通管理委员会、交通厅、公路管理局等7家单位诉至法院，请求法院判处被告清除国道沿线栽种的桧柏树，并赔偿原告经济损失及诉讼开支。[1]该案纠纷涉及生态环境问题，也存在财产损害结果，故而被认为属于生态型环境侵权。但必须声明的是，此案所涉纠纷并非本书所要研究的生态破坏侵权。如前所述，生态破坏源于人类不合理地开发、利用自然资源，系从生态环境中索取物质资源导致损害后果。而本案中公路部门种植桧柏的行为并不存在“索取”情形，这种树木对梨树的不良影响可以被视为一种生态型污染，是向一个区域的环境中增加了原先不存在的物质，导致该区域环境受到不利影响，最终导致财产损失，该行为不属于本书研究的范围。

四、生态破坏侵权与环境污染侵权的联系与区别

研究生态破坏侵权，就不能不将其与环境污染侵权进行比较分析。这是因为，二者都是环境侵权的子概念，具有很多类似的地方，但又存在明显的区别。本书导论已经提及，环境污染侵权早已成为我国环境法学者关注的重点问题，学界对其也已经作出较为深入、全面的研究，而生态破坏行为引发的侵权责任一直以来并没有引起环境法学界的关注。也有学者对此进行过分析，指出环境侵权应有广义和狭义之分，广义上的环境

[1] 吕忠梅主编：《环境法案例辨析》，高等教育出版社2007年版，第87页。

侵权不仅包括环境污染和其他公害致人损害之事实，也包括生态破坏之现象；狭义上的环境侵权则是针对环境污染和其他公害致害行为而言。由于我国《宪法》和《民法通则》明确规定重要的自然资源属于国家所有，因此对自然资源破坏承受损失的主体是国家。为了保护自然资源、维护国家利益，国家专门制定了多部自然资源保护相关的法律法规。从各单行的自然资源保护法中可以看出，国家对自然资源的破坏者主要是通过追究刑事责任及行政责任来达到保护自然资源的目的，《侵权责任法》在这里似乎缺乏"用武之地"。该学者进一步将环境侵权界定为："因生产活动或其他人为原因，造成环境污染和其他公害，并给他人的财产、人身等权益造成损害或损害危险的法律事实。"该学者在其著作的后文中均采用了狭义环境侵权（环境污染侵权）的概念。[1]甚至还有许多学者将环境民事责任、环境污染民事责任等概念混同使用的现象时常出现，[2]生态破坏侵权未受关注的程度由此可见一斑。

通过与已经被广泛深入研究的环境污染侵权进行对比，将有助于我们更清晰地认识和了解现在大家都还比较陌生的生态破坏侵权的特质。

（一）二者的联系

尽管大家对环境污染侵权早已耳熟能详，但为方便对生态破坏侵权和环境污染侵权进行对比，这里还是有必要先简单介绍一下环境污染侵权。环境污染侵权也属于环境侵权的子概念，指的是因环境污染（行为），对他人人身权、财产权造成损害或

---

[1] 张梓太：《环境法律责任研究》，商务印书馆2004年版，第56页；薄晓波："论生态破坏侵权行为的归责原则与责任构成要件"，载《研究生法学》2011年第2期，第67页。

[2] 参见本书第2页脚注。

有造成损害之虞，依法应当承担民事责任的行为。而环境污染侵权责任则是指因环境污染（行为），对他人人身权、财产权造成损害或有造成损害之虞，依法应当承担的民事责任。

生态破坏侵权和环境污染侵权的联系在于：

一是二者侵犯的均是人身权或财产权，而不是由环境法所单独予以保护的环境权。因此，由环境污染或生态破坏引发的生态系统崩溃或环境要素的生态功能之减损不属于环境污染或生态破坏侵权责任救济的范畴。由侵犯对象的人身或财产属性所决定，无论是生态破坏侵权抑或是环境污染侵权，均属于传统侵权法上所言的“侵权行为”，对侵害人责任的追究亦属于侵权民事责任的范畴。

二是二者的发生均与环境要素密切相关，亦可统称为“环境侵权行为”。在环境污染侵权中，当排污者排放污染物时，首先受到损害的是环境要素，致使环境要素的经济和生态价值都受到一定程度的减损。例如，水体受到污染，水资源作为《水法》所规定的国家所有权和单位、个人使用权的客体，其经济利用价值和生态价值都受到了损害，由此侵犯了水资源所有权及使用权主体的财产性权益。其次，环境要素自身受到污染后，其可能还会进一步将污染后果传递给依赖该环境要素生存发展的人类，从而造成他人人身权或财产权的损害。例如，水体受到污染后，受到污染的水源会进一步危害人类的身体健康和财产安全，导致他人人身或财产权益的损害。

而在生态破坏侵权中，当生态破坏者实施了破坏生态的行为时，首先受到损害的也是环境要素自身，致使环境要素的经济和生态价值都受到一定程度的减损。例如，乱砍滥伐致使林木数量减少、森林生态系统功能显著减低甚至崩溃，森林作为一种资源的经济价值受到损害的同时，其保持水土、涵养水源、防风固沙、净化空气和美化环境的生态功能亦随之受损。其次，环境要素自身受到生态破坏行为的侵害后，也会进一步将生态破坏的后果传递给人类，从而造成人身权和财产权的损害。例如，乱砍滥伐行为发生后，森林生态系统保持水土、涵养水源的生态功能损失殆尽，当发生大暴雨之类的自然灾害时，水土流失、塌方、泥石流等灾害就可能随之发生，并引发大规模的人身和财产损害。

可见，无论是环境污染侵权，还是生态破坏侵权，环境要素在其中要么扮演着侵害对象的角色，要么成为发展、延续环境污染或生态破坏不良后果的中介因素。它们都与环境要素存在密切联系，都是在次生环境问题产生的过程中诱发了侵权责任。此外，二者之间还时常存在共生互促关系，在一定条件下还可能互相转化。人类的同一项行为可能同时产生环境污染和生态破坏的结果。例如，采矿行为可能引发地下水污染，同时也会导致地下水水位降低、地面塌陷等生态破坏后果。生态功能遭到破坏时会导致环境自净能力降低，致使污染加剧；而污染加剧又会使生态环境受到进一步破坏，二者相伴而生、相互促进，没有严格的界限。可以看出，环境污染侵权和生态破坏侵权在行为特征及责任构成要件方面存在较多相似之处，也为对比研究二者及其责任构成要件提供了可能性。

（二）二者的区别

尽管生态破坏侵权和环境污染侵权具有一些类似的性质，但二者之间也有很多区别。

1. 侵害途径不同

前文对环境污染和生态破坏进行对比时，即已指出污染行为是通过向环境排放物质或能量超过了环境的自净能力，从而导致环境质量降低并影响人类或其他生物的正常生存和发展。

而生态破坏则大多是对自然资源的不合理开发、利用行为，导致环境要素的数量减少和质量降低，破坏环境效能和生态平衡。二者引发环境问题的途径有所区别。

相应地，环境污染侵权是在通过排放污染物使环境受到污染的同时，给他人的人身、财产权益造成损害或有造成损害之虞；而生态破坏侵权则是在通过不合理地开发、利用环境对环境造成破坏的同时或破坏之后，给他人的人身、财产权益造成损害或有造成损害之虞。尽管二者的结果都是造成他人人身、财产权益的损害或损害之虞，但导致这一结果的途径有所区别。相对来说，生态破坏侵权的侵害途径更加多样、更加复杂。

2. 行为后果的可控性不同

生态破坏侵权主要是对生态环境的开发、利用超出了生态系统的负荷能力，其行为后果的可预测性较之于环境污染侵权更强。换言之，环境污染产生的未知风险更多，许多排放到自然界的物质混合后会产生令人始料不及的危害后果，行为后果的可预测性不强。而“生态破坏有相当部分是人们对已知生态规律的破坏，人们对于这种风险是可以预测的”。[1] 例如，滥砍滥伐会致使水土流失、开发矿产资源会引发地面沉降等，既然如此，生态破坏行为人和受害人都可以事先采取一定措施，对生态破坏行为及其后果进行控制。因此，生态破坏侵权行为后果的可控性比环境污染侵权更强。

3. 法律适用不同

虽然关于侵权责任的一般性规定《民法通则》和《侵权责任法》以及环境保护综合性法律《环境保护法》对于二者都能适用，但一些比较具有针对性的单行法在二者的适用上则

---

[1] 吕忠梅主编：《环境法案例辨析》，高等教育出版社2006年版，第92页。

有所区别。例如，《大气污染防治法》《水污染防治法》《固体废物污染环境防治法》等污染防治相关法律只能适用于环境污染侵权，而《森林法》《草原法》《水土保持法》《矿产资源法》《渔业法》等与自然资源开发利用和保护密切相关的法律则主要适用于生态破坏侵权。

唯须注意的是，尽管从理论上讲，《环境保护法》为环境保护领域的综合性法律，但是该法的“法律责任”部分唯有第41条是明确关于民事侵权责任的规定，该条针对的是“造成环境污染危害的”情形。而对于生态破坏的情形，在该法中没有明确的侵权责任相关规定，只是在该法第44条中规定：“违反本法规定，造成土地、森林、草原、水、矿产、渔业、野生动物等资源的破坏的，依照有关法律的规定承担法律责任。”该法本身则没有对生态破坏侵权责任作实质性的规定。

第四节 生态破坏侵权责任

一、生态破坏侵权责任的定义

当加害人从事生态破坏侵权行为之后，应当依法承担相应的责任，即生态破坏侵权责任。顾名思义，它是指因实施破坏生态的行为，对他人人身、财产权益造成损害或有损害之虞，依法应当承担的民事责任。它从属于侵权责任，是侵权责任中的一种类型，由生态破坏行为所引起。

二、生态破坏侵权责任与环境污染侵权责任的联系与区别

（一）二者的联系

生态破坏侵权责任与环境污染侵权责任均落脚于“侵权

责任”，因此二者均具有侵权责任的一些基本特征。例如，都是私权利主体之间的责任关系，而不涉及公权力的介入；责任产生的原因均是人身权或财产权受到损害或有损害之虞，而不是单纯的生态环境损害。

除了具有侵权责任所具备的一些基本性质之外，生态破坏侵权责任与环境污染侵权责任还有一项共同的特质：与不利于生态环境的行为密切相关。简言之，无论是生态破坏侵权责任还是环境污染侵权责任，均是加害人因从事了不利于生态环境的行为而依法应当承担的侵权责任。

（二）二者的区别

有人绘制了一份环境民事责任框架图，如图一所示：

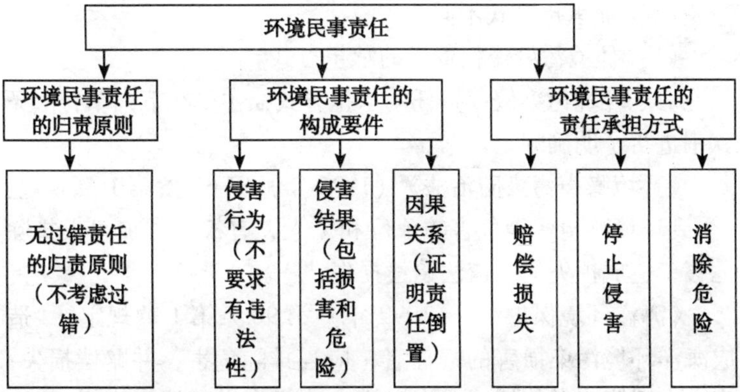

图一 环境民事责任框架图❶

图一的绘制者显然并未区分环境污染侵权责任与生态破坏

❶ 张璐主编：《环境与资源保护法案例与图表》，法律出版社2010年版，第74页。

侵权责任，而是以环境污染侵权责任所具备的各种特质来界定环境民事责任。这仍然是一种将环境民事责任与污染侵权责任混淆的观点，并未考虑到生态破坏侵权责任中一些有别于污染侵权责任的问题，有失周延。

下面对环境污染侵权责任和生态破坏侵权责任进行区分对比，以比较研究的方法来分析生态破坏侵权责任所具有的主要特征。必须指出，这里的分析是以我国现有立法为基础的。我国现有的相关立法中对生态破坏侵权责任和环境污染侵权责任作出的规定还存在诸多不尽合理之处，而本书写作的重要目的就在于针对现有立法中生态破坏侵权责任相关规定的不合理之处进行分析，最终提出完善建议。

1. 责任承担方式不同

（1）环境污染侵权责任的承担方式。

对于环境污染侵权责任的承担方式，主要在下列单行法条款中进行了明确规定。

《环境噪声污染防治法》（1996 年）第 61 条第 1 款规定："受到环境噪声污染危害的单位和个人，有权要求加害人排除危害；造成损失的，依法赔偿损失。"

《海洋环境保护法》（1999 年）第 90 条第 1 款规定："造成海洋环境污染损害的责任者，应当排除危害，并赔偿损失；完全由于第三者的故意或者过失，造成海洋环境污染损害的，由第三者排除危害，并承担赔偿责任。"

《大气污染防治法》（2000 年）第 62 条第 1 款规定："造成大气污染危害的单位，有责任排除危害，并对直接遭受损失的单位或者个人赔偿损失。"

《固体废物污染环境防治法》（2004 年）第 84 条第 1 款规定："受到固体废物污染损害的单位和个人，有权要求依法赔偿损失。”第 85 条规定：“造成固体废物污染环境的，应当排除危害，依法赔偿损失，并采取措施恢复环境原状。”

《水污染防治法》（2008 年）第 85 条第 1 款规定：“因水污染受到损害的当事人，有权要求排污方排除危害和赔偿损失。”

可以看出，除《固体废物污染环境防治法》的规定稍显特殊外，其他法律中规定的责任承担方式都只包括排除危害和赔偿损失这两种。

再来分析《固体废物污染环境防治法》第 84 条和第 85 条，前者规定了受到固体废物污染损害的单位和个人有权要求侵权人承担赔偿损失的侵权责任，后者则规定了因排放固体废物而污染环境的污染者承担责任的方式包括排除危害、赔偿损失和恢复原状。前后两条都涉及了赔偿损失责任，并且承担责任的缘由也不同，前者是固体废物污染使单位和个人遭受到损害，而后者则是固体废物污染了环境。笔者推测，这两条所针对的权利人主体身份不同。在第 84 条中，可以请求污染者赔偿损失的是单位和个人（从准确的法律用语来说，应该指的是法人和自然人，总之是受到固体废物污染损害的受害人）；而在第 85 条中，可以请求污染者排除危害、赔偿损失、恢复原状的应该是法人和自然人之外的其他主体，或者说污染者依照该条承担前引三种形式的责任所指向的对象应该是法人和自然人之外的其他主体，否则没有必要另列一条单独规定。由于第 85 条只是规定污染环境，没有提及遭受危害的受害人是谁，笔者认为，既要考虑排除法人和自然人的可能性，也要考虑污染环境对谁的利益损害最为直接，或者说谁最具有要求侵害者承担责任的立场与资格。《宪法》中规定了国家保护和改善生活环境和生态环境，防止污染和其他公害。[1]也曾有人在公众与国家之间形象地构建起环境利益的公共信托关系，认为国家的身份是受托人，有职责为了保护受益人的利益尽力照管好生态环境。[2]因此，当环境遭受污染时，除了受害人之外，有权要求污染者承担责任的最适格请求权主体当属国家。

赔偿损失是《民法通则》和《侵权责任法》都已明确规定的侵权责任承担方式，前文已经提及，此不赘述。排除危害则并未作为侵权责任承担方式明确出现在这两部法律条文中，但是在污染防治有关的单行法中却多次提及这种民事责任形式，所以有必要简单予以分析。曹明德教授曾提出："环境污染防治法中的排除危害实际上基本包括了停止侵害、排除妨碍、消除危险这三种责任方式的内容。"[3]这就将环境侵权中的"排除危害"与《侵权责任法》中的侵权责任承担方式对应了起来，令人更容易从侵权法的角度来理解何谓"排除危害"。

但也有学者对这种观点持有异议，认为此种对应有不严密之处，指出将这三种责任形式予以并列不符合逻辑。因为"停止侵害"针对的仅仅是正在进行中的侵权行为，如果侵害还没有发生或者已经结束，则不存在适用"停止侵害"的空间；"排除妨碍"则是针对现实存在的或可能发生的侵害，只要这种侵害对他人的人身、财产权益造成损害或者有造成损害之虞，即构成了妨碍，受害人也就有权要求予以排除；"消除

[1] 《宪法》第26条。

[2] Joseph L. Sax, "The Public Trust Doctrine in Natural Resources Law: Effective Judicial Intervention", 68 *Mich. L. Rev.* 605 (1970). 转引自张颖："美国环境公共信托理论及环境公益保护机制对我国的启示"，载《政治与法律》2011年第6期，第114页。

[3] 曹明德：《环境侵权法》，法律出版社2000年版，第126页。

危险”显然针对的仅仅是尚未造成损害而只有造成损害之危险的侵害行为。可见，停止侵害和消除危险都是对妨碍的排除，三者并存时存在重合之处。该学者进一步提出，排除危害并非一种具体的责任形式，而是对环境侵害排除的一类责任的总称，指的是国家强令造成或可能造成环境危害者排除可能发生的环境危害，或者停止已经发生并予以消除继续发生环境危害的一类责任的总和，它包括民事责任中的停止侵害、消除危险责任方式和行政责任中的责令停止生产或者使用、责令重新安装使用、责令停止违法行为、责令停业、关闭等责任形式。❶

笔者认为，该学者的意见似乎不无道理，但追究起来应当属于《侵权责任法》在立法设计时的问题。因为按照该学者的意见，这三种责任承担方式不仅仅是在环境侵权中不可并列，而且是在任何侵权领域均存在重合问题，但三者又确确实实地并存在《侵权责任法》第15条中。按照该学者的意见，排除妨碍等同于消除危险和停止侵害两者之和，那么，为何选择规定停止侵害和消除危险而舍弃排除妨碍？该学者并未说明，似乎也有失周全。崔建远教授曾专门撰文论证停止侵害、排除妨碍、消除危险等应当属于物上请求权而非侵权责任方式。❷但鉴于《侵权责任法》最终仍然采用了这些侵权责任承担方式，而本书又以我国现有的立法背景作为立论基础，因此，笔者无意深入探讨现有侵权立法中对侵权责任承担方式的安排是否合理。仅仅从现有立法来看，环境污染侵权中常常涉

❶ 李慧玲：“论我国‘排除危害’环境责任及其立法完善”，载《湖南行政学院学报》2007年第6期，第103~104页。

❷ 崔建远：“绝对权请求权抑或侵权责任方式”，载《法学》2002年第11期，第40~43页。

及的排除危害责任应当是包含了停止侵害、排除妨碍、消除危险这三种责任方式。至于上述学者认为排除危害包括行政责任中的责令停止生产或者使用、责令重新安装使用、责令停止违法行为、责令停业、关闭等责任形式，笔者不敢苟同。综观各污染防治单行法，排除危害都是与赔偿损失规定在单独的一个条文中，显然立法者单列此条的意义在于规定污染侵权的民事责任。而这些污染防治法的“法律责任”部分都规定了大量的行政责任条款，没有理由在理解“排除危害”这一责任的时候还要将行政责任渗透进去，否则不符合条文解释的基本逻辑。

（2）生态破坏侵权责任的承担方式。

《森林法》第 44 条、《草原法》第 66 ~ 70 条、《渔业法》第 39 条等条款均规定了赔偿（损失）责任，而没有污染防治单行法中普遍规定的“排除危害”责任。《水法》《水土保持法》“法律责任”部分的民事责任条款则只是简单规定了“依法承担民事责任”，并未明确规定承担何种民事责任。

值得注意的是，《森林法》第 44 条中除了规定赔偿损失责任之外，还规定了一种责任形式——“由林业主管部门责令停止违法行为，补种毁坏株数一倍以上三倍以下的树木……拒不补种树木或者补种不符合国家有关规定的，由林业主管部门代为补种，所需费用由违法者支付”（类似于侵权法中的替代性补偿）。《矿产资源法》第 39 条规定了“责令停止开采、赔偿损失”。这里的责任方式从字面来看应当属于行政责任，但又似乎含有侵权责任的内容（停止侵害、赔偿损失等）。正如王灿发教授所说的：“在环境法中，许多原来被认为是民事责任的却成了行政责任，许多本应承担民事责任的行为却以行政责任代之，或者既承担行政责任又承担民事责任。”[1]之所以会出现这样的现象（尤其是在自然资源保护法中普遍存在），与我国自然资源权属制度是密切相关的。

我国法律中明确规定，水、土地、森林、草原、矿产等重要的自然资源大多属于国家所有，由法律规定属于集体所有的森林、草原、土地等除外。对这些自然资源的开发利用及保护进行规范的各部单行法，在规定民事责任时，大多考虑的也是保护和救济对自然资源享有物权的权利人（大多数情况下是国家，有时是集体）。当生态破坏行为人不合理地开发、利用自然资源，造成生态破坏时，主要的直接影响就是导致自然资源数量减少和质量降低。此时，作为自然资源所有权人的国家（有时是集体）的利益当然受到了直接侵害。从民法角度来看，被侵害权利的国家（有时是集体）当然可以要求加害人承担侵权责任，这是民事救济的请求权。但是，作为国家利益代表的政府，同时又具有强大的公权力。在“官本位”思想十分浓厚的历史背景下，公权力似乎无处不在。政府既然可以通过行政手段来制约生态破坏行为人的行为，责令他们承担责任（包括侵害国家、集体所有权的侵权责任），又怎么会选择大费周章地去法院起诉来主张民事救济呢？于是，在自然资源遭到破坏的情况下，权利受到侵害的国家（集体）通过其代表——政府——所拥有的行政权力来追究加害人的行政责任，以替代普通的侵权救济请求权，民事责任行政化的现象就很容

[1] 王灿发：《环境法学教程》，中国政法大学出版社1997年版，第87页。

易理解了。[1]

从上面的对比分析中可以看出，我国现行法律对于环境污染侵权责任承担方式的规定仍然属于传统的民事侵权责任领域，赔偿损失是最为主要的责任承担方式；而对生态破坏侵权，有关其责任承担方式的规定则超越了民事责任的范畴，非常明显地具有"民事责任行政化"的特征。

2. 归责原则不同

（1）环境污染侵权——无过错责任原则。

早在1982年制定的《海洋环境保护法》中，就已经规定了在海洋环境被污染的情形下，受害人请求加害人承担赔偿损失责任时采无过错责任归责原则。[2]之后的《水污染防治法》（1984年）、《大气污染防治法》（1987年）、《固体废物污染环境防治法》（1995年）、《环境噪声污染防治法》（1996年）、《放射性污染防治法》（2003年）等法律在制定和修改时，基本上都体现出环境污染侵权的无过错责任归责原则。这是为了体现在实力悬殊的污染者和污染受害者之间扶弱抑强的立法精神。

（2）生态破坏侵权——归责原则不统一。

早期有学者指出，我国在追究破坏自然资源者的民事责任

---

❶ 个人也能成为林木的所有权人，或者土地、矿产资源、水资源等自然资源的使用权人，但相对于国家或集体对自然资源的所有权来说，个人对于自然资源享有的物权显然要薄弱得多，这种个人的私权利难以与民事责任行政化的局势相抗衡。

❷ 1982年《海洋环境保护法》第42条规定："因海洋环境污染受到损害的单位和个人，有权要求造成污染损害的一方赔偿损失。赔偿责任和赔偿金额纠纷，可以由有关主管部门处理，当事人不服的，依照《中华人民共和国民事诉讼法（试行）》规定的程序解决；也可以直接向人民法院起诉。"

时，实行的是过错责任原则。[1]这种观点受当时的立法背景所限，从现在来看有失全面。例如，1988 年《水法》第 44 条规定："违反本法规定取水、截水、阻水、排水，给他人造成妨碍或者损失的，应当停止侵害，排除妨碍，赔偿损失。"2002 年修改后的《水法》第 76 条规定："引水、截（蓄）水、排水，损害公共利益或者他人合法权益的，依法承担民事责任。"显然，修改后的《水法》与修改前相比，取消了违法性责任构成要件，过错责任原则转为无过错责任原则。[2]

而与此相反的，1991 年《水土保持法》第 39 条规定："造成水土流失危害的，有责任排除危害，并对直接受到损害的单位和个人赔偿损失。"这里侵权责任的承担不以过错为要件。但 2010 年经修改后该法第 58 条规定："违反本法规定，造成水土流失危害的，依法承担民事责任。"既然有违法情形，可从客观方面推定行为人此时是存在主观过错的，因此可以说，该法修改前采用的是无过错责任归责原则，而修改后却转而采用过错责任归责原则。[3]

《矿产资源法》第 32 条第 3 款规定："开采矿产资源给他人生产、生活造成损失的，应当负责赔偿，并采取必要的补救措施。"显然，这里采用的是无过错责任归责原则。

有关开采矿产资源的责任问题，在《水法》中也有涉及。

---

[1] 金瑞林主编：《环境法学》，北京大学出版社 1990 年版，第 164 页。

[2] 这里主要以客观行为违法与否作为主观是否存在过错的客观化认定标准。

[3] 笔者对这种修改疑惑不解，经过向全国人大法工委工作人员咨询得知，该条文的修改主要考虑的是从立法技术的角度出发，认为设定责任应该统一有违法前提。笔者认为，这种立法技术思维仍然延续了《民法通则》第 124 条的模式，并不值得赞同。以违法作为承担民事责任的前提，不符合我国环境保护相关立法的改革趋势，不利于保护受害人的权益，也违反了法律逻辑（违法与否应当是判断是否要承担行政责任的前提，而不应当与民事责任直接挂钩）。

例如，该法第31条第2款规定："开采矿藏或者建设地下工程，因疏干排水导致地下水水位下降、水源枯竭或者地面塌陷，采矿单位或者建设单位应当采取补救措施；对他人生活和生产造成损失的，依法给予补偿。"这一条款并非列在《水法》的法律责任部分，而是在第四章"水资源、水域和水工程的保护"中进行了规定。严格说来，"补偿"一词并不是侵权责任的承担方式，而是行政机关作出不利于行政相对人利益的行为时所进行的弥补措施，如征地补偿。从这里的条文内容来看，采矿单位或建设单位需要向生活或生产遭受损失的受害人负赔偿责任，该责任的承担不以过错为必要条件。

《渔业法》第39条规定："偷捕、抢夺他人养殖的水产品的，或者破坏他人养殖水体、养殖设施……造成他人损失的，依法承担赔偿责任……"依据该条规定，加害人依法承担赔偿责任的情况有两类，一是偷捕、抢夺他人养殖的水产品造成他人损失的，二是破坏他人养殖水体、养殖设施造成他人损失的。前一种情形中的"偷捕""抢夺"显然出于加害人的故意行为，主观上之过错自不待言；而后一种只是规定破坏他人养殖水体、养殖设施，这里的破坏也许是出于故意或过失，也可能是由无过错的行为导致，因此，这种情况下赔偿责任之承担也不以过错为要件。

《森林法》（1984年制定，1998年修改）第44条规定了承担赔偿损失责任的前提是"违反本法规定"，此处条文中虽然没有明确出现"过错"二字，但从违法性的客观要件可以推知立法者在此采用的是过错责任的归责原则。同样，《草原法》第66～70条所规定的赔偿责任针对的也都是违法行为，因此，可以看出针对草原上发生的诸多侵权行为，采用的也是过错责任归责原则。

从上述法律规定来看，除了少数条文体现出无过错责任原则之外，目前我国立法中关于生态破坏侵权责任的大多数规定采用的是过错责任原则。

3. 责任构成要件不同

（1）环境污染侵权责任的构成要件。

首先，前文已经论及环境污染侵权采用的是无过错责任归责原则，过错不应作为环境污染侵权责任的构成要件。

其次，《环境噪声污染防治法》《大气污染防治法》《水污染防治法》规定污染者承担民事责任的前提是有“危害”，危害应当包含危险和损害两层意思；也就是说，已经造成损害或者有造成损害的风险的，都须承担侵权责任。《固体废物污染环境防治法》规定单位和个人请求污染者承担赔偿损失责任以受到损害为前提，而污染者向国家（按照笔者在前文中对《固体废物污染环境防治法》第 85 条规定的推测，该条中污染者承担责任的对象是国家）承担排除危害、赔偿损失、恢复原状等责任则不以损害为必要条件。《海洋环境保护法》中则明确规定了“损害”作为承担排除危害和赔偿损失责任的前提。[1]从总体上来说，环境污染责任的构成要件不包括损害结果，有损害或者损害之虞均可导致侵权责任。

再次，尽管前文在分析一般侵权责任构成要件时，已经将违法性排除在侵权责任构成要件的序列之外，但为了与现有立法中的生态破坏侵权责任进行对比，这里还是有必要提及违法

---

[1] 从前文分析的责任构成要件与责任承担方式的关系可以看出，排除危害的责任方式不应以损害结果的实际发生作为责任构成要件，因为排除危害包含了消除危险方式；而消除危险正是针对尚未实际发生的损害，如果以损害结果作为责任构成要件，则不符合逻辑。由此可以看出《海洋环境保护法》的立法技术不够成熟。

性要件。根据污染防治有关的各单行法中关于民事责任的规定，各种污染侵权责任的承担均不以违法性为责任构成要件。

最后，加害行为（在此是污染行为）与损害（或损害之虞）之间的因果关系是必需要件，这是所有侵权责任中都须具备的，毋庸置疑，此不赘述。

（2）生态破坏侵权责任的构成要件。

首先，如前所述，目前我国自然资源保护法中对大多数生态破坏侵权采纳的是过错责任归责原则，因此，过错是现有立法中大多数生态破坏侵权的责任构成要件。

其次，《草原法》第66～70条规定，加害人向草原所有权人或使用权人依法承担赔偿责任的前提是给其造成了损失；《森林法》第44条规定，加害人依法赔偿损失的前提是森林、林木受到毁坏；《水法》第76条规定，引水、截（蓄）水、排水者依法承担民事责任的前提是其损害了公共利益或者他人合法权益；《渔业法》第39条规定，加害人承担赔偿责任的前提是造成他人损失；《矿产资源法》第39条以行政责任的形式来强制违法加害人承担实质上的民事责任，由于立法者在制定该条款时考虑的应该是行政责任问题，因此未涉及损害（或损害之虞），而只是规定了违法性要件，因为行政法律责任一般来说是行政违法引起的法律后果，与该违法行为的损害结果关系不大。不过，《水土保持法》第58条规定，加害人承担民事责任的前提则是造成水土流失危害。可见，除了《水土保持法》承认有损害之虞时即须承担民事责任之外，在其他大多数自然资源保护法中，加害人承担侵权责任都以造成损害后果为要件。

再次，从现有的自然资源保护立法（《草原法》第66～70条、《森林法》第44条、《矿产资源法》第39条、《水土保持法》第58条等、《渔业法》第39条）中可以看出，目前我国立法中大多数生态破坏侵权责任以违法性作为构成要件。而这显然超出了我国《侵权责任法》对侵权责任要件的要求。尽管根据特殊法优于一般法的规则，这种立法矛盾是可以存在的，并且应当适用上述特殊法中的规定，但将“违法”作为侵权责任构成要件显然更不利于对受害人的救济，与现代侵权法的立法精神相左。

最后，加害行为（在此是生态破坏行为）与损害（或损害之虞）之间的因果关系是必需要件，这是所有侵权责任中都须具备的，此不赘述，这一点与环境污染侵权责任相同。

通过以上几个方面的对比可以看出，在我国现有立法中，生态破坏侵权与环境污染侵权之间存在诸多差异。这种差异也多多少少曾经受到一些学者的关注，但这种关注似乎过少。关键问题在于，尽管学者偶或提及环境污染侵权与生态破坏侵权并不相同、各有特质，但之后便着重研究环境污染侵权，而有意无意地忽略了生态破坏侵权责任问题。笔者认为，这种研究有失周延，故而在环境污染侵权问题已经被长期关注和深入研究的学术环境中，有意要为生态破坏侵权“正名”，让人们认识到对此种类型侵权的专门研究是有其理论和实践意义的。

第二章　生态破坏侵权责任的类型化分析

第一节　生态破坏侵权责任的类型划分

一、分类研究的意义

拉伦茨曾提出，当抽象——一般概念及其逻辑体系不足以掌握某生活现象或意义脉络的多样表现形态时，大家首先会想到的补助思考形式是“类型”。类型思考进展的第一个步骤与抽象化思考并无不同，即由有关的具体事务中区分出一般的特征、关系及比例，并个别赋予其名称。然而，在对抽象概念的思考中，这些特征就此被确定为鼓励的要素，而接着一再地放弃这些要素，就构建出越来越一般的概念。类型思考则不然，它让类型的构成要素维持其结合的状态，仅系利用这些要素来描述（作为要素整体的）类型。借着这种方式，它尝试在思想掌握的阶段，也还能够维持类型（借直观取得的）形象上的整体性。此乃何以大家常会听到下述说法：类型几乎处于个别直观即具体的掌握与“抽象概念”两者之间，它比概念更具体。[1]这种介于基本具体概念与一般抽象概念之间的类型化的思考方式让法律得以构造。法律中有不同类型的主体、客体

[1] ［德］卡尔·拉伦茨：《法学方法论》，陈爱娥译，商务印书馆2004年版，第337~338页。

和法律关系内容（权利、义务），针对各种类型的法律元素，制定不同的法律规则，从而形成法律体系。这样才能便于人们认识和学习法律，否则法律问题将会杂乱无章、一团乱麻。

那么，在研究生态破坏侵权责任这样一个理论界还没有系统全面研究的法学概念时，运用类型化研究方式，可以更好地对其进行解构分析。从不同角度对其进行分类，可以了解和掌握其各个方面的特质。

在此需要特别强调的是，下面对生态破坏侵权责任的类型化分析，将不再囿于我国现有的立法背景，而是要结合实然状态来分析其应然状态，考虑但不限于现有立法条文，从学理上对生态破坏侵权责任进行系统、全面的研究。

二、生态破坏侵权责任的不同分类

（一）以生态破坏侵权行为侵害的客体为标准

以生态破坏侵权行为侵害的客体为标准，可以将生态破坏侵权责任分为侵害人身权的生态破坏侵权责任和侵害财产权的生态破坏侵权责任。前者是指生态破坏侵权行为侵害了他人的人身权益，使他人人身权益受到损害（或有损害之虞），因此需要承担的责任。例如，盲目建筑堤坝，引发洪涝灾害，并使当地居民在洪水中丧生，侵害了他人的生命权。而后者则是指生态破坏侵权行为侵害了他人的财产权益，使他人财产权益受到损害（或有损害之虞），因此需要承担的责任。例如，盲目建筑堤坝，引发洪涝灾害，并冲垮了当地居民的房舍，侵害了这些居民对其房屋及房屋内物品的财产权。无论是损害他人人身权益还是财产权益，均须承担侵权责任。

（二）以生态破坏行为主体身份为标准

以生态破坏侵权行为的实施主体为标准，可以将生态破坏侵权责任分为自然人的生态破坏侵权责任和法人的生态破坏侵权责任。显然，前者是指自然人实施生态破坏行为之后，若造成他人人身、财产权益的损害或产生损害之虞，则该自然人所须承担的侵权责任；后者则是指法人实施生态破坏行为之后，若造成他人人身、财产权益的损害或产生损害之虞，则该法人所须承担的侵权责任。

自然人存在行为能力问题，只有具有行为能力的自然人，才需要自行承担生态破坏侵权责任，否则可能要由其监护人替代承担侵权责任。法人可能存在变更、终止情形，因此，由法人实施的生态破坏侵权行为所引起的侵权责任可能会面临责任转移问题；并且在法人终止后，受害人不得向原法人的组成人员要求承担侵权责任。[1]相对来说，受天生能力的限制，自然人侵权的规模、程度一般来说也有天然限制；而法人侵害他人权益的能力往往比自然人要强得多，由此引发的侵权后果也就可能严重得多。

（三）以生态破坏行为人的人数为标准

以实施生态破坏侵权行为的主体人数为标准，可以将生态破坏侵权责任分为单人生态破坏侵权责任和数人生态破坏侵权责任。前者是一个人单独实施生态破坏行为，侵害他人民事权

---

[1] 曾有学者提出生态侵权的概念，并且根据生态侵权主体的行为能力受法律限制的程度进行分类，将生态侵权主体分为自然生命体侵权主体、国家侵权主体（包括国家行政机关侵权主体）、法人侵权主体和自然人侵权主体。参见刘文燕、焦华：“论生态侵权”，载《北方环境》第30卷第2期，第10～11页。

笔者认为，这是对基本民事主体概念的认识不清。侵权是民法领域的重要问题，侵权主体当然仅限于民事主体，而无论是传统民法还是我国现有的民法中所规定的民事主体均包括自然人和法人这两种类型。所谓自然生命体根本不属于民事主体的范畴，而国家对他人权益的侵害也应当由国家赔偿法来调整，并非侵权法所要解决的问题。

益所须承担的侵权责任；后者则是两个或两个以上行为人实施生态破坏行为，侵害他人民事权益所须承担的侵权责任。显然后者较之于前者更为复杂，多个行为人之间可能存在共同的意思联络，也可能不存在任何意思联络而只是其行为或行为结果偶然地结合起来造成损害结果。在这种情况下，需要根据不同情形在多个行为人之间进行侵权责任的划分，确定各侵权人之间承担的是按份责任还是连带责任。相对于单人生态破坏侵权责任来说，数人生态破坏侵权责任要复杂得多。

（四）以生态破坏侵权行为侵害民事权益的途径为标准

以生态破坏侵权行为侵害民事权益的途径为标准，可以将其划分为直接侵害民事权益的生态破坏侵权责任（以下简称生态破坏直接侵权责任）和间接侵害民事权益的生态破坏侵权责任（以下简称生态破坏间接侵权责任）。

当行为人从事破坏生态环境的行为时，其对他人人身、财产权益的侵害具有阶段性。在这一侵害过程中，环境要素既可能成为被侵害的对象，又有可能成为延伸侵害后果的中介因素，将生态破坏行为的损害后果进一步延伸至他人的人身和财产权益。

行为人从事破坏生态环境的行为，首当其冲受到损害的是环境要素。例如，乱砍滥伐者违法砍伐林木，森林作为一种重要的生态系统，其生态功能必然受到乱砍滥伐行为的损害；同时，森林也是一种重要的自然资源，具有较大的经济价值，因此，乱砍滥伐行为在导致森林生态系统功能减损的同时，也会侵害森林资源所有权或使用权人的经济利益，构成对他人财产权益的侵害。此即生态破坏直接侵权行为。在生态破坏直接侵权中，环境要素生态功能减损的同时，基于该环境要素的财产性权益也会受到侵害，且这样的财产性权益受到损害并非由环境要素受到破坏之后作为中介的传递作用所致。

行为人实施破坏生态环境的行为之后，环境要素的生态功能受到不同程度的减损，其还有可能将这种损害后果进一步传递给他人的人身或财产，使本来与该环境要素不存在任何经济利益关系的他人的人身或财产受到损害。例如，乱砍滥伐致使森林保持水土、涵养水源的功能损失殆尽，当遇到暴雨天气，泥土随洪水倾泻而下，形成塌方、泥石流等灾害，导致大量人身伤亡和财产损失。此即生态破坏间接侵权行为。在生态破坏间接侵权中，环境要素不再是单纯的受侵害对象，而转变成传递损害后果的中介因素。生态破坏者侵权行为的完成，需要环境要素的这种传递作用方能实现。

可见，生态破坏直接侵权与生态破坏间接侵权的显著区别在于：一是环境要素的作用不同。在生态破坏直接侵权中，环境要素是侵害对象；而在生态破坏间接侵权中，环境要素则是中介因素。二是侵害客体不同。一个是自然资源所有权或使用权主体的财产权益，另一个是他人的人身权和财产权。这里的“他人”可以包括任何人，而不再仅限于自然资源所有权或使用权主体。生态破坏直接侵权与间接侵权的联系与区别如图二所示。

这是下文中所要重点研究的生态破坏侵权的两种类型，因为按照此种类型划分标准所区分出的这两类生态破坏侵权责任在侵权责任构成要件方面存在重大区别，而前几种分类方法只是在侵权法律关系主体或客体某一个方面存在区别，对侵权责任的整体构成要件影响并不太大。而侵权责任构成要件作为侵权责任研究的核心内容，也是本书所要研究的重点，因此，笔者将选取生态破坏直接侵权责任和生态破坏间接侵权责任的类型划分来具体分析生态破坏侵权责任构成要件问题如图二所示。

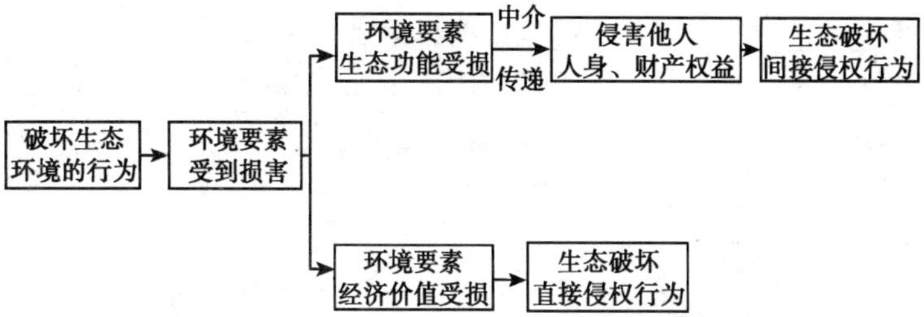

图二 生态破坏直接侵权与间接侵权的联系与区别

第二节 生态破坏直接侵权责任

一、生态破坏直接侵权责任的定义及特征

（一）生态破坏直接侵权责任的界定

生态破坏直接侵权责任由生态破坏直接侵权行为所引起。生态破坏直接侵权行为指的是生态破坏者违法开发利用自然资源造成生态破坏，并对自然资源的经济价值造成损害，侵犯了自然资源权属主体的所有权或使用权而依法应当承担民事责任的行为。由此引发的侵权责任即是生态破坏直接侵权责任。举例以言之，在他人承包的林地上大肆伐木，对林木所有权人的所有权就造成了直接的侵害，林木所有权人可以要求伐木者承担赔偿责任。可以看出，这种侵权行为导致民事权益损害的过程与一般意义上的侵权行为并无二致，都是行为—结果之间直接发生联系。但有一点特征在于，这里受到侵害的财产权客体是林木，而林木是重要的环境要素，具有吸收温室气体、清洁空气、涵养水源等重要的生态价值。因此，尽管这里的权利受侵害的过程与其他侵犯财产权的一般侵权十分类似，但受侵害

的权利客体指向的是环境要素，这也是笔者将其纳入生态破坏侵权范围的原因。前文已经说明，笔者在本书中所称生态破坏侵权并不限于特殊侵权范畴，因此，即便其中包含一些与一般侵权交叉重合的部分，也并不违反逻辑。

（二）生态破坏直接侵权的特征分析

1. 直接性

这种直接性是与生态破坏间接侵权的间接性相对而言的。一般的侵权行为对损害结果的造成都是具有直接性的，即行为的直接后果就是损害发生，而不必再经过中间介质的传递作用。例如，将水泼在他人的笔记本电脑上导致电脑损毁，踢了别人一脚导致其受伤，这些都是非常典型的具有直接性特征的侵权。而我国现行法律中规定的环境污染侵权就具有典型的间接性，排污者的污染行为并非直接施加到受害人的人身或财产上，而是先作用到环境中，再经过环境这个中介因素的作用，转化为受害人人身、财产受到损害（或损害之虞）。这种就是所谓的间接性，下面在论及生态破坏间接侵权时会详细分析，以示区别。

2. 违法性

自然资源是人类社会发展的重要物质基础，土地、水、矿藏等甚至构成了促进社会经济发展的基本生产资料。没有自然资源的支撑，人类社会不可能前进。因而对于自然资源，法律不可能一味地采取保守性的保护措施，杜绝任何开发、利用和破坏行为。事实上，国家作为绝大多数自然资源的所有者，对于自然资源是允许合理开发使用的。但由于自然资源同时又是重要的环境要素，是生态系统的重要组成部分，具有重要的生态功能，其生态功能维系的程度与人类的生存质量息息相关，因而国家对自然资源所持的是一种有限度地开发利用的态度，即在维持自然资源自我更新、自我恢复能力的基础之上，本着节约利用和高效利用的原则，对自然资源进行适度开发。这样一种管理思想体现在法律上就是自然资源开发利用许可证制度和自然资源有偿使用制度。

因而根据法律之规定，开发利用自然资源者必须向国家有关行政主管部门申请自然资源开发利用许可证，并缴纳自然资源有偿使用费。只有取得许可证并按规定缴纳有偿使用费后，申请者方可获得合法的自然资源开发利用资格，此时其所从事的自然资源开发利用行为即受到法律的认可与保护。反之，自然资源开发利用者如果未取得许可证或未按规定缴纳有偿使用费，则其开发利用行为就具有违法性质。之所以将其认定为违法，是因为国家作为自然资源所有者，不允许其开发利用国家享有所有权或国家已将使用权授予他人的自然资源。而开发利用者不顾国家法律的禁止性规定擅自开发利用的，从行政管理的角度来说，开发利用者的行为违反了国家自然资源管理秩序；从私权利维护的角度来说，开发利用者的行为侵害了国家或集体经济组织的自然资源所有权或者他人的自然资源使用权。因而上述违法开发利用自然资源的行为同时也是生态破坏直接侵权行为，开发利用行为具有违法性是生态破坏直接侵权行为的必备构成要件。而如果是合法的开发利用自然资源的行为，则由于行为人已经取得开发、利用该自然资源的正当权利，也就不会侵害其所有权人或使用权人的财产权益，不可能构成生态破坏直接侵权。

3. 侵害对象的特定性

由于生态破坏直接侵权行为是基于自然资源开发利用行为而侵害他人对自然资源享有的财产性权益，因此其侵害客体必然是特定主体的自然资源所有权或使用权，而不可能是不特定主体的自然资源所有权或使用权。例如，在毁林开荒事件中，由于被毁坏的林木所有权界定十分清楚，要么是国家所有，要么是某集体经济组织所有，要么是某个人所有，因而其不可能如传统的环境污染侵权一样，造成大范围不特定主体财产权益的损害。即便某自然资源之上可能存在共同所有权或共同使用权，但权利主体仍然十分明确。因此可以说生态破坏直接侵权行为的侵害对象具有特定性。

4. 环境相关性

生态破坏直接侵权责任不同于其他一般侵权责任之处，在于它具有环境相关性，即其侵犯他人财产权益，尽管没有经过环境介质的复杂作用，但也与环境要素息息相关，受到损害的财产权依附于特定的环境要素。例如，在他人承包经营的草地上过度放牧，一方面会破坏植被，可能引起土地荒漠化，另一方面又侵害了草地承包者对草地的使用权。此时，生态破坏行为人的行为直接侵犯了他人的财产权（草地承包使用权），该财产权的客体属于重要的环境要素。这种侵权行为在直接侵权的同时，可能还会引发生态破坏结果，并有可能进一步导致生态破坏间接侵权。这种情况下，同一个行为最终既须承担生态破坏直接侵权责任，也要承担生态破坏间接侵权责任。

二、生态破坏直接侵权责任中的受侵害客体

一般来说，生态破坏直接侵权责任中，受到侵害的客体是他人对自然资源享有的各种财产性权益，而不包括人身权益。生态破坏主要源于对自然资源的不合理开发和利用。各种自然资源既是重要的环境要素，具有生态功能；又具有重要的经济价值，为社会经济发展提供不可或缺的物质基础。鉴于自然资源对于人类生存发展具有不可或缺的重要作用，包括我国在内

的世界各国均把自然资源视为支撑国民经济和社会发展的重要命脉。自然资源的这种重要性在法律上就表现为国家通过制定实施宪法和法律的形式，对自然资源所有权和使用权等作出明确的规定，以期通过合理的自然资源权属制度设置，为合理开发、利用和保护自然资源创设权利（力）基础。例如，我国《宪法》第9条第1款规定："矿藏、水流、森林、山岭、草原、荒地、滩涂等自然资源，都属于国家所有，即全民所有；由法律规定属于集体所有的森林和山岭、草原、荒地、滩涂除外。"第10条第1～2款规定："城市的土地属于国家所有。农村和城市郊区的土地，除由法律规定属于国家所有的以外，属于集体所有；宅基地和自留地、自留山，也属于集体所有。"相应地，《物权法》《土地管理法》《森林法》《草原法》《水法》《矿产资源法》《野生动物保护法》和《渔业法》等多部法律都对自然资源权属问题作出了明确的规定。

根据《宪法》和上述法律的规定，在我国有关自然资源的权利形态主要包括：国家和集体经济组织的土地（含林地、草原）所有权，国家矿产资源所有权，国家水资源所有权，国家野生动物资源所有权，国家、集体经济组织和个人的林木所有权，国有土地（含林地、草原）使用权，农村土地（含林地、草原、渔业水面）承包经营权，农村建设用地使用权，取水权，探矿权，采矿权，林木采伐权，捕捞权和狩猎权等。因而在我国现行法律规定下，各种自然资源均是重要的物权客体，在自然资源之上存在所有权、使用权等财产性权益。而上述自然资源所有权及使用权中，大部分都可能成为生态破坏直接侵权行为侵害的客体。例如，乱砍滥伐行为有可能侵害国家、集体和个人的林木所有权，也有可能侵害他人合法的林木采伐权；非法采矿行为既侵害了国家矿产资源所有权，又可能侵害他人的采矿权；非法取用水资源的行为既侵害了国家水资源所有权，还可能侵害他人合法的取水权等。

《宪法》和法律设立自然资源权属制度的目的在于促进自然资源的合理开发、利用与有效保护，因而在开发利用自然资源之前，开发利用者应当在国家设立的自然资源一级市场及二级市场上通过合法手段取得相应的权利，否则会对自然资源的合法权利人在自然资源之上所享有的财产权益造成损害（或有损害之虞）。这便是生态破坏直接侵权的形成原因。而与人的身体、健康、身份等密切相关的人身权，在此种形态下，基本上没有被直接侵害的可能，因此不能成为生态破坏直接侵权行为侵害的客体。

三、研究生态破坏直接侵权责任的意义

上文已经提及，现有自然资源保护立法中大多将生态破坏侵权归责原则确定为过错责任原则，并且以违法性作为生态破坏侵权责任的构成要件。针对这种现象，也有学者提出过反对意见，认为环境污染与生态破坏作为环境问题的两个方面，往往是相互影响、具有“复合效应”的，生态破坏所致侵权现象也应实行无过失责任原则，这已经为某些国家的环境立法所承认。其由此指出，在环境损害的填补方面，应当对环境污染、生态破坏所引起的环境侵权均实行无过失责任原则，明定实行因果关系推定原则、举证责任倒置或转移原则。[1]笔者认为，现有立法中关于生态破坏行为民事责任的规定，大多数涉及的是生态破坏直接侵权责任，也有极少数涉及生态破坏间接侵权责

[1] 王明远：“中国环境侵权救济法律制度的现状及其完善”，载《环境导报》2000年第3期，第11页。

任的条文。由于在生态破坏直接和间接侵权行为中，环境要素扮演着不同的角色，因而环境在因果关系的构成中所起的作用也不一致；此外，二者在归责原则及责任构成要件方面也存在显著区别。因而对生态破坏侵权责任的归责原则、责任构成要件及因果关系判定等不可一概而论，这也是本书区分生态破坏直接侵权责任与生态破坏间接侵权责任、将生态破坏直接侵权责任从一般侵权责任中抽离出来进行研究的意义所在。二者都与生态破坏密切相关，但是在适用的归责原则以及责任构成要件上却会出现迥然不同的结果，下文将对此进行具体分析。

总之，研究生态破坏直接侵权责任，是为了更为全面地研究生态破坏侵权责任的构成体系，并且清楚解释为何应当改变现有立法中大多对生态破坏侵权责任适用过错责任原则的现状，但又不应全盘推翻而一概采用无过错责任原则。这对于确定生态破坏侵权责任的构成要件会起到至关重要的决定作用。

第三节　生态破坏间接侵权责任

一、生态破坏间接侵权责任的定义及特征

（一）生态破坏间接侵权责任的界定

不合理开发、利用环境的行为会导致生态破坏的结果，如水土流失、生态失衡等，生态破坏结果的产生可能又会进一步侵害他人的人身、财产权益。这种行为对民事权益的侵害过程比生态破坏直接侵权要复杂得多。首先，这种破坏行为对生态环境造成损害，导致生态环境的恶化。如果只是停留在这一阶段，则如前所述，该破坏行为不足以成为侵权行为，无须承担侵权责任。但如果继续发展，生态环境的恶化最终演化为生态

灾难、生态事故，并由此对他人的人身、财产权益造成侵害，则有了民事权益的损害后果（或损害之虞）。并且，不能否认这种损害后果与生态破坏行为之间是存在因果关系的（即使这种关系并不明显与直接）。这种情况下的生态破坏侵权行为与我国现行立法所规定的环境污染侵权行为非常类似，即侵权行为并不是直接以他人的人身、财产权益为侵害对象，而是以环境为中介，生态破坏行为导致生态环境恶化，生态环境的恶化再进一步侵害民事权益。

由此可以给生态破坏间接侵权责任下一个定义：它是指生态破坏者开发利用自然资源，致使环境生态功能下降，导致环境恶化，并由于环境恶化的影响最终侵害他人人身、财产权益，依法需要承担的民事责任。

（二）生态破坏间接侵权的特征

1. 间接性

与上述生态破坏直接侵权行为相比，生态破坏间接侵权具有间接性。在生态破坏间接侵权中，加害行为本身与民事权益损害之间并没有直接的联系。生态破坏间接侵权行为所作用的对象并不是他人的人身或财产，而是环境要素。通过环境这一中介，结合某些其他因素，最终对他人的人身、财产权益造成损害。例如，在山上树林茂密的情况下，强降雨时常发生，并没有引起严重后果；而在乱砍滥伐行为达到一定规模后，同样强度的降雨引发了泥石流灾害，冲毁山下居民的房屋和农田，并且造成大量的人丧生。在这种情形下，砍伐林木的行为与居民的人身和财产损害结果之间并没有直接的关联；但是在此行为发生之前，在同样的天气情况和地理条件下，未曾有过类似的事件发生，这就令人无法回避该砍伐行为与泥石流灾害之间的因果关系。泥石流既是“天灾”，更是“人祸”。这要求我们必须考虑乱砍滥伐行为与泥石流事件中造成的人身伤亡、财产损失之间的因果关系，但此类情形下因果关系的判定具有极端复杂性。

生态破坏间接侵权对人身、财产权益的损害过程类似于我国法律中规定的环境污染侵权，二者都需要借助环境这一中介来完成侵权过程。环境中介因素的加入，污染物质在环境中发生着极为复杂的化学、物理变化，使这些环境侵权中的因果关系变得极其复杂。由于环境问题存在许多不确定性，人类行为对环境造成的影响有时会超出人类认知和掌握范围，这就导致人们有时会难以预测自己的行为会导致怎样的环境后果。

此外，当人们开发利用环境中的自然资源时，还要考虑自然资源保护和开发利用的平衡标准，这也是长期以来存在的经济发展和环境保护之间的博弈关系。人类对于生态环境的真实承受力的计算有时不够正确，但更多情况下是为了攫取自然资源的经济价值而宁愿牺牲其生态价值。大多数情况下，很难确定生态破坏行为与最终对他人人身、财产造成的损害结果之间的因果关系，因为这里的因果关系可能比环境污染侵权中的因果关系还要复杂。以三峡工程问题为例，尽管在正式投入施工之前就有众多科学家、工程师极力反对这个规模庞大的建设项目，但最终未能阻挡住政府坚定的决心。工程建成后，产出巨额电能以外，也附随产出了许多环境变化效果。长江流域近年来异常性气候频繁出现，引发热议，许多人认为这是三峡工程破坏环境的效果表现，但也有人主张这种气候属于正常现象，与三峡工程并无关联。[1]一般人面对这两种声音时很难判断孰

[1] “中国工程院院士回应三峡诱发干旱论”，载 http：//news. sina. com. cn/c/2011－05－25/143022528037. shtml，最后浏览时间：2011 年 8 月 30 日。

是孰非，似乎都十分有理有据。也许连专门研究水利、气象等学科的专家也难以给出十分肯定的结论，毕竟这种规模庞大的工程涉及的领域非常多，仅凭某一个人的知识背景很难清楚了解所有方面，而各位专家学者的观点又不尽一致，因此无论是什么人提出意见和主张，都会遭遇反对的声音，最终的结果就是无法得出一个令所有人信服的结论。从法律角度来看这个问题，就意味着因果关系的难以判断——究竟近年来长江流域发生的异常性气候与建设三峡工程之间是否存在因果关系？如果在司法实践中遇到类似的问题，法院就必须作出一个判断结论，否则案件永远无法了结。即使事实上从自然科学角度没有完全准确的结论，但可以运用立法技术来对法律上的因果关系作出判断。这种法律上的因果关系与事实上的因果关系并不相同，后文将会对此进一步分析，此不赘述。

2. 不必然具有违法性

乱砍滥伐、非法采矿等破坏生态环境的行为必然具有违法性，因而法律上规定此等行为除应当承担民事责任外，还须承担行政责任甚至是刑事责任。但必须认识到，因生态破坏而间接导致他人人身和财产权益损害的行为并不一定都是违法的，有很多行为其实都具有合法性。例如，通过合法途径获得采伐许可证的单位或个人按照许可证规定的地点、时间、数量、方式等采伐林木，仍然有可能造成水土流失甚至是泥石流灾害的发生，并进而导致人身、财产的巨大损失。此等破坏生态环境的行为系行为人在国家法律认可和保护下从事的自然资源开发利用行为，虽无须承担行政或刑事法律责任，但仍有可能造成民事权益的损害，须承担民事侵权责任。之所以产生此种可能性，主要源于国家对自然资源的行政管理与生态承载力相脱节。

生态系统之所以能够实现动态的平衡，主要源于生态规律的自发作用。生态系统虽然需要人们采取措施予以保护，但也并非脆弱到容不得任何污染与破坏。任何生态系统对于来自外界的污染与破坏，都有一定程度的抵抗或恢复能力，主要表现为生态系统具有一定的纳污能力，能够稀释或消解一定种类、数量或浓度的污染物质；生态系统还具有一定的蓄载能力，能够供养一定数量的生物；此外，生态系统还具有一定的抵抗生态破坏的能力，当外界冲击的周期长于其自我恢复周期时，生态系统能够及时修复受损的环境要素，恢复其生态功能。但生态系统上述纳污能力、蓄载能力和抵抗生态破坏的能力的发挥是有限度的，当向环境排放的污染物质超过生态系统的纳污能力时，环境就会受到污染；当生态系统供养的生物数量超过其蓄载能力时，生态平衡会被破坏；当生态系统所承受的外界冲击的周期短于其自我恢复周期时，生态系统会因不能恢复而走向崩溃。因此，保护环境不是一味地强调保护而否认发展的必要性和正当性，而是应当以生态系统的纳污能力、蓄载能力和自我恢复能力为标准限制过快的、不合理的经济发展，使人类向环境中排放的污染物质不超过环境的纳污能力，使生态系统供养的生物数量不超过其蓄载能力，并使人类对生态系统的外界冲击的周期长于其自我恢复周期。此即生态学上所称的“负载定额律”。[1]生态系统的纳污能力、蓄载能力和自我恢复能力可以被统称为“生态承载力”。

负载定额律要求国家在对自然资源开发利用行为进行管理时，应当以生态承载力为管理依据，确保自然资源开发利用的规模和幅度均不超过自然资源的自我更新和自我恢复能力。在

[1] 王灿发：《环境法学教程》，中国政法大学出版社1997年版，第4页。

生态承载力允许的限度内实施自然资源开发利用行为，既不会对自然资源产生不可逆的消极影响，保证自然资源的再生和恢复，还可以保障人类社会经济发展对自然资源供给的需求。上述管理要求体现在环境法律法规中被称为“总量控制”，具体通过各种许可证制度来实现，如排污许可证和自然资源开发利用许可证。在预防生态破坏问题方面，自然资源开发利用许可证成为国家对自然资源开发利用进行管理的有效手段。为实现有效的自然资源管理，自然资源开发利用许可证的发放必须以生态承载力为依据，所有自然资源开发利用许可证所规定的自然资源开发利用的总量、规模和速度的综合不得超越生态承载力，否则就会对生态平衡造成危害，发生生态破坏现象。然而，理论的预设总是与现实存在较大差距。虽然上面关于自然资源管理的道理很简单，但实施起来却并非易事。原因有以下两点。

第一，生态承载力数值的核算是一项技术难度非常大的工作。生态系统时刻处于变化之中，各种生态系统之间存在极为复杂的物质和能量流动，其边界也很难界定清楚，因此目前世界各国还没有一套成熟的关于生态承载力核算的标准方法。例如，中共中央、国务院提出要在我国实行“最严格的水资源管理制度”，即建立水资源管理“三条红线”，包括水量开发利用红线、用水效率红线和水功能区限制纳污红线。[1]可以看出，这“三条红线”都是水资源承载力的具体表现，理应成为水资源管理的标准依据，是水利部门发放取水许可证的基本依据。然而，水利部门在水资源管理实践工作中却普遍反映不知道如何清晰划定本流域或本行政区域的“三条红线”，尤其

[1] 《中共中央、国务院关于加快水利改革发展的决定》，2010年12月31日。

是水量开发利用红线和水功能区限制纳污红线的划定更是一笔糊涂账。因此，水利部门在“三条红线”管理的操作中，一般凭借主观判断而划定管理红线，有的甚至干脆不予理睬管理红线，取水许可证的发放就完全凭借水利部门的主观意愿。在经济发展的迫切需求下，取水许可证的发放大多不能符合水资源承载力的要求，合法取用水资源却造成水资源枯竭、水生态系统被破坏的现象屡屡出现。可见，生态承载力数值难以核定通常会导致自然资源开发利用管理与生态承载力相脱节，引发合法开发利用自然资源的行为造成生态破坏现象，甚至出现生态破坏重大事故。

第二，地方政府出于发展地方经济的迫切需求，往往作出短视的决定，以生态环境为代价支撑暂时的经济快速发展。有很多自然资源管理部门明知某开发利用自然资源的行为可能导致生态破坏，但出于支持地方经济发展的需要而向申请者发放自然资源开发利用许可证。获得许可证的开发利用者的行为虽然合法，但由于其开发利用规模、幅度等均超越甚至严重超越了当地生态环境的承载力，必然引发生态破坏现象，甚至造成生态破坏事故，导致他人的人身和财产权益受到侵害。

以上充分说明造成生态破坏现象的原因不仅包括违法行为，还包括很多合法开发利用自然资源的行为。这些合法行为引发生态破坏后，极有可能通过生态破坏进一步侵害他人的人身和财产权益。如果不对这样的侵害予以救济，则生态破坏者与受害者之间的权利义务配置严重不公，生活在环境中的广大社会公众的生命和财产安全随时有可能受到侵害。有鉴于此，对因合法开发利用自然资源的行为引发生态破坏而导致的人身和财产损害应当予以救济和弥补。这样，生态破坏间接侵权行为就不能仅仅成为违法行为的代名词，还应当包含上述合法开发利用自然资源的行为。因而生态破坏间接侵权行为不以违法性为要件，这一点对于分析研究生态破坏间接侵权责任的构成要件具有十分重要的意义。

3. 侵害对象的广泛性

由生态破坏间接侵权行为引发的泥石流、塌方、地陷等生态破坏灾害往往造成极为广泛的损害。同环境污染造成他人人身、财产损害一样，生态破坏间接侵权行为的侵害对象具有不特定性；灾害所经之处，几乎没有人能够幸免于难。由此决定了权利受侵害主体的广泛性。由生态破坏间接侵权所引发的民事纠纷，在纠纷类别上可以被划分到群体性纠纷之中。有关群体性纠纷争议解决的程序规则可以适用于由生态破坏间接侵权行为引发的民事纠纷。侵害对象的广泛性也会加剧生态破坏间接侵权责任追究的难度，涉及集团诉讼问题。

二、生态破坏间接侵权责任中的受侵害客体

前文已述，生态破坏直接侵权行为侵害的客体仅限于财产权益；而生态破坏间接侵权行为所侵害的客体则不仅包括财产权益，也包括人身权益。生态破坏间接侵权对生态环境造成不利影响之后，当这种不利影响积聚到一定程度并演化为生态事故乃至生态灾难时，就会对他人的人身、财产权益造成难以避免的损害。例如，滥采滥伐引发泥石流，导致当地居民罹难或受伤、房屋被冲毁、农作物被掩埋；过度放牧导致水土流失，造成当地农民赖以耕种的土地不再适合农业耕作、农民收入减少；采矿导致地陷和地下水水位降低，造成人畜饮水紧张、农业生产用水需求无法得到满足、房屋面临倒塌危险等。这种类型的生态破坏侵权显然比前面所说的生态破坏直接侵权所侵害的客体范围更加广泛，不再仅限于财产权益，也可能侵害他人

的人身权益。

三、研究生态破坏间接侵权责任的意义

相对于生态破坏直接侵权责任来说，生态破坏间接侵权责任似乎更加遭到忽视。尽管现有立法和学界研究成果中没有明确提出“生态破坏直接侵权责任”这样的概念，但法律条文和侵权法学者的研究中已经涉及该问题。只不过是因为长期以来立法者和学者大多将这种类型的侵权作为一般的财产侵权来对待，所以没有对其进行专门强调，环境法学者在研究环境侵权责任时更是未曾将此种类型的侵权纳入其中。前文列举的关于自然资源保护的各部单行法中针对民事责任的条款，绝大多数都是关于生态破坏直接侵权责任的规定，针对的是侵害自然资源所有权和使用权的侵权行为；而相对来说，生态破坏间接侵权责任在现有立法中则鲜有涉及。

通过与生态破坏直接侵权责任进行比较，可以看出生态破坏间接侵权责任问题的极端复杂性。这二者共同构成生态破坏侵权责任，而生态破坏侵权责任又与环境污染侵权责任共同构成环境侵权责任。目前来看，我国环境法学界对生态破坏间接侵权责任的研究极其缺乏，立法中针对这种类型的侵权责任也几乎没有作出明确的规范。因此，当这种类型的侵害实际发生时，受害人很难依据现有立法追究加害人的侵权责任，非常不利于其权利救济。如果能够对生态破坏间接侵权责任进行认真研究，分析其构成要件，并最终将其反映到立法中，则既可以增加受害人权利救济的可能性，也可以提高环境侵权理论研究的系统性和全面性。

第三章 我国生态破坏侵权责任的实践分析

第一节 有关生态破坏侵权责任的司法实践

一、已判案件评析

尽管我国立法中尚未将生态破坏侵权作为一种单独的侵权类型予以规定，但实践中案件不会等待立法之后才发生。[1]在没有明确的相关规定的情况下，各个法院对生态破坏侵权案件的处理结果与法官的知识背景、价值取向等密切相关。笔者选取了以下两个典型案件进行观察与评析。

（一）梁平县七星镇仁安村村民委员会、矿山业主与村民环境侵权纠纷案[2]

1. 案情及判决结果介绍

这是一起二审案件，上诉人（原审被告）包括重庆市梁平县七星镇仁安村村民委员会（以下简称仁安村委会）、吴高斌（原梁平县七星镇仁安村高斌煤矿、高平煤矿业主）、杨正平（梁平县七星镇仁安村高平煤矿业主）、李辉刚（梁平县七星镇东风煤矿业主），被上诉人（原审原告）为刘国权等

❶ 吕忠梅主编：《环境法案例辨析》，高等教育出版社2006年版，第87页。

❷ http：//www.110.com/panli/panli_ 65307.html，最后浏览时间：2011年8月20日。

111 人。

刘国权等 111 人是梁平县七星镇仁安村原 10 组（后改为 4 组）村民。该组原有从仁安村碗厂沟引水的引水渠，后来断流。仁安村委会于 1993 年、1996 年、2001 年相继开办了仁安村煤矿第 3 号、第 6 号、第 7 号矿井。2001 年 1 月 5 日，仁安村委会将仁安村煤矿 6 号井转让给吴高斌，更名为梁平县七星镇仁安村高斌煤矿，该煤矿于 2006 年 4 月 29 日被依法关闭。2001 年 2 月 27 日，仁安村委会将仁安村煤矿 7 号井转让给李辉刚，更名为梁平县七星镇东风煤矿。2003 年 11 月 15 日，仁安村委会将仁安村煤矿 3 号井转让给吴高斌，更名为梁平县七星镇仁安村高平煤矿，业主为吴高斌和杨正平。

由于上述矿井的采煤，使煤炭矿层遭到破坏，当地居民赖以生存的地表、地下水位下降，水资源的流失使居民的生产、生活受到了严重损害，因此，刘国权等 111 位村民向梁平县法院提起诉讼，被告为仁安村委会、吴高斌、杨正平和李辉刚。梁平县法院认为这是一起因水资源受到破坏而引起的诉讼，水资源破坏属于环境侵权，适用举证责任倒置的举证规则。

在一审审理过程中，双方当事人经调解，一致同意由被告自行从原仁安村 2 号煤井引水，以恢复仁安村的人畜饮用水。但经双方同意的相关人员现场勘查，该处水量仅能解决原告的生活用水而无法满足生产用水需求。被告又提出从仁安村 6 号煤井引水解决该问题，但原告认为这是被告故意拖延时间的策略，明确表示拒绝。

梁平县法院继续审理。在审理过程中，法院坚持了举证责任倒置规则，由于被告未能举证证明其采矿行为与水资源受到破坏无关，应当承担举证不能的法律后果。法院确认被告的采矿行为已对原告构成环境侵权，应共同对原告承担损害赔偿责任。关于损害后果，原告主张由被告赔偿生产损失及人畜生活用水损失。鉴于该案类似问题在赔偿时间、空间范围以及赔偿对象上均具有不可确定性，故无法确定科学的具体赔偿数额。由于被告的开采行为致原告赖以生存的地表、地下水位下降，水资源流失，给原告的生产生活造成损害的客观事实存在，梁平县法院表示其在本案中只能根据侵权行为的性质、对原告的环境损害现状及煤矿开采时间等具体情况，酌情确定赔偿数额；并且指出：被告的采矿行为虽已对原告构成环境侵权，但其采矿属依法取得国家许可的合法行为，故对原告主张被告停止侵害、排除妨碍的诉讼请求，不予支持。最后，法院依照《民事诉讼法》第 124 条、第 130 条、第 134 条及《环境保护法》第 41 条之规定，作出如下判决：（1）由四被告连带赔偿原告每人 3 000元，限本判决生效后 5 日内付清；（2）驳回原告的其他诉讼请求。案件受理费 16 760元，其他诉讼费 25 350元，共计 42 110元，由四被告承担。

一审判决宣判后，被告仁安村委会、吴高斌、杨正平、李辉刚等不服，向重庆市第二中级人民法院提起上诉。他们认为梁平县法院作出的判决不正确，理由如下：其一，认定事实不清，证据不足。上诉人主张自己的开矿既无损害行为也无损害后果。他们提出仁安村的水资源现状与未开矿的 30 多年前完全一样、毫无差别。碗厂沟的引水渠断流不足以证明开矿、采矿行为对水资源有损害。煤矿的采矿位置与被上诉人居住地、耕地不在同一垂直面，相互错开，且当地岩层不属于透水层，未对被上诉人造成水资源损害。并且刘国权等 111 人在诉讼中只举出了几张照片、3 份证人证词，不能证明有损害后果的存在。经过近几年的退耕还林，仁安村原 10 组应有耕地（含旱地）面积已不足 20 亩。此外，上诉人还委托水利部门对水量作过调查，地下水未沉降，引出的水能满足原10组村民生产、生活的需要，并且上诉人同意治理，6号井有丰富水源。其二，适用法律错误。上诉人主张本案属于水事纠纷，应由专门法律即《水法》予以调整，而不应适用《民法通则》第124条和《环境保护法》第41条，进而主张一审判决要求上诉人给被上诉人每人3 000元缺乏事实依据。其三，诉讼程序违法。上诉人认为梁平县法院将原审原告32家农户共111人作为集团诉讼来处理，不符合《民事诉讼法》的规定。因此，请求重庆市第二中级人民法院撤销梁平县法院的判决，驳回被上诉人的诉讼请求，一审、二审诉讼费用由被上诉人负担。被上诉人刘国权等111人答辩称，原判认定事实清楚、适用法律正确、诉讼程序合法，请求维持重审判决。

二审诉讼中，重庆市第二中级人民法院对仁安村的煤矿进行了现场勘验，查看了6号井及2号井的水流量，经过调解未能达成协议。

重庆市第二中级人民法院认为：我国《环境保护法》将“环境”界定为影响人类生存和发展的各种天然的和经过人工改造的自然因素的总体，包括大气、水、海洋、土地、矿藏、森林、草原、野生生物、自然遗迹、人文遗迹、自然保护区、风景名胜区、城市和乡村等。在一审诉讼过程中，原审法院通过释明，已充分告知诉讼当事人本案为环境侵权纠纷案件，当事人均未提出异议，故原审法院审理本案适用《环境保护法》进行审理并无不当，上诉人称原审不应适用《环境保护法》的上诉理由不能成立，对此理由不予采纳。开采煤矿对水资源的影响是不言而喻的。本案中，上诉人开办煤矿后，不论是煤渣未予清除堵塞了水流还是其他原因，总之，被上诉人以前日常生产生活所用的碗厂沟引水小明渠在被上诉人起诉时确已断流，地表水也有所下降，被上诉人的水田也有部分变为旱地，其损害行为客观存在。水田变为旱地后，稻谷改种玉米，稻谷和玉米在市场价格上有差异，在收入上也存在差异，且上诉人在审理中也认可被上诉人的水田确有部分变为旱地，故本案的损害行为及损害后果是存在的，对上诉人称本案无损害行为和损害后果的上诉理由也不予支持。

重庆市第二中级人民法院进而提出，本案为环境侵权纠纷案件，《环境保护法》明确规定环境侵权属于特殊侵权行为，因此而产生的损害赔偿责任应适用无过错责任原则。因环境侵权具有复杂性、渐进性和多因性，且损害具有潜伏性和广泛性，故法律规定应由被告对损害事实与损害后果不存在因果关系承担举证责任。基于此，本案应由上诉人对自己的采煤行为与被上诉人所处生存环境的地表水下降、部分水田变为旱地无因果关系举证，但上诉人并未举示相关的证据。《环境保护法》还规定，开发利用自然资源，必须采取措施保护生态环境，但上诉人没有举出证据证明其在采煤过程中对被上诉人所处的生存环境采取了相应的保护措施。正是基于上诉人在损害后果举证上存在一定瑕疵，而损害又是客观事实，故原审法院才行使自由裁量权，针对本案实际情况，酌情认定了本案的赔偿数额，本院认为原审对赔偿数额的认定也并无不妥。另外，因被上诉方的诉讼标的系同一种类，一审按集团诉讼处理并不违反我国《民事诉讼法》的规定，上诉人称一审程序违法的上诉理由也不能成立。

最终，2007 年 4 月 9 日，重庆市第二中级人民法院作出终审判决，判决驳回上诉，维持原判。

2. 评析

从上述案件的判决结果来看，一审法院和二审法院都倾向于保护仁安村村民的利益，环境侵权案件的受害人最终取得胜诉结果，对环保人士来说振奋人心。

然而，笔者认为，一审法院和二审法院在对本案进行审理时所适用的规则并不十分正确，或者说并不十分符合我国现有立法的规定。一审法院认为这是一起因水资源受到破坏而引起的诉讼，属于环境侵权案件，并进一步认定应适用举证责任倒置的举证规则。诚然，我国《最高人民法院关于民事诉讼证据的若干规定》（法释〔2001〕33 号）第 4 条第 1 款第（3）项规定："因环境污染引起的损害赔偿诉讼，由加害人就法律规定的免责事由及其行为与损害结果之间不存在因果关系承担举证责任"；《侵权责任法》第 66 条规定："因污染环境发生纠纷，污染者应当就法律规定的不承担责任或者减轻责任的情形及其行为与损害之间不存在因果关系承担举证责任。"这些都是关于环境侵权案件中因果关系举证责任倒置的特殊性规定，但是必须看到，这些关于举证责任倒置的规定所针对的都是环境污染侵权案件。而本案并非环境污染侵权案件，而是生态破坏侵权案件。一审被告的行为导致地下水水位下降，引发当地引水渠干涸，对农民的生产生活造成不利影响，这里并没有涉及污染问题，因此，不应适用上述举证责任倒置的规定。

笔者注意到，法院在判决中指出本案属于"环境侵权纠纷"，而回避了案件审判时适用的《民事案件案由规定（试行）》（法发〔2000〕26 号）第 9 部分"特殊侵权纠纷"第 226 项"环境污染损害赔偿纠纷"，因为法官很清楚本案并非环境污染损害赔偿纠纷，于是删掉"污染"二字，自创了"环境侵权纠纷"这一案由，但这一案由名称在《民事案件案由规定（试行）》中并不存在。如果严格依照我国现有立法来审理该案，则应当将其纳入一般侵权案件，也就无从适用举证责任倒置的特殊规则。如果举证责任由一审原告来承担，那么该案的判决结果很可能会走向截然相反的方向。

当然，笔者并非诘难本案中一审法院和二审法院的做法；相反，笔者认为这两级法院作出的审判结果已经走到立法的前面，体现出司法着重保护环境、尽力维护生态破坏受害人权益的可喜景象。但必须看到的是，此案暴露出我国立法上关于生态破坏侵权责任的规定的严重不足，也许这恰恰能够体现出司法实践推动立法改革的趋势。

（二）刘邦元等与陆元山等环境侵权纠纷上诉案[1]

1. 案情及判决结果介绍

该案中，一审原告是刘邦元等梁平县龙胜乡双凤村 2 组（原双凤村 4 组）26 户农民，一审被告是陆元山（双龙煤矿矿主）、杨正平（双凤煤矿矿主）以及梁平县龙胜乡人民政府（以下简称龙胜乡政府）。一审判决作出后，原审原告和原审被告中的陆元山、杨正平对一审判决均不服，提起上诉；龙胜乡政府未提起上诉，作为原审被告参加二审。

双龙煤矿和双凤煤矿跨经龙胜乡双凤村 2 组地域。这两个煤矿原为双凤村村办集体企业，经转让后双龙煤矿业主现为陆元山，双凤煤矿业主现为杨正平。煤矿从村办集体企业转为私营大约 3 年后，村民生活用水的水井断水，村民向相关部门反映并请求解决。双龙煤矿即委托重庆市高新岩土工程勘察设计院对矿山开采适宜性进行评估，并要求其提出矿山地质环境保护和恢复治理措施建议。该设计院提交的评估报告指出：矿山开采影响农田灌溉和村民生活用水，对矿山防治费用及补偿费

[1] http：//www. fsou. com/redirect/index. asp？ url = http：//vip. chinalawinfo. com/newlaw2002/slc/slc. asp？ db = fnl&gid = 117610986，最后浏览时间：2011 年 8 月 20 日。

用大约为 200 万元；防治费用约 40 万元（主要影响 14 户民房，常住人口 47 人），占工程费用的 20%。此外，矿山地质灾害危险性评估最终分级为二级；评价区未见地质灾害体，不良地质现象不发育；采矿过程中诱发地面沉陷地质灾害的可能性中等，危害性小；矿山采动影响的地质灾害的可能性中等，危险性小；矿山充分采动条件下，对地下水的影响性中等，危害性中等……并建议加强对矿山开采各阶段管理，及时解决矿井生产中所出现的各种环境问题。特别注意井口上建筑物和边坡的稳定和安全。

随后，陆元山与双凤村 2 组代表达成补偿协议，对人畜饮水、农田补助金额、建立蓄水池解决农田灌溉问题作出约定。之后又就生活用水安装工程达成了补充协议，将饮水工程承包给村民自行设计、修建及维修管理；双龙煤矿出资让村民自行修建，对该工程落实的各种后果不承担任何责任。同时杨正平也与双凤村 2 组代表签订了水渠堰沟修复补偿协议，约定了堰沟修复、引水渠等问题。后签订补偿协议，对栽种困难的农田约定了补偿数额，并约定双凤煤矿采矿多少年就补偿多少年，不开采就不补偿。嗣后，两份协议履行完毕。

2005 年 4 月 13 日，园角寺发生滑坡，双凤村 2 组房屋、晒坝及田地遭到不同程度的滑坡和裂缝。村民为此多次向乡、县及重庆市人民政府信访办反映，要求双龙煤矿对因采矿引发的地质灾害予以赔偿。梁平县国土资源和房屋管理局接到县信访办转办的信访批函后，委托地质队对龙胜乡双凤村园角寺 14 户房屋发现裂缝部分地面开裂的地质灾害现象进行调查，并对其诱因进行分析鉴定。地质队提交的报告中初步认为该地变形区与双龙煤矿采煤无直接因果关系。该意见经专家作出审查意见后，梁平县国土资源和房屋管理局在处理意见中认为

“园角寺地带滑坡应属自然因素引发的地质灾害”。刘邦元等人对此不服，申请梁平县人民政府复议，梁平县人民政府信访办作出维持的处理意见。刘邦元等人于是向重庆市第二中级人民法院提起民事诉讼，要求陆元山赔偿。同时，刘邦元等人又向重庆市万州区人民法院提起行政诉讼，该法院经审理后判决撤销被告梁平县国土资源和房屋管理局作出的信访处理意见中对刘邦元等户和第三人梁平县龙胜乡双龙煤矿之间的地质灾害责任认定。

至于民事赔偿诉讼，重庆市第二中级人民法院指定由忠县人民法院管辖此案。

诉讼中，一审法院明确告知双方当事人，刘邦元等原告对涉及本案的损害事实及后果（损失的具体数额）承担举证责任，陆元山、杨正平对法律规定的免责事由及其行为与损害后果之间不存在因果关系承担举证责任。刘邦元等人提出了司法鉴定的书面申请，忠县人民法院接受申请，委托重庆大唐建设工程咨询有限公司对刘邦元等人的房屋损失进行鉴定，该公司作出的司法鉴定意见书确定了各户村民房屋损失的具体数额。双方当事人对鉴定结论虽有异议，但均未申请重新鉴定。陆元山、杨正平逾期未提出因果关系鉴定。

刘邦元等 26 户诉称：双龙煤矿在村集体经营时，注重环境与采煤的和谐并重，村民生存环境没有遭到破坏，流经矿区的山间小溪四季长流，溪水浇灌农田，矿区上面的一口水井常年为村民提供生活用水。后煤矿改制为私营企业，经营者为陆元山。因煤价暴涨，陆元山为牟取暴利过度进行开采，致使生态环境遭到毁灭性破坏：村民多年饮用的水井干涸，耕地开裂，四季长流的小溪断流，房屋倾斜倒塌，墙壁和地坝出现巨大裂缝。陆元山曾委托相关部门鉴定，其结论为恢复正常的生态环境需要200余万元的费用。刘邦元等人与陆元山签订的人畜饮水协议和田土赔偿协议系受胁迫所签，陆元山企图以不足10万元的现金来抵消其给刘邦元等人造成的500余万元损失，显失公平，请求撤销这两项协议，判令陆元山立即停止采煤行为、排除妨碍、消除危险，并赔偿刘邦元等人恢复生产生活用水等所需费用150万元，赔偿刘邦元等人为此遭受的经济损失100万元（包括房屋损失50万元、农作物损失22万元、林木损失20万元、增加劳动力损失6万元、交通费3万元等），赔偿精神抚慰金26万元。

陆元山辩称：本案属地质灾害，应由地质灾害行政管理部门处理，不应由人民法院受理，故应驳回起诉。原告的诉请混同了几个法律关系：第一个诉请是请求撤销赔偿协议，不属于侵权之诉；第二个诉请又是侵权之诉，26户村民的受害程度不一致，不构成共同诉讼。陆元山系合法开采，不构成侵权，刘邦元等未提供证据证实其主张，故陆元山不应承担赔偿责任。

杨正平辩称：原告要求杨正平承担赔偿责任缺乏事实依据。原告诉讼请求混杂，既有撤销之诉，又有侵权之诉，不能一并解决，且原告行使撤销权的期限已过。双凤煤矿与原告诉称的事实无必然联系，原告应举证证实杨正平开采行为的非法性。

一审法院认为，刘邦元等人要求撤销与陆元山、杨正平达成的补偿协议应当自行为成立之日起1年内申请撤销，由于原告起诉申请撤销该协议已经超过法定申请期限，故不予支持。

刘邦元等人使用的水井断水后，请求相关部门解决时，陆元山委托评估机构进行评估，双凤村2组知晓评估结果，仍自愿与陆元山、杨正平达成赔偿协议，应是双方的真实意思表示。协议签订后，双方至今仍在按协议实际履行。因双方签订的协议已包括人畜饮水和田土赔偿，现刘邦元等人未提供依据证实陆元山、杨正平在采矿中有新的损害事实，故刘邦元等人主张陆元山、杨正平赔偿恢复生产生活用水费用及农作物损失的诉讼请求应不予支持。

2005 年 4 月 13 日园角寺发生滑坡时，村中房屋、晒坝遭到不同程度的滑坡和裂缝。因本案系环境侵权损害赔偿，根据《最高人民法院关于民事诉讼证据的若干规定》第 4 条第 1 款第（3）项之规定，陆元山、杨正平应就法律规定的免责事由及其行为与损害后果之间不存在因果关系承担举证责任。陆元山、杨正平在规定限期内未申请鉴定，应承担举证不能的责任，故推定原告房屋受损与被告的开采行为存在因果关系，被告应承担相应的民事责任。

刘邦元等人主张陆元山、杨正平停止采煤行为的诉讼请求，因陆元山、杨正平系合法开采，是否停止采煤行为不属于本案调整范围，应由相关行政部门处理。刘邦元等人主张的其余请求，因未提供充分证据予以证明，不予支持。

陆元山、杨正平的侵权责任大小因双方均未向法庭提供证据予以证明，故陆元山、杨正平应共同承担赔偿责任。

最终，忠县法院判决陆元山、杨正平对村民的房屋损失负连带赔偿责任，并驳回原告的其他诉讼请求。

宣判后，一审原告刘邦元等 26 户村民和一审被告陆元山、杨正平不服，分别向重庆市第二中级人民法院提起上诉。

刘邦元等 26 户村民主要是认为自己所受到的环境损害范围远不止房屋损失。陆元山则认为：一审定性错误、程序违法。本案属地质灾害，应由当地人民政府管辖，不属法院管辖。一审将几个不同性质和分散独立的案件合并在一起，适用集团诉讼的相关规定审理本案。此外，一审诉讼中举证责任分配错误，不应由自己承担举证责任。杨正平主张：一审判决上诉人承担赔偿责任和连带责任，其认定事实错误，适用法律错误。一审忽视其提供证据证明的开采范围，草率地认定两煤矿承担连带责任是错误的。

最终，重庆市第二中级人民法院判决驳回上诉，维持原判。

2. 评析

本案与上述第一个案例都是由重庆市第二中级人民法院作出终审判决，其审判依据和判决结果有类似之处——在举证责任的分配规则上，两案都要求采矿业主承担证明因果关系不存在的举证责任，最终都是因为采矿业主未能举证而认定采矿行为与损害结果之间存在因果关系，并导致煤矿业主败诉、承担赔偿责任。关于在此类生态破坏侵权案件中是否应当采取因果关系举证责任倒置的规则，前一案例的评析部分进行过分析，此不赘述。

本案中还有一个问题，即除了损害赔偿请求之外，一审原告对一审被告还提出了停止采煤行为、停止侵害、排除妨碍的诉讼请求。一审判决中，忠县法院认为，因被告的采矿行为系合法开采，是否停止采煤行为不属于本案调整范围，应由相关行政部门处理，故而没有支持原告关于停止采煤行为的诉讼请求。本案发生和审判时，《侵权责任法》尚未出台，追寻侵权诉讼的法律依据，应该还是要看《民法通则》《环境保护法》《矿产资源法》等相关法律。法院在判决中明确引用《民法通则》第124条作为其依据。笔者认为，这一条文适用有失妥当，因为该条针对的是污染环境造成损害的情形，而本案显然并非污染案件。综观《民法通则》，适合予以援用的应当是第

117 条第 2 款和第 3 款："损坏国家的、集体的财产或者他人财产的，应当恢复原状或者折价赔偿。受害人因此遭受其他重大损失的，侵害人并应当赔偿损失。"这里就将责任方式仅限于恢复原状或者赔偿损失。而《环境保护法》第 44 条规定："违反本法规定，造成土地、森林、草原、水、矿产、渔业、野生动物等资源的破坏的，依照有关法律的规定承担法律责任。"该条以违法性作为承担责任的前提，并且也没有具体明确的责任，而只是规定依照有关法律的规定承担法律责任。而与该案有关的《矿产资源法》第 39 条只是针对违法行为作出了法律责任的相关规定。而其第 32 条对于开采矿产资源给他人生产、生活造成损失的情形，规定了赔偿责任，也要求采矿企业采取必要的补救措施；但这针对的是已经造成的实际损失，并且也没有明确规定停止侵害、排除妨碍等责任形式。这就无怪乎法院会以被告的采矿行为系合法开采为由不支持村民要求矿业主停止采煤行为的主张。

在这种情况下，即使明知继续采煤会导致当地环境进一步恶化，地表裂缝可能更加严重，村民房屋也许会进一步倾斜甚至倒塌，地下水水位也可能继续下降，这些都表明继续采煤行为对当地村民有造成进一步损害的风险，但由于立法上的缺失，法院在审判该案时无法可依，也就不能支持受害人的诉讼请求。《民法通则》第 134 条所规定的停止侵害、排除妨碍、消除危险等预防性民事责任在此被架空。

所幸的是，《侵权责任法》第 6 条第 1 款规定："行为人因过错侵害他人民事权益，应当承担侵权责任。"这里没有再对责任方式进行限制，为停止侵害、排除妨碍、消除危险等责任方式的适用预留了空间。但是该条针对的是一般侵权责任，适用的是过错责任归责原则。如果以后发生类似案件，则在按照该条规定来追究侵权人责任时，还需要以过错作为侵权责任的构成要件，而采矿者很可能会以自己的采矿行为合法为由主张自己无过错，这还是会给受害人的权利救济设置障碍。而导致这种状况的缘故在于现有立法中并未对生态破坏侵权责任作出特殊性规定，没有规定其适用无过错责任的归责原则。后文将会提出相关立法建议，使生态破坏侵权的受害人得到更大程度上的保护。

（三）小结

从以上案例可以看出，在我国的司法实践中，有的法院具有“超前”意识，突破了现有法律的不足，以适用于环境污染侵权案件的法律规则来审理生态破坏侵权案件；尽管缺乏法律依据，结果却能够更好地保护生态破坏侵权的受害人。而与此相反，如果法院严格依照法律规定来审理生态破坏侵权案件，则虽然做到了“有法必依”，却会导致受害人权利难以得到救济，显失公平。

这种依法审理导致判决结果不公平、“违法”判决却更能为受害人伸张正义的怪现状，体现出现有立法中关于生态破坏侵权责任的规定的严重不足，亟待完善。

二、未决案件评析

（一）案情简介

内蒙古阿拉善左旗腾格里苏木特乌拉嘎查[1]的牧民范塔拉腾一家自 1998 年开始承包特莫乌拉嘎查的草场用以放牧。与其同一嘎查的 10 组共 12 户 46 人承包了整片草原，以水井为界来划分各户利用区域。2006 年秋季开始，阿拉善盟鑫光矿

[1] 在内蒙古有关盟市所属旗的行政编制下设嘎查（与行政村平级）。

业有限责任公司（以下简称鑫光公司）在未经牧民允许且未取得合法采矿手续的情况下，开始在距离范塔拉腾一家和另一户牧民所承包的草场最近的草原上进行非法采矿。截至2011年7月15日，鑫光公司在特莫乌拉嘎查10组所承包的草原上开矿面积达3.67平方公里。此外，鑫光公司还在范塔拉腾家宗族墓地内建设矿区办公室，并要求范塔拉腾家搬迁宗族坟墓，遭到后者拒绝。2011年7月15日，鑫光公司与特莫乌拉嘎查签订草原补偿协议，由前者给予后者9万元补偿。除范塔拉腾一家外，10组的其他11户均在村民会议上表示同意签订该协议，并且领取了补偿费。而范塔拉腾一家拒绝在《腾格里镇特莫乌拉嘎查小组村民会议决定事项》上签字，也拒绝接受鑫光公司的补偿费用。且范塔拉腾及其家人认为鑫光公司为一己私利破坏了宝贵的草原资源，让牧民世世代代辛苦保护起来的草场变成荒芜的无法放牧利用的土地，是对自然资源的践踏和对牧民权益的漠视。因此，决定对鑫光公司提起诉讼，要求其赔偿以下费用：因草场破坏而需重新买草（供喂养羊群），每年37.140 5万元，五年共计185.702 5万元；开矿污染致无法继续放牧利用的草场损失费，每年37.140 5万元，5年共计185.702 5万元；开矿占用大面积草场，被迫须将放牧改为舍饲而要投入的棚圈改造费共计34.2万元；被迫须将放牧改为舍饲而要花费的人工费每年3.6万元，5年共计18万元；在采矿范围外探矿及碾压草场导致草场被破坏的费用，每年1 821元，5年共计0.925 5万元；因其强行占用范塔拉腾家宗族坟墓致其精神受到极大伤害而须支付的精神损失费10万元；草场其他开销3万元；各项费用共计437.530 5万元。[1]

[1] 该案例有关资料来源于中国政法大学污染受害者法律帮助中心。

（二）评析

本案与前述两起已判案例中的被告都是采矿企业（主），原告所遭受的损害均是由被告的采矿行为引起，但又存在明显的区别。

前述两起已判案例都是因为采矿导致生态破坏现象，如地下水位下降、地面裂缝、山体滑坡等，进而由于这些问题导致原告的生产生活遭受不利影响，如地下水位下降导致当地水井干涸、小溪断流，村民的饮水出现问题，用于农业灌溉的溪流也不再能够提供充足的灌溉用水，水田变为旱地致使村民不得不更换耕种的农作物种类，由稻谷改为玉米也影响了村民的农业收入，地面裂缝导致村民房屋倾斜、开裂，山体滑坡冲毁居民房舍及其他财产等。村民所遭受的上述种种损害均不是直接由采矿行为导致的，而是经过了生态环境这一中介因素，因此，这种类型的案件属于本书第二章所提出的生态破坏间接侵权案件。

而在本案中，鑫光公司的采矿行为对范塔拉腾家承包的草场造成侵害并未经过环境中介，其对草地的挖掘占用直接侵害了范塔拉腾对该区域草地的承包使用权。范塔拉腾对该区域草场的承包期限为 1998 年起至 2028 年止，在该段期限内，范塔拉腾对该区域草场依法享有排他的使用权。而鑫光公司未经范塔拉腾的同意，擅自在其承包的草场内采矿，显然对其使用权构成了侵害，行为与损害结果之间存在直接因果关系。本案应属于本书第二章所提出的生态破坏直接侵权案件。唯须注意的是，如果鑫光公司的采矿行为导致环境污染，并进而侵害当地牧民的人身、财产权益，则应属于环境污染侵权案件；而如果鑫光公司的采矿行为持续一段时间之后也导致当地地下水位下降、地表出现裂缝等现象，并进一步侵害当地牧民的人身、财产安全，则当属于生态破坏间接侵权。由此可见，在同一个案件当中，可能同时存在生态破坏直接侵权、生态破坏间接侵权以及环境污染侵权等多种类型环境侵权的情形。处理此类案件，首先有赖于健全、完善的立法体系。从这一点来看，我国目前的立法还不到位，只是针对环境污染侵权责任作出了诸多特殊性规定，对生态破坏侵权责任（尤其是生态破坏间接侵权责任）的规定还十分不足，有待完善。在立法完善的基础之上，法官须厘清不同的环境侵权类型，按照不同的规则来分别处理同一案件中存在的不同类型的侵权法律关系。由于环境污染侵权责任相关的规则在立法中已经较为全面，这里不再赘述；至于生态破坏侵权中的两种不同类型——生态破坏直接侵权和生态破坏间接侵权——分别应当适用怎样的规则，本书第五章将进行详细分析。

三、最高人民法院《民事案件案由规定》评析

2011年2月18日，最高人民法院印发了《关于修改〈民事案件案由规定〉的决定》的通知（法〔2011〕41号），该通知对最高人民法院于2008年2月4日制发的《民事案件案由规定》作出修改，在“侵权责任纠纷”项下列明了“352、环境污染责任纠纷”，其中又分为大气污染责任纠纷、水污染责任纠纷、噪声污染责任纠纷、放射性污染责任纠纷、土壤污染责任纠纷、电子废物污染责任纠纷和固体废物污染责任纠纷等7个小类，但没有单独的关于生态破坏侵权责任纠纷的案由规定。

尽管最高人民法院明确要求各级人民法院不得将《民事案件案由规定》作为受理案件的必要条件，不得以当事人的诉请在《民事案件案由规定》中找不到相应案由可以适用为

由裁定不予受理或者驳回起诉，影响当事人行使诉权。[1]但该案由规定的实际内容也可以反映出，生态破坏侵权纠纷案件在司法系统中受重视的程度远不及环境污染侵权纠纷。由此也就导致，当实践中出现属于生态破坏侵权的案件时，受理法院在裁判文书中只好使用“环境侵权纠纷”这样的模糊字眼，体现出司法系统目前对生态破坏侵权类型的忽视与实践需求之间的矛盾。上述两起已判案例中，受理法院在保护受害人权益方面的态度较为积极，因此才会以“环境侵权纠纷”为案由、以环境污染侵权责任的相关规定为规则来审理生态破坏侵权案件。至于现实生活中是否有更多的生态破坏侵权案件因不存在对应的案由而被法院拒之门外，我们就不得而知了。

第二节 生态破坏侵权责任立法及学术研究现状

一、生态破坏侵权责任立法现状及评析

（一）立法现状梳理

前文在比较分析生态破坏侵权与环境污染侵权的不同之处时，已经多处提及我国现有立法中关于生态破坏侵权责任的规定，大多在自然资源保护相关立法中有所涉及。本部分再对这些规定进行一次系统梳理。

1. 《森林法》的相关规定

《森林法》中涉及民事责任的条文主要是第 39 条和第 44 条。

[1] “最高人民法院研究室负责人就发布《关于修改〈民事案件案由规定〉的决定》答记者问”，载 http：//baike. baidu. com/view/1890866. htm，最后浏览时间：2011 年 8 月 22 日。

第39条第1～3款规定："盗伐森林或者其他林木的，依法赔偿损失；由林业主管部门责令补种盗伐株数十倍的树木，没收盗伐的林木或者变卖所得，并处盗伐林木价值三倍以上十倍以下的罚款。"

"滥伐森林或者其他林木，由林业主管部门责令补种滥伐株数五倍的树木，并处滥伐林木价值二倍以上五倍以下的罚款。"

"拒不补种树木或者补种不符合国家有关规定的，由林业主管部门代为补种，所需费用由违法者支付。"

该条规定了盗伐和滥伐森林或者其他林木所要承担的责任，首先是依法赔偿损失，其次是由林业主管部门责令补种。拒不补种或补种不符合要求的，林业主管部门代为补种，违法者需要支付该费用（至于该条所涉及的盗伐、滥伐被处以罚款或第4款所规定的追究刑事责任与侵权责任无关，此不赘述）。

《森林法》第44条规定："违反本法规定，进行开垦、采石、采砂、采土、采种、采脂和其他活动，致使森林、林木受到毁坏的，依法赔偿损失；由林业主管部门责令停止违法行为，补种毁坏株数一倍以上三倍以下的树木，可以处毁坏林木价值一倍以上五倍以下的罚款。"

"违反本法规定，在幼林地和特种用途林内砍柴、放牧致使森林、林木受到毁坏的，依法赔偿损失；由林业主管部门责令停止违法行为，补种毁坏株数一倍以上三倍以下的树木。"

"拒不补种树木或者补种不符合国家有关规定的，由林业主管部门代为补种，所需费用由违法者支付。"

该条规定的责任形式除了赔偿损失和林业主管部门责令补种外，还有林业主管部门责令停止违法行为。《森林法实施条例》对上述责任进行了细化。[1]

可以看出，关于森林资源破坏，纯粹意义上的侵权责任只有赔偿损失这一种责任形式。此外，还有带着浓厚行政化色彩的"责令补种（替代补种）"和"责令停止违法行为"的方式。很明显，不论是赔偿损失，还是责令补种、责令停止违法行为，都源于这些违法行为对森林或其他林木的毁坏侵害了其所有权人或使用权人的财产权益。违法行为人承担侵权责任主要是为了向森林或其他林木的所有权人或使用权人作出赔偿，这显然属于生态破坏直接侵权责任的形态。而对于森林资源遭到破坏进一步引发的生态破坏间接侵权责任（如滥采滥伐导致泥石流，进而导致当地居民人身、财产的损害），《森林法》和《森林法实施条例》均没有涉及。

2. 《草原法》的相关规定

《草原法》中涉及民事责任的条款主要是第 66 ~ 70 条。

第 66 条规定："非法开垦草原，构成犯罪的，依法追究刑事责任；尚不够刑事处罚的，由县级以上人民政府草原行政主管部门依据职权责令停止违法行为，限期恢复植被，没收非法财物和违法所得，并处违法所得一倍以上五倍以下的罚款；没有违法所得的，并处五万元以下的罚款；给草原所有者或者使用者造成损失的，依法承担赔偿责任。"

第 67 条规定："在荒漠、半荒漠和严重退化、沙化、盐碱化、石漠化、水土流失的草原，以及生态脆弱区的草原上采挖植物或者从事破坏草原植被的其他活动的，由县级以上地方人民政府草原行政主管部门依据职权责令停止违法行为，没收非法财物和违法所得，可以并处违法所得一倍以上五倍以下的罚

[1] 《森林法实施条例》第 38 ~ 39 条、第 41 条。

款；没有违法所得的，可以并处五万元以下的罚款；给草原所有者或者使用者造成损失的，依法承担赔偿责任。”

第68条规定：“未经批准或者未按照规定的时间、区域和采挖方式在草原上进行采土、采砂、采石等活动的，由县级人民政府草原行政主管部门责令停止违法行为，限期恢复植被，没收非法财物和违法所得，可以并处违法所得一倍以上二倍以下的罚款；没有违法所得的，可以并处二万元以下的罚款；给草原所有者或者使用者造成损失的，依法承担赔偿责任。”

第69条规定：“违反本法第五十二条规定，擅自在草原上开展经营性旅游活动，破坏草原植被的，由县级以上地方人民政府草原行政主管部门依据职权责令停止违法行为，限期恢复植被，没收违法所得，可以并处违法所得一倍以上二倍以下的罚款；没有违法所得的，可以并处草原被破坏前三年平均产值六倍以上十二倍以下的罚款；给草原所有者或者使用者造成损失的，依法承担赔偿责任。”

第70条规定：“非抢险救灾和牧民搬迁的机动车辆离开道路在草原上行驶或者从事地质勘探、科学考察等活动未按照确认的行驶区域和行驶路线在草原上行驶，破坏草原植被的，由县级人民政府草原行政主管部门责令停止违法行为，限期恢复植被，可以并处草原被破坏前三年平均产值三倍以上九倍以下的罚款；给草原所有者或者使用者造成损失的，依法承担赔偿责任。”

这五个条文规定了若干种在草原上发生的违法行为，被依法追究刑事责任或行政责任。如果这些违法行为给草原所有者或者草地的使用者造成损失，则须依法承担赔偿责任。赔偿责任附随在刑事责任或行政责任条款之后，致使“违法”成为赔偿责任的构成要件。

与《森林法》中的侵权责任规定相类似，《草原法》中也只是规定了生态破坏直接侵权责任，而没有涉及生态破坏间接侵权责任。例如，过度放牧导致水土流失，进而引发周围地区土地荒漠化，影响了当地居民的农业生产用地需求，间接侵害了他们的财产权益。

3. 《矿产资源法》的相关规定

《矿产资源法》第 32 条、第 39 条和第 40 条涉及侵权责任。

第 32 条第 3 款规定："开采矿产资源给他人生产、生活造成损失的，应当负责赔偿，并采取必要的补救措施。"该条款针对的是开采矿产资源给他人生产、生活造成损失的情形，责任形式是赔偿以及采取必要的补救措施。

第 39 条第 1 款规定："违反本法规定，未取得采矿许可证擅自采矿的，擅自进入国家规划矿区、对国民经济具有重要价值的矿区范围采矿的，擅自开采国家规定实行保护性开采的特定矿种的，责令停止开采、赔偿损失，没收采出的矿产品和违法所得，可以并处罚款；拒不停止开采，造成矿产资源破坏的，依照刑法第一百五十六条的规定对直接责任人员追究刑事责任。"该条款针对的是违反该法规定，未取得采矿许可证擅自采矿，擅自进入国家规划矿区、对国民经济具有重要价值的矿区范围采矿，以及擅自开采国家规定实行保护性开采的特定矿种等行为，责任形式是责令停止开采、赔偿损失。

第 40 条规定："超越批准的矿区范围采矿的，责令退回本矿区范围内开采、赔偿损失，没收越界开采的矿产品和违法所得，可以并处罚款；拒不退回本矿区范围内开采，造成矿产资源破坏的，吊销采矿许可证，依照刑法第一百五十六条的规定对直接责任人员追究刑事责任。"该条针对的是超越批准的矿区范围采矿的行为，责任形式是责令退回本矿区范围内开采、赔偿损失。

该法所规定的停止开采、退回本矿区范围内开采应当属于侵权责任中的停止侵害、排除妨碍，这两种责任以及赔偿损失都是“责令”承担。这里进行责令的主体应当是矿业主管部门，同样是民事责任行政化的体现。而《矿产资源法》第32条第3款的规定从字义来看含义较为广泛，应当能够包含生态破坏间接侵权的情形；并且根据该条款的规定，采矿者承担此类侵权责任无须存在违法情形，也不必存在过错，只要开采矿产资源给他人生产、生活造成了损失，就应当承担赔偿和采取必要补救措施的责任。前文所引的两个关于采矿导致当地地下水受到影响的司法案例应当可以以该条作为裁判依据，但法院的裁判文书中完全没有提及该条款；由此可以看出，该条款长期以来在司法实践中受到忽视。值得一提的是，该条在《矿产资源法》中并未列在“法律责任”部分，而是包含在“矿产资源的开采”一章中，此种立法体系安排也许在某种程度上正是导致其作为采矿者侵权责任条款被忽视的原因。

4.《渔业法》的相关规定

《渔业法》涉及侵权责任的主要有第35条和第39条。

第35条规定：“进行水下爆破、勘探、施工作业，对渔业资源有严重影响的，作业单位应当事先同有关县级以上人民政府渔业行政主管部门协商，采取措施，防止或者减少对渔业资源的损害；造成渔业资源损失的，由有关县级以上人民政府责令赔偿。”该条所规定的责任形式仍然是具有浓厚行政化色彩的赔偿责任，赔偿对象应当是遭受渔业资源损失的渔业生产者。

第39条规定：“偷捕、抢夺他人养殖的水产品的，或者破坏他人养殖水体、养殖设施……造成他人损失的，依法承担赔偿责任……”

从这两条关于侵权责任的规定可以看出：首先，其责任承担不以违法作为必要前提。虽然偷捕、抢夺含有明显的违法性，但进行水下爆破、勘探、施工作业以及破坏他人养殖水体、养殖设施完全可能是由合法行为导致损失；其次，其似乎可以包含生态破坏间接侵权责任。例如，抽取养殖者鱼塘中的水用于农田灌溉，恰逢天气干旱，数日没有雨水补给，导致养殖者所养殖的鱼苗因缺水而全部死亡，养殖者遭受经济损失。这种情形也符合《渔业法》第 39 条设定的条件，抽水者应当承担赔偿责任。抽水者从事抽水行为可能是为了灌溉自己的农田，其从事的抽水行为也没有直接作用在鱼苗身上，而是由于抽水行为加上天气干旱导致鱼塘中水量迅速陷于不足，不能维持鱼苗生存所需要的条件，从而导致鱼苗死亡。因此可以说，《渔业法》第 39 条已经涉及生态破坏间接侵权责任问题。

5. 《水土保持法》的相关规定

《水土保持法》中明确提及民事责任的只有该法第 58 条，该条前半段规定：“违反本法规定，造成水土流失危害的，依法承担民事责任。”

仔细分析该条规定会发现其中存在的问题。民事责任包括违约责任、侵权责任以及不履行法定义务（如扶养义务）所导致的责任，不论是哪一种类型的民事责任，责任主体所承担责任指向的对象都是具体的人，并且此人因责任主体的行为（违约、侵权或者不履行法定义务等）而遭受了损害（或有损害之虞）。而《水土保持法》第 58 条仅规定了造成水土流失危害的情况下承担民事责任的要求。如果仅仅造成水土流失危害，仅属于对生态环境的破坏，而没有具体的人的权益受损害

（或有损坏之虞），则这种情况下规定民事责任会使民事责任流于形式，因为根本没有能够主张违法行为人承担民事责任的主体，也没有接受该责任的对象。因此，如果只是造成水土流失危害，那么应当由行政部门追究违法行为人的行政责任；后果严重的，可能还要令其承担刑事责任。行政责任和刑事责任的追究不以具体主体的权益受侵害为必要条件。

只有当水土流失进一步造成他人的人身、财产权益受损或有损害之虞时，才产生民事责任的适用空间，但《水土保持法》中并未规定这种情况。此种情形下的民事责任当属于生态破坏间接侵权责任，即行为人的行为首先造成水土流失，再通过水土流失这一中间环节致使他人的民事权益受损害或有损害之虞，此时受到损害的主体可以请求加害人承担侵权责任。

6.《水法》的相关规定

《水法》第76条规定："引水、截（蓄）水、排水，损害公共利益或者他人合法权益的，依法承担民事责任。"

与前面各部法律中涉及侵权责任的条文相比，该条具有以下几个特点：其一，它更能体现环境保护色彩，不以过错和违法性作为民事责任的构成要件。其二，它没有以行政部门责令承担的方式出现，脱离了民事责任行政化的怪圈。其三，它只是简单地规定承担民事责任（与《水土保持法》类似），而没有确定具体的责任承担方式。其四，它的责任承担前提是损害了公共利益或者他人合法权益。据此，如果没有造成事实的损害而只是有损害之虞，就无法要求承担民事责任。另外，在损害公共利益的情况下，如果没有具体的人的人身、财产权益受损，这里的民事责任便不能包括侵权责任，也就会导致所谓的民事责任被架空。因此，公共利益损害与私人权益损害应当作泾渭分明的区分，包括责任承担方面的区分。其五，从该条规定来看，也可以将生态破坏间接侵权的情形涵盖其中。如果引水、截（蓄）水、排水的行为间接造成他人的人身、财产权益受损，则也应当可以依照该条要求加害人承担侵权责任。

此外，《水法》第 31 条第 2 款规定："开采矿藏或者建设地下工程，因疏干排水导致地下水水位下降、水源枯竭或者地面塌陷，采矿单位或者建设单位应当采取补救措施；对他人生活和生产造成损失的，依法给予补偿。"该条虽然没有列在"法律责任"部分，但显然该条所规定的正属于本书所研究的生态破坏间接侵权责任。但是该条中使用的"补偿"概念欠妥，"补偿"并非严格意义上的侵权责任承担方式。从条文内容来看，该条是对采矿者或地下工程建设者造成的生态破坏间接侵权规定了损害赔偿责任；并且按照该条规定，此责任的承担不以违法和主观过错为必要条件。但从司法实践来看，该条规定并未受到重视。前引两个已判的关于采矿导致地下水水位下降、水源枯竭的案例中，本可以以该条款作为审判依据，但两个案件的裁判文书中均未提及该条款。

（二）立法现状评析

通过对我国现有的立法条文进行梳理，我们可以清楚地认识到现有立法中关于生态破坏侵权责任的规定还存在许多问题。

第一，针对生态破坏行为，现有立法中所规定的法律责任部分绝大多数都是关于行政责任和刑事责任的规定。每部法律都只有很少的条文提及民事责任；即便如此，还有不少民事责任被覆盖在行政责任的外衣之下，令人难以分辨其究竟是民事责任还是行政责任。

第二，大多数关于生态破坏侵权责任的规定都以"违法"作为责任构成要件。这主要是因为，上述诸多提及民事责任的条款同时也规定了行为人的行政责任和刑事责任；而民事责任只是在行为人承担行政责任或刑事责任的情况下，如果还造成了他人的损失，则才需要承担赔偿损失等责任。这种立法安排显然将民事责任置于附随性的地位，未将其放在与刑事责任、行政责任对等的位置来看待。这也反映出，在自然资源保护相关单行法中，与强大的行政责任、刑事责任相比，民事责任何其微不足道。而关于违法性要件的规定，会使那些权益被加害人的合法行为所侵害的受害人难以主张权利、得到救济。

第三，现有立法中大多数关于生态破坏侵权责任的规定是对生态破坏直接侵权责任的规定，一般都是规定行为人毁坏某种自然资源（如森林、草原）时，对该自然资源的所有权人或使用权人承担侵权责任，赔偿其财产权益所受到的损害。只有很少的条文可以延伸出生态破坏间接侵权责任（如前引《矿产资源法》《渔业法》和《水法》的规定），但即便是这些条文也没有明确生态破坏间接侵权责任的适用，只是笔者从其条文字义进行的推导。这些条文似乎在司法实践中也并未得到应有的重视和运用。

第四，现有立法中没有对生态破坏侵权责任规定任何特殊诉讼规则。而法律中往往对环境污染侵权责任明确规定了有别于一般侵权诉讼的特殊规则。例如，《固体废物污染环境防治法》第86条[1]、《水污染防治法》第87条[2]等都规定了加害人

[1] 《固体废物污染环境防治法》第86条规定："因固体废物污染环境引起的损害赔偿诉讼，由加害人就法律规定的免责事由及其行为与损害结果之间不存在因果关系承担举证责任。"

[2] 《水污染防治法》第87条规定："因水污染引起的损害赔偿诉讼，由排污方就法律规定的免责事由及其行为与损害结果之间不存在因果关系承担举证责任。"

对其行为与损害结果之间不存在因果关系承担举证责任，这种特殊性规则的明文规定在生态破坏侵权责任领域尚未出现。尽管这种诉讼规则属于程序法规定范畴，并不影响责任构成要件的组成，但是对于这些要件的认定还是会产生举足轻重的作用。

第五，现有的这些立法没有以生态破坏侵害民事权益的途径来区分责任。要么是只规定生态破坏直接侵权责任（如《森林法》《草原法》《矿产资源法》），要么是将生态破坏直接侵权和生态破坏间接侵权糅合在一起不加区分（如《渔业法》《水法》），甚至有的是未侵害民事权益就需要承担民事责任（如《水土保持法》）。笔者认为，尽管生态破坏直接侵权与生态破坏间接侵权都与生态破坏行为密切相关，但二者存在截然不同的特征，应当适用不同的规则，现有立法对二者不予区分、适用同样的责任构成要件的立法模式并不妥当。本书第五章将对此予以详细论述。

总之，我国关于生态破坏侵权责任的现行立法存在严重不足，有必要予以修改完善。

二、生态破坏侵权责任学术研究现状及评析

我国环境法学者对生态破坏侵权责任并未深入研究，只是在研究环境侵权的时候会与环境污染一并提及生态破坏引起的侵权责任。但之后大多数便将研究重心倾斜到环境污染侵权责任问题上，前文已经多次提及这一学术研究失衡的现状。

但也有少数学者已经注意到生态破坏侵权与环境污染侵权的区别。曹明德教授曾提出，环境侵权一词既准确地指出环境污染、生态破坏致他人合法权益受害的侵权性质，又拓宽了传统的“环境污染致害”的范围。“环境污染致害”未能涵盖生

态破坏造成他人受害这一层面的意思，而生态破坏这一现象已成为环境问题的重要方面。有权利就应受保护，有损害就应得到救济，这是自然之法理。既然加害人破坏了生态，并损害他人的合法权益，就应当承担侵权责任。[1]只是曹教授在提出这样的主张之后并未再深入探析生态破坏行为引发的侵权责任具体问题。

有学者指出：我国现行立法中的环境侵权主要指因环境污染而造成他人损害或危险的事实，无论是《宪法》的宣告式规定，还是作为司法实践中具体裁判案件标准的《民法通则》《环境保护法》等对环境侵权的具体规定，都将环境侵权的原因行为界定为环境污染行为。的确，环境侵权在许多情况下是由环境污染行为引起的，但纯粹以环境污染行为为中心对环境侵权展开界定导致的结果是使生态破坏型的环境侵权游离出环境侵权的框架，当实践中这类案件发生时（如前文所引梨锈病案例）将导致受害人的利益无法得到充分及时的保护。传统的环境侵权理论将环境侵权等同于环境污染侵权，这其实是人为缩小了环境侵权的调整范围。由此，应当对环境侵权体系进行重构，将生态型环境侵权也纳入环境侵权的体系中。该学者还提出，生态型环境侵权与污染型环境侵权一样，其原因行为都是对环境的利用，是因人们的生产或生活活动而对环境产生不良影响，进而损害他人生命、健康与财产的行为。这里该学者所说的生态型侵权与本书所研究的生态破坏侵权大致具有类似的含义。该学者也对生态型环境侵权与污染型环境侵权进行了比较，认为前者的主要特征有：基础行为为生态破坏行为、行为的多样性（污染型侵权主要通过“排放”行为，而

[1] 曹明德：《环境侵权法》，法律出版社2000年版，第23~24页。

生态型侵权行为的表现形式大不一样，如采伐森林、开垦荒地、引进新物种等)、行为后果的控制的生态性、行为后果的可预测性等。关于生态型环境侵权责任的构成要件，该学者认为应当包括基础行为、损害或损害危险以及基础行为与损害之间存在因果关系。并且提出其中的损害应当扩大理解，既包括对人的损害，也包括对环境的损害。[1]从这个角度来看，该学者所提出的“生态型侵权”与本书所研究的“生态破坏侵权”又存在明显区别。笔者在前文已经明确指出，生态破坏侵权是侵权的子概念，而侵权必须是对人的民事权益的损害，纯粹的对环境的损害并不能成立侵权行为。因此，生态破坏侵权也仅仅是指生态破坏行为对他人民事权益造成直接或间接的侵害，而不包括该学者所认为的“对环境的损害”。

也有学者写过一些关于“生态侵权”的论文，按照其观点，生态侵权“指的是多元多层次的生态侵权主体基于不同的认识程度而实施的危害行为，侵害了生命体的自然生存方式和存在形态，破坏了生命体的自然演化进程和生命繁衍过程，有引起生态系统失衡或物种提前消亡的危险，以及导致了危害生态系统平衡发展的实际后果的一种事实状态”。[2]笔者对于该学者关于生态侵权的看法不敢苟同，因为其眼中的生态侵权显然已经大大超出了“侵权”的范畴。既然称为“侵权”，就应当限定在侵害权益的范围内，而该学者所认为的“生态侵权”俨然不是侵犯权益，而是对（非人）生命体自然状态乃至生态系统的危害，这远非侵权法所能够解决的问题。在这个概念

[1] 吕忠梅主编：《环境法案例辨析》，高等教育出版社2006年版，第86～100页。

[2] 刘文燕、焦华：“论生态侵权”，载《北方环境》第30卷第2期，第11～12页。

的基础上，该学者又提出生态侵权包括自然生命体的侵权。笔者认为这种观点违反了关于民事主体界定的基本民法理论。该学者还根据生态侵权主体的主观认识程度将生态侵权划分为不同的层次，即生态侵权主体的故意侵权（包括生态侵权主体的本人故意侵权和生态侵权主体的他人故意侵权）、生态侵权主体的过失侵权（包括生态侵权主体的本人过失侵权和生态侵权主体的他人过失侵权）、生态侵权主体的无过错侵权（包括生态侵权主体的本人无过错侵权和生态侵权主体的他人无过错侵权）、生态侵权主体的客观侵权（包括生态侵权主体的本人客观侵权和生态侵权主体的他人客观侵权）、生态侵权主体的绝对侵权（包括生态侵权主体的本人绝对侵权和生态侵权主体的他人绝对侵权）。[1]这种划分令笔者难以理解。至于该学者提出生态侵权客体可以分为生态自然恢复能力范围内的侵权客体和生态自然恢复能力范围外的侵权客体，这两种不同的生态侵权客体适用的侵权归责原则应当有所不同。生态自然恢复能力内的侵权与传统法律侵权保护存在重合与交叉关系，其中部分损害可以适用传统侵权法的归责原则来获得保护，但同时还应扩大传统归责原则的适用范围，可以适用故意责任原则、过失责任原则和无过错责任原则。而生态自然恢复能力外的侵权是一种新型的侵权形态，传统的侵权法没有问津，可以适用客观责任原则和绝对责任原则。此外，该学者还提出自然人生态侵权适用过错责任原则和无过错责任原则，法人生态侵权适用过错责任原则、无过错责任原则、客观责任原则和绝对责任原则，更加令笔者不知其所云何意。对不同民事主体适用不同

[1] 刘文燕、焦华：“论生态侵权”，载《北方环境》第30卷第2期，第11~12页。

的归责原则，也违反了法律面前人人平等的基本原则。通观该学者撰写的一系列关于“生态侵权”的论文，尽管其提出的“生态侵权”概念从字面来看与本书所探讨的“生态破坏侵权”较为类似，但其实二者的内涵与外延完全不同。这些论文对笔者的此次研究也就并无参考借鉴意义，对本书所要探讨的生态破坏侵权责任构成要件问题也未曾提出值得学习的观点。

总体来看，目前我国环境法学界对于生态破坏侵权的研究仍较为粗浅，几乎还停留在空白状态。根据现有的学术研究成果，难以清楚表述生态破坏侵权责任的构成要件有哪些。

三、小结

尽管现有立法中也有一些涉及生态破坏侵权责任的条文，但大多数情况下，针对生态破坏行为，法律更多是规定行为人所需承担的行政责任和刑事责任。这两种责任是国家运用行政手段和司法手段对生态破坏行为进行的管理与制裁，体现的是国家对生态破坏行为人的违法行为的警示和惩戒。对于这两种类型的责任固然可以运用国家强制力来约束、惩处生态破坏行为人的行为，但无法救济因生态破坏行为而受到侵害的受害人，尤其是因生态破坏间接侵权行为而遭受人身、财产损害（或有损害之虞）的受害人。因此，行政责任和刑事责任在补偿和救济功能方面具有十分明显的局限性。

早在1872年，耶林就已充满热血地喊出“斗争是法的生命，为权利而斗争是对自己的义务，也是对社会的义务”。[1]

---

[1] ［德］鲁道夫·冯·耶林：“为权利而斗争”，胡宝海译，见梁慧星主编：《民商法论丛》（第2卷），法律出版社1994年版，第12~59页。

140 多年后的今天，我们同样希望每个人都能够为自己的权利而斗争，但这种斗争的前提是法律为我们提供了可以用于斗争的工具。只有法律中明确规定了民事责任，受害人在权益受到侵害时才能理直气壮地要求加害人为其行为承担侵权责任。而根据我国现有立法规定，当生态破坏侵权的受害人因生态破坏行为而受到侵害时，尤其是在间接受到侵害的情况下，很难找到寻求民事救济的法律依据，也就没有了为权利而斗争的底气和凭据。这不是一个法治社会应有的状态。为了让生态破坏侵权中的受害人能够拥有“为权利而斗争”的正当依据，必须要对立法进行修改完善。而学界的理论研究往往是立法完善的先行者，为了能够构建更加合理的生态破坏侵权责任构成要件体系，我们有必要考察其他国家关于此类侵权责任的立法、司法经验，为我国完善在生态破坏侵权责任方面的立法提供比较法上的参考。

第四章　国外生态破坏侵权责任的考察借鉴

尽管我国环境立法已经形成较为完备的法律体系，但各部法律的立法水平仍有相当不足，学习借鉴国外的相关立法经验成为我国现阶段法律制定和修改完善的重要方法。经过多方面考察，大多数国家的环境法理论中并未将环境问题泾渭分明地划分为环境污染和生态破坏两种类型，其立法中也就不会强调这两种不利于生态环境的行为在侵权法中的区别。要寻找其他国家立法中专门针对生态破坏行为的侵权责任规定并非易事。本章拟对美国、日本、瑞典和德国的生态破坏侵权责任进行考察，分析可供我国参考借鉴的相关经验。

第一节　美国生态破坏侵权责任

一、美国有关生态破坏侵权责任的立法规定

美国并没有明确将环境问题区分为环境污染和生态破坏，其环境保护及侵权相关立法和判例中也并未明确作出环境污染侵权和生态破坏侵权这样的分类。因此，这里对美国自然资源损害的立法经验进行梳理和分析。

美国的自然资源损害赔偿制度经历了从普通法到制定法的发展过程。最初，自然资源损害被视为环境侵权损害的一种，

由传统侵权法来调整。普通法下的公共信托原则和国家亲权原则[1]赋予了公共机构对自然资源损害的有限起诉权。然而，普通法只提供了十分有限的对自然资源损失求偿的机会，这也就对由成文法规范自然资源损害赔偿提出了要求。

美国第一部有关自然资源损害赔偿责任的制定法是 1970 年《国家海洋禁猎法》，其建立了一种海洋环境的特别保护程序，为海洋资源受损的情况设置了侵权赔偿责任。1974 年《深水港法》赋予美国交通部代表公众托管海洋环境中的自然资源并请求损害赔偿的权利，并限定了赔偿金的用途，即仅可用于修复自然资源。1978 年《外大陆架修正法案》规定，对于由油类泄漏引起的经济损失（包括“对自然资源的损害、破坏”和自然资源损失的使用价值），政府有权受偿。这些法案为构建自然资源损害赔偿制度进行了有益的探索，但主要还是对损害的可赔偿性予以确认，对损害的范围和认定方法则缺乏具体规定。之后的《清洁水法》《超级基金法案》《石油污染法》则大体形成了美国自然资源损害赔偿制度的基本构架。[2] 下面简要分析一下该制度中的主要内容。

（一）赔偿主体

《清洁水法》主要规定的是向美国可航水体、邻近岸线区域或毗连区泄漏石油或危险物质导致自然资源损害的情形。该法中所规定的赔偿主体包括排放石油或危险物质的船舶或岸上设施的所有者、营运者或直接控制人，以及特别情况下的第三

---

[1] 国家亲权原则是指政府为不具有法律行为能力保护自己利益的人（如未成年人和精神不健全者）的监护人。

[2] 王树义、刘静：“美国自然资源损害赔偿制度探析”，载《法学评论》2009 年第 1 期，第 73 页。

方。❶这里的所有者或营运者是指："（A）对船舶——任何因遗赠而拥有、营运或管理该船舶的人；（B）对临海设施——任何拥有或控制该临海或岸上设施的人；（C）对被遗弃的岸上设施——遗弃前最后拥有或营运该设施的人。"当排放者能够证明该排放完全是由第三方主体的作为或不作为所致时，该第三方主体被视为承担责任的排放者。

《超级基金法案》主要是规范向环境泄漏除石油以外的危险物质的行为，它将承担反应行动费用和自然资源损害赔偿费用的主体称为潜在责任方。1986 年《超级基金修正案与再授权法》第 107 条进一步作出分类：（1）当前该船舶或设施的所有者或营运人；（2）处置危险物质时拥有或营运处置设施的人；（3）通过合同、协议或其他方式借助第三人拥有或营运的设施处置危险物质，或为处置本人或其他主体拥有的危险物质安排运输的人；（4）危险物质为发生泄漏或存在泄漏危险的处置设施接受后，负责运输危险物质的人。他们应承担"对自然资源带来的损害、减损或损失，包括评估该排放行为导致损害、减损或损失的合理费用"❷。

《石油污染法》的适用范围较为广泛，只要存在从任何移动或固定的物体向水体或海岸排放或威胁排放石油的情形，都可适用。该法中的赔偿主体包括：船舶的所有者、营运人或因遗赠而受领船舶的人；临岸设施的所有者或营运人；海上设施所在地的承租人或许可证持有人，依州法或《外大陆架土地法》取得土地使用权或地役权者；管道的所有者和根据 1974 年《深水港口法》授权的深水港口许可证的持有者。被遗弃

❶ 33 U. S. C. §1321（f），（g）.

❷ 42 U. S. C § 9607（a）（1）~（4）.

的船舶设施或管道发生泄漏或存在泄漏威胁时，最近的遗弃行为发生前本应对其承担责任者为赔偿主体。[1]

（二）赔偿对象

赔偿对象是指就自然资源的损害请求和领受赔偿的一方，与受损资源应当有合理利益关系，并且有能力和意愿将赔偿金用于修复资源或其他弥补损害的方式。何种主体能够成为赔偿对象（也就是求偿主体）是自然资源损害赔偿制度中的一个难点。传统侵权法要求求偿主体因责任方的行为而受到“个别”的损害。而在公共自然资源损害中，受损的是集体利益而非个人特别利益。普通法下的公共信托原则和制定法中的“托管权的授予”较好地解决了这一难题。

在普通法的公共信托原则之下，州被赋予了对自然资源的托管权，它可基于托管者身份提出赔偿请求。制定法下托管者的范围更加广泛，包括联邦自然资源管理机构、各州州长委派的机构和印第安部族，它们可以基于托管者的管理权、所有权或控制权对自然资源的损害索赔。[2]美国现有的联邦托管机构包括农业部、商务部、国防部、能源部、内政部和其他被授权管理或保护自然资源的机构。当一事件给受条约保护的印第安部族对自然资源的使用，如捕鱼、狩猎等，及其文化资源产生负面影响时，部族也会作为托管者参与自然资源损害评估。有时候，一项资源可能涉及多级多个托管者，若允许多个托管者对损害分别进行索赔，则很可能产生双倍赔偿的问题。对此，一些法律规定了托管权的协调。例如，美国内政部规则规定：

[1] 33 U. S. C. § 2701（32）.

[2] 33 U. S. C § 2706（b）；42 U. S. C. §9607（f）（2）（b）；15 C. F. R. §990. 30；43 C. F. R. §11. 14（rr）；40 C. F. R. §300. 600（b）；and Exec. Order No. 12580，3 C. F. R. 193（1987），ADMIN. MAT. 45031.

在制定评估计划时，如果出于自然资源的“共存、邻近或共同管辖权”，多个自然资源托管者共担责任，则他们应进行合作和协调，并指定牵头机构以管理评估。牵头机构应作为协调者联系所有评估有关方，并在授权官员不能达成关于制定或执行评估计划的一致时充当争议的最终仲裁者。该机构由所有自然资源托管者的共同协议指定；无法协议指定时，根据资源的位置确定由哪一级别的托管者作为牵头机构。[1]

在联邦立法的自然资源条款中，单个公民被排除在自然资源损害求偿主体范畴之外。例如，在《超级基金法》中，只有自然资源托管者能为联邦政府、州和特定印第安部族的利益进行自然资源损害赔偿诉讼。但公民作为一个整体，可以提出公民诉讼，从而在自然资源损害赔偿案件中发挥重要作用。在联邦层面，以下三种情况下可以提起公民诉讼：（1）当认为自然人和法人违反了联邦环境法时，对其提出；（2）当联邦政府未能行使实施环境法的职责时，对其执行机构尤其是环保局提出；（3）对联邦机构就其自身的污染行为提出。[2]需要注意的是，公民只能通过公民诉讼迫使托管者寻求自然资源损害赔偿，但不能直接对损害进行求偿。因此，公民不是真正意义上的赔偿对象。

（三）赔偿范围

确定对于自然资源的哪些损失及托管者因损害产生的哪些费用可以求偿是自然资源损害赔偿制度的核心内容，决定着赔偿是否全面合理。从《超级基金法》《石油污染法》和相关评估规则来看，美国自然资源损害赔偿范围包括：修复费用、过

[1] 43 C. F. R. § 11. 32（a）（1）.

[2] Shay S. Scott，“Combining Environmental Citizen Suits & Other Private Theories of Recovery”，8 *JENVLL* 369，372～373（1994）.

渡期损失和损害评估费用。

修复费用是自然资源损害赔偿范围中的首要部分。它是指“修复、恢复、取代或获取”受损资源或其提供服务的等价物的费用。将其纳入赔偿范围的理由在于：由于自然资源广泛的环境、审美、文化等价值，只对其进行经济赔偿不足以弥补公众的损失；合理的方法应该是采取修复措施，将受损资源恢复到损害前的状态。不过，修复费用并非一开始就是自然资源损害赔偿的必要部分。1986 年，美国内政部规则采取了“较少规则”，认为赔偿金是修复费用和资源减少的市场价值中的较少者。由于资源还具有市场价值之外的广泛的非使用价值，仅计算市场价值的减少实际上低估了资源的损害。该项价值减少往往也低于修复费用，从而在很多情形下排除了修复措施的采用。该原则在俄亥俄诉内政部案中得到了修正，法院推翻了内政部认为采用较少规则可以提高效率的观点，认为内政部的根本错误在于它把环境看成一种可以依据市场价值进行定价的有形商品。法院认为，除非修复是不可行或异常昂贵的，否则都应采取修复行动。

即使可将资源修复至损害前的状态，修复费用仍不足以涵盖所有的损失。由于修复资源有待时日，在修复期间资源提供的服务还是会继续流失，这段时间流失的效用仍须赔偿，这就是“过渡期损失”。它在内政部规则和国家大气和海洋管理局规则中有不同的表述，二者有着细微区别。在前者中称为“可赔偿价值”，指过渡期内损失的资源的价值，注重以经济学工具评估损失；在后者中称为“赔偿性修复”，指修复临时流失的资源服务的工程费用，托管者可以对这种修复措施的费用进行求偿，或者责任方可以在托管者的监督之下实施赔偿性修复工程替代。[1]

由于在进行自然资源损害评估中，托管者还支出了评估费用，这类费用也应由责任方予以赔偿。内政部规则规定下列活动的成本应该得到赔偿：识别与筛选的活动、对潜在责任方的通知、公众参与、对暴露的确认分析、对损害赔偿的基本评估、任何其他的评估计划。[2]国家大气和海洋管理局规则下的评估费用包括：行政费用、法律费用和强制执行费用，监测和监管的成本，以及与公众参与相关的成本。

二、借鉴意义

从美国上述成文法规定可以看出，这些条文所规定的自然资源损害赔偿大多还是由污染行为引起的自然资源损害。本书前文已经阐述过环境污染与生态破坏的密切联系，污染行为可能引起生态破坏加剧，二者之间往往并不能严格界分开来。而政府部门借助托管者身份享有的自然资源损害求偿权在更大程度上来说涉及本书所研究的生态破坏直接侵权，因为石油或其他危险物质侵害了水体等自然资源，对公众所有、政府托管的自然资源造成了直接的侵害，使其经济价值、生态价值都有所减损。当然，这种侵害可能会进一步导致他人的人身、财产损害；但那是后续问题，一旦出现了实质性的人身、财产损害，则受害人将会以自己名义提起诉讼，而不是由政府部门或公民团体提起诉讼。上述美国的立法经验对我国的借鉴意义主要有以下几点。

---

[1] Lee Ann Valerie, P J Bridgen & Environment International Ltd. , *The Natural Resource Damage Assessment Desk-Book—A Legal and Technical Analysis Environmental*, Environmental Law Institute, 2002, pp. 203, 286.

[2] 43 C. F. R § 11. 30（c）.

（一）确定求偿主体

与美国相似，我国政府同样具有保护环境和公民利益的职责，保护自然资源并就其损害求偿是其职责的应有之义；而政府机构较之于个人也更加有技术能力和资金支持来进行环境数据的监测和评估。因此，政府机构作为求偿主体具有显著的优越性。加之，我国绝大多数重要自然资源归国家所有，政府作为国家代表来请求自然资源损害赔偿既理所当然也责无旁贷。

我国可以借鉴美国模式，赋予政府机构在生态破坏侵权诉讼中的起诉资格。改变现在这种民事责任行政化的状态，让政府从管理者的角色逐步过渡到法庭原告一方，使政府与生态破坏侵权人站在更加平等的位置来处理生态破坏侵权问题。《海洋环境保护法》第 90 条规定在海洋环境污染领域已经作出了类似的尝试，该条规定“行使海洋环境监督管理权的部门代表国家对责任者提出损害赔偿要求”。塔斯曼海油轮泄漏案中，天津市海洋局就对海洋环境容量的损失进行了索赔。可以说，我国在这种模式的应用方面已经有了立法和司法实践的前期探索，接下来可以将此种模式从海洋污染领域扩大到更多的自然资源领域。

（二）建立公益诉讼

美国的公民诉讼制度较为完备，为公民提供了参与环境资源损害索赔的机会，这在政府未能对资源损害作出及时合理反应时显得尤为重要。我国近年来在环境公益诉讼方面也正在积极探索，新《民事诉讼法》也明确承认了环境公益诉讼的合法性。

但必须注意的是，公益诉讼与侵权诉讼属于两套不同的机制。有人提出，随着环境侵权法的发展，美国侵权法的保护范围扩大到对环境损害的保护，并以密歇根州《1970 年环境保护法》第2条第1款为佐证，该条款规定：“为保护空气、水体和其他自然资源以及公共托管客体不受污染、损害和毁灭，任何个人、合伙、公司、社团、组织或其他法律实体皆可在据称违法行为的发生地或可能发生地的具有管辖权的巡回上诉法院对州、州的分支机关、任何个人、合伙、公司、社团、组织或其他法律实体提起谋求宣告或衡平法救济的诉讼。”笔者认为，这种观点混淆了环境公益诉讼与环境侵权诉讼。在环境受到损害而没有人身、财产等实质性损害的情况下，尽管个人、合伙、社团组织等法律实体可以提起诉讼，但该诉讼的性质为公益诉讼，不属于侵权诉讼的范畴。前文对侵权责任构成要件的分析已经明确将环境损害排除在外。因此，建立公益诉讼只是我们在借鉴美国经验时附带提及的一项制度，并不属于生态破坏侵权责任领域的内容。

（三）明确赔偿范围

在美国自然资源损害赔偿中，赔偿金包括三部分：修复费用、过渡期损失和评估费用。这三个部分可以保障受损自然资源得到全面赔偿。修复行动可以保障资源恢复到受损前的状态，同时修复费用和过渡期损失又可使受损的使用价值和非使用价值都能够得到赔偿。我国在生态破坏侵权中对自然资源损害进行赔偿时也可以参照这种标准，以确保受害人的受损利益得到全面充分的救济。[1]

---

[1] 王树义、刘静：“美国自然资源损害赔偿制度探析”，载《法学评论》2009年第1期，第78～79页。

第二节　日本生态破坏侵权责任

一、日本有关生态破坏侵权责任的立法规定

谈日本的环境法，不可能回避“公害”这个概念。“二战”后，日本为了尽快实现经济复苏，采取了一系列促进经济快速增长的措施，国民生活水平在很短时间内得到了大幅提高，但同时也产生了高速经济增长的副产品——公害。以水俣病事件为开端，公害事件在日本频频发生；20 世纪 60 年代以后，公害成为日本全国上下共同关注的焦点问题。在日本，它不再仅仅停留在严格的法律术语层面，而是作为日常用语独自地发展起来，拓宽了其外延，广义上在包含所有的事业活动及其他人为造成的波及公众健康和生活的保障这一意义上加以使用。但是法律上仍然对其含义作出了界定，1993 年《日本环境基本法》第 2 条第 3 款规定：“本法所称‘公害’，是指伴随企（事）业活动及其他人为活动而发生的相当范围的大气污染、水体污染（包括水的状态或水底底质的恶化，但第 16 条第 1 款除外。以下同）、土壤污染、噪声、振动、地面沉降（因采矿挖掘土地除外。以下同）和恶臭，并由此而危害人的健康或生活环境（包括与人的生活有密切关系的财产以及动植物及其繁衍的环境。以下同）。”[1]

但无论是《日本环境基本法》，还是《日本公害纠纷处理法》，都没有明确规定在公害事件中对侵权行为适用特殊规

[1] 赵国青主编：《外国环境法选编》（下册），中国政法大学出版社 2000 年版，第 978 页。

则，本来这两部法律也并非从民事立法角度来对公害问题进行规制。要考察日本对环境侵权的私法性救济，需要结合侵权行为法和一些环境相关的特别法，以侵权行为法的规定为一般规则，而作为特别法的矿业法、大气污染防治法、水质污染防治法、原子能损害赔偿法等则规定了无过错责任。[1]

最初，《日本民法典》第709条确定了侵权责任的过错责任原则[2]，因公害引起的损害赔偿也应当依据该条规定，即如果受害者要请求损害赔偿，则须证明加害者存在故意或过失的主观状态。这是在自由主义兴盛的社会背景下产生的立法选择，为了能够充分发挥民众的勤劳精神和创造意欲，使经济活动的进行能够享有最大限度的自由，立法者提出了不使人对无法预见的事情负责的原则。[3]但这种自由主义思想渐渐无法适应社会的发展变化。1936年11月20日，日本秋田县尾去泽矿山堰堤发生崩塌事件，250余人丧生，伤者不计其数，引起了强烈的社会骚动。这一事件推动日本确立了矿业相关损害的无过失损害赔偿责任。1939年《日本矿业法》第109条第1款规定："为了采掘矿物而挖掘土地、排放坑水或废水、堆积废石或排放矿烟，对他人造成损害的，如果在损害发生之时该矿区的矿业权者已不享有该矿业权，则应由现在的矿业权者承担赔偿损失的责任。"[4]尽管如此，日本在发展严格责任的问题上的保守程度，比作为欧洲大陆最保守国家之一的德国也有过

[1] ［日］原田尚彦：《环境法》，于敏译，法律出版社1999年版，第16页。

[2] 《日本民法典》第709条规定："因故意或过失侵害他人权利，应承担因此而产生的损害赔偿责任。"

[3] 同注[1]书，第22～23页。

[4] 陈凤艳：《环境侵权民事责任比较研究》，黑龙江大学2005年硕士学位论文。

之而无不及。首先，同德国一样，过错责任是日本侵权法上占主导地位的归责原则，严格责任仅仅是作为例外而发展的；其次，日本仿效德国，大量采用了过错推定制度，而不是直截了当地采用严格责任；最后，在通过单行法规发展严格责任方面，日本也落后于德国。[1]除了日本大气污染防治法和水质污染防治法中明确规定由大气和水质中的有害物质引起的健康损害适用无过错责任以外，其他方面的公害，只要造成了健康损害，一般也会按照接近无过错责任的原则处理。但是，在就财产上的损害认定侵权行为的成立时，加害人的过错依然是最重要的因素，并且加害人的损害预见等结果回避义务在某种程度上是严格认定的。在这一点上，还不能说日本现行法对公害的救济已经完全摆脱过错责任原则的影响。

二、案例评析

尽管日本关于环境侵权问题的立法较为保守，但在对日本在公害领域中的制度进行评价时，不能忽略日本的学理和司法实践在采纳其他发达国家的先进制度方面呈现的积极活跃的局面。例如，在对土地工作物责任进行解释时，日本法院受日本学理的影响，发展了严格责任或较严格的责任。又如，在熊本水俣病事件中，当时法院仍是在过错责任的框架之下解决环境侵权问题的；但法院采用的高度注意义务标准，不论其措辞如何、依逻辑推理所作的解释如何，就其实际效果而言，已接近严格责任。由此可以看出，日本侵权法的许多内容已不能适应今天日本社会发展的需要，而日本的法院在许多情况下是通过

[1] 王军：“大陆法系侵权法上严格责任比较研究——兼论其中的过错推定制度”，见沈四宝主编：《国际商法论丛》（第6卷），法律出版社2004年版，第59页以下。

对现行法的变通解释来满足这些需要的。[1]但公害大多数情况下指向的是环境污染问题而非生态破坏问题。下面对日本有明海谏早湾围海造田案进行分析，了解日本法院对生态破坏纠纷的处理方式。

（一）案情介绍[2]

20 世纪 50 年代，为了实现粮食增产目的，日本政府农林水产省规划了大规模围海造田事业项目。由于遭到有明海沿岸的渔民反对和减少稻米生产耕地面积政策的影响，历经艰难曲折，最终于 1986 年在工程目的上加上防灾（针对洪水和高海潮的对应措施）的内容，该项目才得以启动。大约从 1989 年开始，工程付诸实施。1997 年 4 月，实施了被称为“断头台”的海潮堤坝拦截工程（瞬时截断方式，即放下一扇挡板），给世人带来了巨大的视觉冲击。此后，在拦截堤坝的内侧开始实施内部堤坝工程。到 2007 年 11 月，工程宣告结束，从 2008 年 4 月开始经营农业。

围海造田工程刚刚结束，就在谏早湾内发生了渔业受害问题。谏早湾口因工程需要从海底大量采沙，使谏早湾内的江珧（贝类）从 1991 年开始减少，到了 1993 年再未见其踪迹。有明海的主要鱼种是比目鱼、鲽鱼、大虾等海底生鱼种，它们随着工程的进行而逐渐减少，因为谏早湾围海地是它们幼鱼生息

[1] 值得注意的是，日本在 1972 年通过了《大气污染防治法》和《水污染防治法》的修正案，依该修正案，对由大气污染和水污染造成的人身伤害适用严格责任。参见［日］森岛昭夫：“日本法上的环境责任”，马栩生、高敏译，见吕忠梅、徐祥民主编：《环境资源法论丛》（第 4 卷），法律出版社 2004 年版，第 253 页；王军：《论侵权法上的严格责任——比较研究与立法建议》，对外经贸大学 2005 年博士学位论文。

[2] 本案资料参见日本律师协会主编：《日本环境诉讼典型案例与评析》，皇甫景山译，中国政法大学出版社 2011 年版，第 176～187 页。

的场所。在1997年海潮堤坝拦截之后，鱼类进一步减少，有明海的全部捕鱼量已不足高峰时期捕获量的一半，在拦截后的有明海基本上已经捕不到江珧。作为养殖业主要产品的紫菜，于2000年12月迎来了有史以来最大规模的减产，渔业者对谏早湾围海造田工程发起了强烈的反对运动，从2001年3月开始的围海造田工程陷于中断。

日本农林水产省为了平息反对运动，于2001年3月成立了“海藻减产等对策关系调查探讨委员会”来判明紫菜减产原因。该委员会经过调查后提出：“谏早湾围海造田事业会使作为重要环境原因的流动及其负荷发生变化，设想这不仅会对谏早湾而且也会对整个有明海海域的环境产生影响。此外，开闸调查理应对这种影响的验证有所裨益。因此建议进行现实的第一阶段为期两个月，第二阶段为期半年左右，直至基于参考上述两阶段调查结果的为期数年的开闸调查。”根据这一见解，从2002年4月开始在仅仅进行了短期的开闸调查而未实施中期（半年左右）和长期（数年）开闸调查的情况下，国家于2002年8月宣布作为内部堤坝一部分的“正面堤坝”工程复工。如果该工程最终完工，则围海地部分就会完全变成陆地，围海地部分的重生（恢复）就不再可能（第二个“断头台”）。为了阻止这一工程，福冈县有明海渔联于2002年9月向福冈地方法院提出旨在请求停止施工的民事暂时处分的申请。2002年11月，原告向佐贺地方法院同时提起了请求停止内部堤坝工程的民事诉讼（渔民和市民都作为原告）和民事暂时处分申请（原告仅限于渔民）；之后由于原告数量扩大，又多次追加提起诉讼。

本案中，围海造田工程与渔业受害之间是否具有因果关系是最具争议的焦点。辩护团为了更快地从专业角度确立因果关系，决定采用公害方面的 ADR（诉讼外纠纷解决程序），即公害调整委员会（以下简称公调委），进而决定在公调委就因果关系作出判断的“原因裁定”程序。[1]

国家从案件伊始即主张，原告所要求的在已经被海潮堤坝截断的海域中止内部堤坝工程没有意义。福冈地方法院全面采用了国家的主张，于 2004 年 1 月决定驳回福冈县有明海渔联的民事暂时处分的申请。此后，原告辩护团将向佐贺地方法院提起的民事暂时处分申请和民事诉讼的请求内容变更为请求停止所有围海造田工程，即不再将围海造田工程分割成一个个单独的工程，而代之以从工程整体来把握，从而对自己的主张作出了调整。此外，关于以海潮堤坝进行拦截与渔业受害发生之间的因果关系，由于有必要理解相关的科学论述，而仅对这些主张进行整理就伴随着相当多的困难。在公调委进行原因裁定的过程中辩护团与很多研究人员相识并受到许多忠告。而这一切又经过原因裁定程序中的讨论形成了相对完整的资料。辩护团正是通过将这些资料提交给法院来克服上述诸多困难的。

2004 年 8 月，佐贺地方法院作出了判令停止工程施工的民事暂时处分决定。国家随即中断了工程施工。在这份处分决定中，法院指出：“债务人（国家）理应自觉接受有关调查紫菜大减产原因的方法的建议，设置对策关系调整委员会，该委

---

[1] 所谓原因裁定，是指在因公害引起的受害产生损害赔偿及其他民事纠纷时，对当事人一方的行为是否为损害的原因有争议的场合下，公害调整委员会根据当事人的申请作出关于损害原因的裁定。原则上是主张受害的一方指出特定的加害人请求裁定，但因不得已的理由无特定加害人时也准许在不指出对方当事人的情况下申请原因裁定。公害调整委员会运用准司法程序，询问当事人及其他有利害关系的第三者、调查证据、调查事实，以裁定的形式进行公害原因之有无的判定。参见［日］原田尚彦：《环境法》，于敏译，法律出版社 1999 年版，第 42 页。

员会在'有关谏早湾围海造田闸门的开闸调查的见解'中建议应尽可能实施长期开闸调查，并指出该调查对验证因本案事业造成的影响有所裨益。尽管如此，债务人仍处于未实施长期开闸调查之状况。鉴于上述原因并根据该建议的内容，因未能实施长期开闸调查而实际产生的、将比较高深的陈明难以作出判断的不利结果仅由债权人单方承担的见解有失公允。"

之后，国家向福冈高等法院抗告，福冈高等法院判决认为："虽然不能否定该工程与渔场环境恶化的关联性，但就其比例、程度等这些定量的关联性来看，还不具备足以得到认定的条件。"而对于围海造田项目与有明海渔业受害之间的因果关系，有必要进行定量的证明。福冈高等法院提高了证明因果关系的门槛，从而撤销了原审决定。为此，中断了约9个月的工程又得以重新开工。对于该决定，辩护团力图基于原因裁定的结论实现逆转，并向最高法院提出了抗告。2005年8月30日，公调委竟然部分否定了自己任命的专门委员会经过充分讨论作出的确定围海造田与造成渔业受害原因的环境变化之间存在因果关系的研究报告，认为围海造田与渔业受害之间的因果关系证明得不够充分，对原因裁定申请予以驳回。2005年9月30日，最高法院的判决中指出渔民方没有对停止工程复工的必要性作出明确说明，因此驳回了渔民方的抗告。福冈高等法院通过抬高举证门槛导致渔民方败诉，令渔民非常愤怒。该决定做出后，向佐贺地方法院提起请求停止工程施工的民事诉讼的追加诉讼等运动大规模展开。

2006年2月，佐贺法院展开了对研究人员证人的集中证据调查。由于当时工程已近完工，于是原告方决定将诉讼请求变更为拆除海潮堤坝（主体请求）和海潮堤坝南北闸门经常开放（开闸，备选请求）。由于渔业受害的主要原因在于围海建造堤坝，所以诉讼理应请求拆除堤坝；但考虑到拆除堤坝面临的现实困难以及在实施短期开闸调查时江珧等渔业资源的一部分已经得到恢复等因素，渔民方认为只要能实现开闸就会对渔业受害的恢复有所裨益，从而将开闸列为备选请求。此外，渔民方还考虑到依据之前最高法院作出决定所依据的理论，在本次诉讼中取得胜诉比较困难，并且即使胜诉也存在执行期间较长而难以阻止工程施工的问题，因此，除了诉讼之外，渔民方还采取了向国会议员游说等其他诉讼外手段。

2008年6月，佐贺法院宣布："自本判决确定之日起3年内，除防灾等特殊情况外，将作为国营谏早湾土地改良项目的围海造田项目中设置的谏早湾围海造田土地的海潮堤坝的北面及南面的排水闸门打开，并由此5年内继续开放上述各排水闸门。"法院采纳了公调委专门委员会报告书的结论，认定围海造田与渔场环境变化之间的因果关系，并且批判了被告（国家）此前拒绝实施中、长期开闸调查的行为。由于本案中因果关系的认定非常困难，开展中、长期的开闸调查是取得观测数据的唯一弥补方法，因此，法院作出了上述判决。

这一案件在日本乃至国际上都引起了强烈关注，并形成了巨大的舆论影响。

（二）评析

本案显然是生态破坏行为引发损害结果的情形，属于本书所研究的生态破坏侵权责任问题。从案件的进展过程来看，并非一帆风顺。作为侵权人的国家试图运用法律外的一些手段干扰法院裁判。福冈高等法院和最高法院也的确作出了对被告（国家）较为有利的判决，以原告（受害渔民）无法证明围海造田与损害结果之间的因果关系以及停止该工程的必要性为由，判决原告败诉。而佐贺法院则认为，在因果关系难以判断的情况下，仅由渔民方单独承担不利结果会有失公平；并且依据公调委专门委员会的调查书认定被告的围海造田行为与渔场环境恶化之间存在因果关系。最后法院判决要求国家开闸5年，并指出这是取得观测数据的唯一弥补方法。由此可以看出，日本侵权法中对生态破坏侵权责任没有采用因果关系推定、举证责任倒置的特殊规则，要求侵权人承担侵权责任仍然需要能够证明侵权人的行为与损害结果之间存在因果关系。本案中，公调委专门委员会的调查报告类似于鉴定结论，作为责任认定的证据。此外，法院也提及了本案因果关系确认的难度，并指出开闸调查是取得观测数据以判断究竟是否存在因果关系的唯一方法，因此判决要求国家开闸5年。

在因果关系无法确定的情况下，也许让渔民忍受损失或者让国家停止堤坝建设都会存在对一方当事人不公平的问题，那么在这种情况下采取一种较为折中的方式可能更有利于执行，也更容易令双方都接受。并且这种方法在恢复生态环境的同时，也有利于研究人员获取观测数据。这样一来，如果在未来就同样的问题再次产生诉讼纠纷，则当事人能够依据上述观测数据得出的结论作出更加明确的因果关系论证，法院的判决也会更加确定并且理由充分。

此外，根据《日本环境基本法》第2条第3款的规定，公害在日本一般是指由污染引发的人的健康和生活环境受到危害。而本案中引起渔场环境恶化的行为并非污染行为，在案件解决过程中却使用了公害调整委员会的程序。由此可见，尽管生态破坏行为与环境污染行为并不相同，但是在日本并未严格区分二者，适用于环境污染（公害）纠纷解决的方法也能为生态破坏侵权纠纷所用。而日本著名的“四大公害”案件[1]的判决，虽然表面仍然遵从了《日本民法典》第709条的过错责任原则，但其实可以说适用的是无过错责任原则。富山骨痛病案依《日本矿业法》第109条作出判决，显然采用的是无过错责任原则。而新潟水俣病案、四日市烟害案以及熊本水俣病案中，法院通过对被告科以近乎不可能的严格注意义务来认定其对该注意义务的违反，认定其存在过错。在这些案件中，只要有损害结果的发生，被告即使遵守了公法上的标准，也需要承担损害赔偿责任，其实质已经与无过错责任原则没什么区别。四大公害案件极大地推动了无过错责任在日本环境侵权领域的法制化进程。但也必须看到，无过错责任目前在日本成文法中还只明确适用于大气污染和水质污染，并且限于人身损害而不包括财产损失，范围过于狭窄。此外，公害侵权中因果关系的证明责任仍然需要由受害人承担，非常不利于受害人的权利救济，这一点也被许多日本学者所批判。[2]

1991年发生的两起关于矿害赔偿债务不存在确认请求的案件中，结果并不相同。“福冈地裁平成三年五月二十三日”判决涉及的案件中，被告对于原告因矿害所生地层下陷之损害赔偿请求权，经九州地方矿业协议会依法加以确认，但被告认为原告所受之损害已经包含于双方先前所签订的预订赔偿契约当中，而该案中地盘下陷的情形在契约签订时就应当能够预见，因此被告向法院提起确认其赔偿义务不存在之诉。该案法律上的争议点在于原被告之间所签订的预订赔偿契约签订时所

[1] “四大公害”案件是指：富山骨痛病案、新潟水俣病案、四日市烟害案和熊本水俣病案。

[2] 曹明德：“日本环境侵权法的发展”，载《现代法学》2001年6月，第147～148页。

预订可能发生的事故中是否包括该案中所争议的地盘下陷问题。法院在判决中认为，依该地实际情况，由于煤矿挖掘导致地盘下陷在该地区频繁发生，已经广为该地一般人所知，因此在契约订立时双方对此问题已有预见，事属通常，而本案也不例外。而且，对照契约中所约定的赔偿金额和原告的土地、房屋价格也基本上能够相当。对于是否存在矿害的问题，应当尊重行政机关的判断结论；但对于是否需要承担法律责任的问题，则没有容许行政裁量的空间。本案中虽然采矿者仅仅是请求确认其无须负赔偿义务，但根据其诉求内容应当推定其同时请求取消该矿业协议会的裁定（即所谓形式的当事者诉讼），法院认为两者可以一并请求。

而另外一份“福冈地裁平成三年六月十八日”判决涉及的案件中，原告在被告的建筑物地下及其周边挖掘煤矿，其后该地发生地盘下陷，原告主张该地盘下陷与其挖掘行为无关，并且主张：即使与其有关，因其于挖掘之前就已经与被告签订了《日本矿业法》第 114 条所规定的预订赔偿额契约，因此被告不得请求损害赔偿；并且依《日本矿业法》第 115 条的规定，被告即使有请求权，也已经因时效期满而归于消灭（3年），因此请求法院确认其对于被告之损害赔偿义务不存在。该案法律上的争点包括三个方面：其一，该地地盘下陷与原告挖掘行为是否有因果关系；其二，被告之矿害损害赔偿请求权是否因预订赔偿契约而消灭；其三，原告之损害赔偿义务是否因时效而消灭。法院认为，本案中，在被告的建筑物地下，原告确实从事了煤矿挖掘行为，而上部岩层有地盘风化及纵向龟裂之痕迹，且地盘下陷为突然性且地区性的现象，由此可以推认地盘下陷与原告的行为存在因果关系。虽然原被告之间订立了预订赔偿契约，但矿害发生，可能要在原因行为后经过相当长的期间才会出现，并且其发生原因也十分多样，损害之发生非常难以预测。因此虽然原被告之间对于现在及将来之损害均以契约加以事先约定，但当契约订立时所无法预见到的损害实际发生时，依诚信原则和公平精神，受害人应不必受该契约的约束，被告（受害人）应仍然有因地盘下陷所生之损害的赔偿请求权。并且，消灭时效应当从事故结束后开始起算，因此在本案中，受害人的胜诉权并没有因超过时效而消灭。[1]

三、借鉴意义

从日本关于生态破坏侵权的立法和司法现状来看，日本的立法中关于环境侵权的规定绝大多数都是关于公害（污染问题）的规定，只是很少的一些特别法（如《日本矿业法》）中涉及生态破坏侵权问题。并且公害中的严格责任也只是限于水污染、空气污染等特殊类型。即便如此，严格责任也只是适用于损害他人身体健康的案件，而并不能适用于财产权遭到侵害的案件。相比较来说，我国现有立法中对环境污染侵权行为基本都已采用严格责任的做法显然更加有利于对污染受害者的保护与救济，而日本立法则相对消极。但《日本矿业法》中关于采矿导致的侵权责任的规定明显体现出严格责任的含义，并且明确了不同情况下的责任承担者，更加有利于受害人请求赔偿时清楚地确定被告。

与立法的消极态度形成鲜明对比的是日本司法界的积极能动作用。上述围海造田案经历了佐贺地方法院、福冈高等法院、最高法院三个不同级别的法院审判，后两个法院的判决显

[1] 台大法学基金会编纂：《国际环境损害判例彙编》，我国台湾地区“行政院环境保护署”1994 年版，第 426、428 页。

然对被告更加有利，但最终起到决定案件走向作用的是佐贺地方法院的判决。佐贺地方法院明确提出："因未能实施长期开闸调查而实际产生的、将比较高深的陈明难以作出判断的不利结果仅由债权人单方承担的见解有失公允。"虽然其并未明确将因果关系举证责任倒置由国家承担，但是也没有严格按照"谁主张，谁举证"的举证规则将举证不能的风险判由原告方渔民承担，而是采取了较为折中的方式，要求长期开闸调查以取得判断因果关系的分析依据。佐贺地方法院在审理案件的过程中没有拘泥于法律条文的限制，而是尽力寻求对环境侵权中的受害人更加有利的条文解释。并且灵活地将一些公害问题解决方法运用于生态破坏侵权案件，使得这种法律上尚未有明确规定的侵权案件能够沿着着重保护受害人的方向进行下去，并最终得到一个令受害人和社会公众都比较满意的结果。前文所引我国重庆市的两个采矿致人损害的案例与此也很类似，法院也是将关于污染侵权的规则用来审理生态破坏侵权案例。可以看出，在法官自身的价值取向与法律现有条文存在冲突的情况下，法官在司法实践中会采取一些灵活的变通手段。但这毕竟不是立法者所愿意看到的结果，为了结束这种尴尬的局面，立法者就有必要加快法律完善的步伐。

第三节　瑞典生态破坏侵权责任

一、瑞典有关生态破坏侵权责任的立法规定

（一）责任的承担方式及要件

《瑞典环境保护法》具有典型的行政管理法性质，而基本上没有涉及侵权责任的规定。制定于 1986 年的《瑞典环境损

害赔偿法》则是关于损害赔偿责任的专门立法，因此该法所涉及的侵权责任仅限于损害赔偿这一种责任承担方式。

该法第1条规定："本法所称损害赔偿，是指对于基于不动产的人为活动通过环境造成人身伤害、财产损害以及由此导致的经济损失所给予的赔偿。"

"非由违法行为造成经济损失的，只有损失巨大时才予以赔偿。"

"非故意或者过失造成的损害或伤害，只有在该损害或伤害所造成的侵害与当地条件无关或在类似条件下通常不可能发生时才予以赔偿。"❶

根据该条规定，该法所规定的损害赔偿必须以"环境"作为损害的中介；并且正常情况下，只有违法行为、故意或过失行为造成经济损失才需要赔偿。可见除了一些特殊情形（如损失巨大、损害或伤害所造成的侵害与当地条件无关或在类似条件下通常不可能发生等）之外，瑞典的环境侵权责任是以违法、过错作为责任构成要件的。

（二）赔偿的适用条件

该法第3条规定："由下列原因造成的损害或伤害应当予以赔偿：1. 河流、湖泊或者其他水域的污染；2. 地下水的污染；3. 地下水位的变化；4. 空气污染；5. 土壤污染；6. 噪声；7. 振动；8. 其他类似的侵害。"

"本条第1款第1项至第3项不适用于依《水法》（1983年第291号法律）许可从事的活动所造成的损害或伤害。"

"从侵害和损害的性质、损害的其他可能原因以及其他情

❶ 赵国青主编：《外国环境法选编第一辑》（下册），中国政法大学出版社2000年版，第1159页。

况看存在相当因果关系的，应当认定损害由本条第 1 款规定的侵害所致。”❶

第 4 条规定：“损害或伤害是由于爆破活动或其他爆破性风险因素造成的，对因岩石爆破或其他爆炸物造成的损害或伤害，应当予以赔偿。”❷

第 5 条规定：“直接或间接从事开采作业或类似作业者，未采取《土地法典》第 3 章第 3 条规定的安全措施，或在从事该作业过程中由于其他原因没有履行正当注意义务的，应当对其造成的损害或伤害给予赔偿。但是，本法第 3 条和第 4 条规定的情形除外。

“直接或间接从事特殊性质或对他人具有高度危险的作业者，即使无过失，亦应对其作业造成的损害或伤害给予赔偿。”❸

上述第 3～5 条的规定明确了该法中“赔偿”的适用条件，既包括各种污染情形，也包括生态破坏的情形，如地下水水位变化、爆破导致损害或伤害、从事开采作业或类似作业导致损害或伤害等。但从这几个条款的内容可以看出，如果是依法取得许可之后从事的令地下水水位发生变化的活动导致了损害或伤害，则无须赔偿。而从事开采作业或类似作业者对其造成的损害或伤害进行赔偿的必要条件是，其没有采取法定的安全措施，或在从事该作业过程中由于其他原因没有履行正当注意义务；换言之，该行为人只有在存在过错的情况下才需要承担赔偿责任。但如果行为人的行为属于该法第 3 条或第 4 条规定的情形，则不受此限制。另外，如果行为人的行为具有特殊

❶ 赵国青主编：《外国环境法选编第一辑》（下册），中国政法大学出版社 2000 年版，第 1159～1160 页。

❷ 同上书，第 1160 页。

❸ 同上。

性质或对他人具有高度危险，则其承担的是无过错责任。该法第3条还明确了相当因果关系这一因果关系认定标准。

（三）赔偿的范围

《瑞典环境损害赔偿法》第4章规定了“对可得利益的赔偿”，其中第9条第1款规定：“当事人之一请求判决可得利益损害赔偿，其财产损失赔偿能够预先合理估计的，应当判决赔偿。”

二、借鉴意义

从瑞典的立法可以看出，其环境侵权责任的承担方式沿用了大陆法系传统的侵权责任方式——损害赔偿。并且在绝大多数情况下，环境侵权损害赔偿（包括污染和生态破坏的情形）适用的是过错责任归责原则，只是针对具有高度危险性或其他特殊性质的行为才会适用无过错责任。违法和过错在正常情况下是环境侵权责任的构成要件。在判断行为与损害（或伤害）结果之间是否存在因果关系时只需达到相当因果关系的标准即可认定。并且损害赔偿的范围不限于既有利益的损失，还包括可得利益的损害赔偿，值得我国加以借鉴。

第四节　德国生态破坏侵权责任

一、德国有关生态破坏侵权责任的立法规定

德国的环境侵权法并没有以法典形式编撰整合，而是一个由许多一般民事法规范和特别法规范组成的集合体。因此，环境侵权在德国是一个集合性的名词，并没有成为法学理论体系中的一个专门分类，而是对现实生活关系中各式各样的环境污

染与生态破坏导致的权益侵害的总称。❶

《德国联邦采矿法》规定，矿业企业造成他人人身伤害或者财产损害时，应承担赔偿责任。并明确与此责任相关的“采矿作业”包括探矿、开发和选矿，以及与此直接相联系的装载、运输、卸载、仓储和堆放的整个过程。该法第120条采用了因果关系推定，减轻了受害者的举证责任。该条规定，在地下采矿作业中，因地表发生塌陷、挤压、扭曲或者裂缝而造成采矿事故的，推定因果关系成立。但也提出了一些除外情形：因其他法律中所列举的情况（明显的植被稀疏、水文地理条件所造成、地基变化、第三人的影响）而发生采矿事故的除外。❷

德国于1991年开始实施《德国环境责任法》，该法规定了环境侵权领域的设备责任。该法附录一所列举的设备对环境造成影响而导致任何人身伤亡、健康受损或财产损失的，设备所有人应对受害人的损害负赔偿责任。该法为设备责任人设定了无过错责任。且该法第6条规定了因果关系推定的内容：根据特定案件的状况，如果某设备可以（即有能力）引起相应损害发生，则应推定损害是由该设备造成。在个案中判断某设备能否引发损害，应根据其操作流程、所使用的装置和设施、所使用和排放物质的种类及浓度、气象状况、损害发生的时间与地点、损害的性质与范围以及与损害发生相关的其他所有因素来确定。❸设备所有人举证证明其他设备也可能引起损害结

❶ ［德］克里斯蒂安·冯·巴尔：《大规模侵权损害责任法的改革》，贺栩栩译，中国法制出版社2010年版，第47页。

❷ 同上书，第60~61页。

❸ 张新宝译：《德国环境责任法》，载http：//wenku. baidu. com/view/42c2cadad15abe23482f4d41. html，最后浏览时间：2011年9月19日。

果的，并不能推翻第6条中的因果关系推定；相反，设备所有人举证证明损害结果是由其他原因造成的，如自然事件、受害人自身原因等，方能否定自己设备与损害结果之间的因果关系。

二、案例评析

德国联邦最高法院于1984年判决的“化铁炉案”是德国环境侵权领域具有标志性的一个案例。尽管该案属于环境污染侵权纠纷而不是本书所研究的生态破坏侵权纠纷，但法院在判决中所提出的一些观点并非专门针对环境污染侵权。正如本书导论中即已提及，其他国家大多没有特别区分环境污染行为和生态破坏行为，因此，该案的判决对于生态破坏侵权责任来说并非没有参考意义。

该案中，原告是机动车所有人，被告经营一座熔炼生铁和粗钢的化铁炉，原告主张自己汽车的油漆因被告的化铁炉排放的尘埃而受损，因此要求被告赔偿损失。

《德国民法典》第823条规定了侵权责任，其中涵盖了侵权责任的各项构成要件，包括过错、不法、因果关系等。一般侵权案件中，原告须举证证明以上种种侵权责任构成要件均存在。但在环境事故中，受害人对加害人的生产设备、工艺流程、生产原理等缺乏了解，因而常常陷入举证困难。德国联邦最高法院在“化铁炉案”中针对这个问题表明：当依据行政法规的规定确认排放或者不可量物侵害值超标时，可以考虑减轻对受害人的举证责任，在某些具体案例中甚至可以考虑举证责任倒置。并且法院也没有固守行政法规关于过失的限制性规定，指出即使排放人排放的数值符合《德国洁净空气法案》的标准，也不能就此排除排放人存在过失；排放人要承担安全注意义务，将排放值控制在无害的范围内。显然，法院根据实际情形对环境侵权案件中的因果关系举证责任分配作出了调整，并且明确表明“依法排放”不等于“无过失”。[1]

三、借鉴意义

德国的侵权责任仅限于损害赔偿责任，《德国民法典》中非常系统、周延地规定了侵权责任的归责原则、构成要件等问题；但考虑到环境侵权所具有的特殊性，德国出台了一些与环境密切相关的特别立法，如《德国联邦采矿法》《德国环境责任法》等，又对环境侵权的归责原则、因果关系推定等问题作出了特殊的安排。此外，德国法院在司法审判实践中的一些灵活变通的做法体现出法官合理运用自由裁量权，更加切实有效地保护了环境侵权的受害人，实现法律正义。

[1] ［德］克里斯蒂安·冯·巴尔：《大规模侵权损害责任法的改革》，贺栩栩译，中国法制出版社2010年版，第46页、第49页。

第五章　生态破坏侵权责任的立法健全与完善

在立法中构建生态破坏侵权责任之前，必须要深刻思考法律正义问题。是否对生态破坏侵权责任规定得越严苛就越能实现正义？并非如此。正如博登海默所说："正义有着一张普洛透斯似的脸，变幻无常、随时可呈不同形状并具有极不相同的面貌。当我们仔细查看这张脸并试图揭开隐藏其表面背后的秘密时，我们往往会深感迷惑。"❶我国现在仍处于社会主义初级阶段，经济发展与环境保护事业二者不可偏废。如果单纯注重环境保护而规定过于严苛的生态破坏侵权责任，则经济活动的行为主体在开展经济活动时会处处顾虑潜在的法律责任而备受束缚，必然会在很大程度上遏制社会经济发展。这并不是我们所期望追求的目标。正如王明远老师所说，环境侵权作为一种"合法或适法侵权"，是在一定限度内可以容许的危险。环境侵权救济作为一种重要的环境决策类型，常常需要运用利益衡量原则，这是环境问题、环境决策自身性质的必然要求。❷经济发展与环境保护如何兼顾的问题长期以来一直是世界各国努力研究的课题。故而，在设计生态破坏侵权责任时，应当秉持可持续发展原则，既要考虑尽力保护生态环境，也不能忽视维

❶［美］E. 博登海默：《法理学——法律哲学与法律方法》，邓正来译，中国政法大学出版社2004年版，第261页。

❷ 王明远："相邻关系制度的调整与环境侵权的救济"，载《法学研究》1999年第3期，第103页。

持发展步伐的必要性。因此，生态破坏侵权责任宽严标准的适当把握非常微妙但又十分必要。

立法者在立法过程中必须要考虑到各方面的利益平衡，谨小慎微在所难免。但学术研究可以作为先行者率先探索制度构建。罗尔斯在《正义论》中说："每个人都具有一种建立在正义基础上的不可侵犯性，这种不可侵犯性甚至是整个社会的福利都不能凌驾其上的。因此，正义否认某个人失去自由会由于别人享有更大的利益而变得理所当然起来。它不承认强加给少数人的牺牲可以由于许多人享有更大利益而变得无足轻重。"[1] 为了维护法律正义，使生态破坏侵权中的受害人能够实现其"不可侵犯性"，就有必要在立法中明确构建生态破坏侵权责任，令其清楚明确，方便受害人据以寻求法律保护。现有法律中虽然也有一些条文已经规定了生态破坏侵权责任问题，但还极为不足，有待完善。

对侵权责任进行立法完善，最为核心的问题主要就是归责原则和责任构成要件的确定。归责原则直接影响侵权责任的构成要件。本章将先对生态破坏直接侵权和生态破坏间接侵权应适用的归责原则进行研究，并在此基础上逐个分析生态破坏直接侵权和生态破坏间接侵权的各项责任构成要件，最后提出关于生态破坏侵权责任的立法建议。

第一节　生态破坏侵权责任的归责原则

有学者提出：我国关于自然资源破坏的侵权责任采过错责

---

[1] ［美］约翰·罗尔斯：《正义论》，谢延光译，上海译文出版社1991年版，第4页。

任原则，对因地面沉降、生态破坏等而遭受损害者的保护显然不利。环境污染与生态破坏作为环境问题的两个方面，往往是相互影响、具有“复合效应”的，生态破坏所致侵权现象也应实行无过失责任原则。[1]也有学者认为：违反环境保护义务的行为是环境侵权行为，而环境侵权属特殊侵权行为，其构成要件与归责原则都不同于普通侵权。因此，应适用特殊侵权行为的构成要件及无过错责任原则（或过错推定责任原则）的要求。[2]有必要提出的是，这两位学者所提出的自然资源破坏侵权责任或生态型侵权责任与本书所论述的生态破坏侵权责任在内涵和外延上有交叉部分，但并不完全一致。尽管如此，要主张对生态型侵权适用无过错责任归责原则，不可简单断定因为其属于环境侵权所以应适用特殊的无过错责任原则，这显然缺乏论证的严密性，应当从侵权的性质、特征等方面出发充分论证生态型侵权适用无过错责任归责原则的合理性。笔者认为，对生态破坏侵权的归责原则不可一概而论，仍然需要沿用前文对生态破坏侵权责任作出的类型划分，区分生态破坏直接侵权责任和生态破坏间接侵权责任，对二者的归责原则分别予以分析。

一、生态破坏直接侵权责任的归责原则

生态破坏直接侵权与一般侵权类似，都是行为直接导致损害（或损害之虞）。我国现有立法中所规定的因生态破坏而产生的民事责任大多是生态破坏直接侵权的情形；并且大多采用

---

[1] 王明远：“中国环境侵权救济法律制度的现状及其完善”，载《环境导报》2000 年第 3 期，第 9 页。

[2] 吕忠梅：“司法中的生态安全考量——兼论生态安全立法存在的问题”，载《环境保护》2006 年第 28 期，第 21 页。

了过错责任的归责原则，要求违法进行生态破坏行为的侵权行为人对自然资源的所有权或使用权人承担民事责任。这些条文中所规定的侵权责任承担方式均比较粗陋，未能与《侵权责任法》很好地衔接；甚至有许多还采用了行政责任的形式，以行政机关责令生态破坏行为人承担某种责任的方式来规定本应属于侵权责任的内容。为了形成统一的责任体系，有必要在未来立法修改的过程中对生态破坏侵权的责任承担方式予以明确，使之与《侵权责任法》进行对接。前文已经论及，生态破坏直接侵权的侵害客体只能是他人的财产权益而不包含人身权益。因此，赔礼道歉、消除影响、恢复名誉等责任形式在此没有适用空间。可以适用于生态破坏直接侵权的责任承担方式包括停止侵害、排除妨碍、消除危险、恢复原状、赔偿损失等。

就恢复原状和赔偿损失来说，这二者都是传统侵权法中损害赔偿责任的具体形式。人类社会早期在同态复仇观念引领下针对侵害行为实行的是结果责任。但随着罗马法复兴和法典化运动的兴起，过错责任原则逐渐完成了法制化的进程。1804年《法国民法典》在近代法上首次正式确立了过错责任原则。之后，《德国民法典》的立法者也力排众议，在最终出台的民法典中仍然采取了纯粹的过错责任原则。英国于14世纪开始在“trespass on the case”（依个案认定的侵权行为）中引入过错要件，在1852年废除令状制度及创设过失侵权行为（negligence）后使过错责任原则得以最终确立。1922年《苏俄民法典》也规定了过错责任原则。由此可见，无论是大陆法系国家还是英美法系国家，乃至社会主义国家，在近现代民事立法中大多采纳了过错责任原则。[1]过错责任成为一般侵权责任的归责原则，这是保障人们意思自治、行为自由的重要措施。当侵权人出于过错而作出的侵权行为给他人造成损害结果时，在能够恢复到侵害之前状态的情况下，须承担恢复原状的责任；如果恢复原状不具有可能性，则需要以金钱弥补等其他方式来作出赔偿。对于传统的损害赔偿责任来说，无过错即无责任。否则，如果强令主观上没有过错的行为人对他人的损害进行赔偿，人的任何行为都可能动辄得咎，会极大地阻吓人们的正常生活和生产行为，进而阻碍经济发展和社会进步。

而就停止侵害、排除妨碍、消除危险等预防性侵权责任来说，其归责原则问题在学术上存在争议。有学者认为，与损害赔偿责任不同，停止侵害、排除妨碍或消除危险等责任方式没有增加侵权行为人的财产负担，而只是消除行为人正在进行的侵害、正在形成的妨碍或危险。从伦理层面来看，这几种责任形式是中性的。也就是说，使侵权行为人承担停止侵害、排除妨碍、消除危险等责任，仅因其侵害、妨碍或危险的存在，而并非由于其主观状态及其行为应当受到道德谴责和法律否定。既然承担这些责任不会增加侵权行为人的财产负担，并且在道德评价上也是中性的，那么就不要求行为人在主观上具有过错。此外，停止侵害、排除妨碍、消除危险等本来应当属于绝对权请求权的范畴；当人身权、物权等绝对权遭遇危险或妨碍时，其自身固有的消极请求权能便自然地要求侵害人停止侵害、排除妨碍或消除危险，而不论侵害人的主观状态如何。[2]

---

[1] 孔祥俊："论侵权行为的归责原则"，载《中国法学》1992 年第 5 期，第 71 页。

[2] 崔建远："论归责原则与侵权责任方式的关系"，载《中国法学》2010 年第 2 期，第 42 页。

按照该学者的观点，停止侵害、排除妨碍、消除危险等责任应当适用无过错责任原则。德国学者迪特尔·施瓦布也曾提出："要求消除妨害的请求权不以妨害人的故意或过失行为为前提，这是正确的。同样，目的在于制止损害反复出现的停止侵害请求权，也不以此种损害有过错为前提。据此，对一项侵权法上的违法行为就将有三重法律后果：(1) 后果排除请求权；(2) 停止侵害请求权；(3) 以有过错（故意或过失）为限，损害赔偿请求权。"❶

而与之相反，有的学者则提出，这几种排除性责任的承担应当比损害赔偿责任适用更加严格的条件。这种观点来源于对日本公害问题相关理论的借鉴。有日本学者认为，由于公害要经过较长一段时间后才会趋于明朗，在其明朗化时，加害人一方已经在人力、物力方面投入甚巨，并产生了一定的利益。于是就产生了如何衡量因承认停止行为请求权而给上述加害人已经形成的利益带来的打击，与因不承认停止行为请求权而使被害人利益的侵害状态继续进行之间的利益比较问题，同时也存在是否应该进行此种利益衡量的问题，以及是否应该考虑金钱损害赔偿与停止行为请求权之间的差异等较为棘手的问题。多数日本学者主张停止行为的要件应该比损害赔偿民事责任的要件更为严格。这是因为，命令经营者停止某项行为，不仅会对该经营者自身个体造成打击，还存在使有益于整个社会的事业活动面临终止的危险。因此，与金钱损害赔偿相比，在考虑停

❶ ［德］迪特尔·施瓦布：《民法导论》，郑冲译，法律出版社 2006 年版，第 268 页。

止行为的场合要求行为人具有更强的违法性。[1]由此可见，在日本学说理论中，停止性侵权责任适用的是过错责任原则，且其中过错的界定较之于损害赔偿责任来说更加严格。

比较这两种截然相反的观点，笔者认为，后者更值得赞同。认为停止侵害、排除妨碍、消除危险等责任应适用无过错责任原则的学者用以论证的理由是：停止侵害、排除妨碍或消除危险等责任方式没有增加侵权行为人的财产负担，且在道德评价上是中性的，不要求加害人有过错。笔者认为，这一理由本身即存在问题，因为尽管停止侵害、排除妨碍或消除危险从字义来看不像损害赔偿那样需要支付赔偿费用，似乎只是停止自己的行为，而无须额外付出，但必须认识到，加害人停止加害行为的同时，也停止了获取可得利益的机会。加害人之所以从事加害行为，并非以“加害于他人”为目的，而是为了获取利益，这种利益在其维持加害行为的情况下是可预期、可得到的。因此，要求其停止该行为，不仅阻断了其获取预期利益的途径，还令其前期投入尽皆化为乌有，这较之于损害赔偿对加害人的打击其实更加严重。从另一方面来说，前文已经提及，生态破坏直接侵权具有违法性，只有违法行为才会构成生态破坏直接侵权行为，才须承担生态破坏直接侵权责任。从加害行为具有违法性这一点就可以推断出加害人是存在过错的，因此也就不存在适用无过错责任原则的空间了。

总体来看，生态破坏直接侵权行为侵害的对象是他人的财产权益，与一般的侵害他人财产权益的侵权行为并没有太大差异，此种侵权行为也不存在特殊的危险性和复杂性。因此，因

[1] ［日］几代通等著：《侵权行为法》，有斐阁1995年版，第317~318页。转引自马俊驹、罗丽：“日本环境侵权民事责任研究”，载《现代法学》第25卷第1期，第156页。

这种侵权行为而承担责任的话，完全可以比照一般侵权责任，以过错责任作为其归责原则。

由此，需要特别注意的是，在讨论环境侵权责任的归责原则时要有区分意识，不可混为一谈。不能在提及环境侵权责任时忽视环境污染侵权行为与生态破坏侵权行为的区别，一概认为应当适用无过错责任原则。要意识到生态破坏直接侵权应适用过错责任原则。

二、生态破坏间接侵权责任的归责原则

较之于生态破坏直接侵权来说，生态破坏间接侵权显然要复杂得多。后者并没有直接对他人的民事权益造成损害，而只是单纯地作用于生态环境；但生态环境的恶化与其他因素（如气候、地质特征等）相结合之后，对他人人身、财产权益造成损害。此时，生态环境作为中间介质，起到了承接生态破坏行为与他人人身、财产权益受损结果的桥梁作用。很明显，这种侵权行为与我国现行法律规定的环境污染侵权行为的发生过程非常相似，污染者也是对环境造成污染，进而以环境为中介，导致他人的人身、财产受损。

众所周知，环境污染侵权行为的归责原则是无过错责任原则，只要“因污染环境造成损害的，污染者应当承担侵权责任”[1]，而不论污染者主观状态如何。对环境污染侵权行为适用无过错责任原则的理论基础主要有以下几种观点：一是“危险说”。该说认为，企业在生产过程中为了创造更多的利益而制造了可能发生环境污染损害的危险，因此须承担因危险导致损害而产生的责任。二是“利益说”。该说依据民法的公

[1] 《侵权责任法》第65条。

平正义精神认为，企业因生产而获得利益，因此就应当赔偿在其获取利益的过程中对他人合法权益所造成的损失。三是“公平说”。该说指出，如果在环境侵权中适用过错责任原则，将不利于保护受害人的利益和维护社会稳定。在社会利益高于私人利益的当今社会，环境污染事故发生时，应当根据公共利益来权衡冲突双方的私人利益，依照公平原则去分散风险、分配损失。四是“遏制说”。该说认为，让事故原因的控制者承担责任，可以刺激管理者采取合理的措施，在生产过程中尽其应尽的注意义务，以防止环境污染事故的发生。五是“风险费分担说”。该说认为，污染事故发生时，与受害人相比，污染者处于更加有利的社会地位，令污染者承担损失可以利用其运营过程将该损失计入其经营成本，进而转嫁给社会。[1]

这些不同的学说从各个角度来解释环境污染侵权行为适用无过错责任原则的理论依据。对上述学说进行总结，环境污染侵权适用无过错责任原则的合理性主要包括：首先，谁获得利益谁就应当承担风险、赔偿损失。由于科技水平的限制，企业在工业生产中往往造成环境污染。基于无过错责任原则，企业须就其获利行为承担风险和责任。其次，实行无过错责任原则有利于促使污染者切实履行环境保护义务，积极采取措施防治污染，从而实现经济效益、社会效益和环境效益的统一。再次，由于现代工业生产的多样化，污染过程错综复杂，环境污染涉及复杂的科学技术问题，实行无过错责任原则有利于减轻污染受害者的举证责任。又次，污染事故越来越频繁地发生，环境安全越来越受到严重威胁，采用无过错责任原则更有利于

[1] 宋宗宇：《环境侵权民事责任研究》，重庆大学出版社2005年版，第89～90页。

加快认定污染者的侵权责任，迅速处理已经发生的污染事件，使环境免于进一步恶化。[1]最后，采用无过错责任原则还体现了法律扶弱抑强的人文关怀精神。毕竟较之于经济实力强大的污染者，污染受害者更需要被照顾、被关怀；在双方都没有过错的情况下，让经济实力强大的污染者承受损失比让无辜的污染受害者承受损失更加符合法律公平正义的要求。

此外，笔者认为在环境污染侵权中适用无过错责任原则的根本原因在于很多污染环境并进而造成他人人身、财产损害的排污企业在排放污染物时，这种排污行为只是其经济活动的附带品，排污者对于造成他人人身和财产损害的后果没有任何过错。此时如果对加害人追究过错责任，则无疑会使污染受害者得不到任何救济。判断加害人是否存在主观过错，应当依据该加害人在实施侵害行为时对最终损害后果的发生是否具有故意或者过失的主观状态。在过错责任原则之下，如果加害人从事加害行为的目的就是要对受害者进行侵害，或者明知或应当知道可能发生侵害后果而予以放任或忽视，则说明加害人对损害结果的发生在主观上具有过错；如果加害人从事加害行为的主观目的并非加害于他人，亦非明知或应当知道可能发生侵害后果而予以放任或忽视的情形，则加害人虽然造成了事实上的损害，仍不能认定其对损害结果的发生具有主观上的过错，不能追究加害人的过错责任。

显然，绝大多数环境污染侵权行为都属于后一种情形。排污企业的建立，其根本目的在于创造财富、赚取利润，包括建设、生产、经营和排放污染物在内的一系列企业行为无不是以

---

[1] 王利明主编：《中华人民共和国侵权责任法释义》，中国法制出版社2010年版，第308页。

此为核心而展开。企业要生产就必须有污染物的排放，就好比人要成长就必须进行新陈代谢一样，是一种基本规律。因而企业排放废弃物并不是单纯地为了排放，更不是为了加害于他人，而是要维系企业的生产运作，满足企业赚取经济利润的原始目的。从主观状态来看，企业排放污染物如同生产产品一样，其目的是创造财富、赚取利润，而不是要加害于人。企业排污导致他人人身、财产损害时，绝大多数排污企业在主观上对这种损害结果并不具有故意或过失的心态，在过错责任原则下当然就无法追究这些企业的侵权责任。

尤其是现在根据我国环境保护法律、法规的规定，国家环境保护行政主管部门对排污企业实施普遍的预防和过程性管理措施，要求排污企业在建设之前履行环境影响评价程序，并按照污染防治"三同时"的管理要求，同时设计、同时施工并同时投产使用污染防治设施；在建设项目竣工验收和企业生产过程中，环保部门还经常性地对企业排放的污染物质进行监测，以确保其污染物排放符合国家规定的污染物排放标准的要求；对于排放水污染物和一些排放大气污染物的企业，国家还实施了排污许可证制度，企业须在获得排污许可证的前提下，按照排污许可证规定的要求排放污染物……上述一系列较为严密的预防和过程性管理措施使企业有理由相信其只要办理了相关环保手续并按照污染物排放标准和排污许可证的规定排放污染物，就不会造成污染，至少其污染是能够控制在合理范围内的，当然也就不会导致他人人身和财产损害。因而对不存在环保违法行为的企业来讲，其更加不具备过失的主观状态。但如前文所述，我国目前的环境管理与生态承载力严重背离，环境管理的盲目性较大，致使很多合法排污的企业仍然可能造成环境污染并侵害他人人身和财产权益。此时如果以过错责任为归责原则，则势必会导致污染受害者的人身、财产权益无法得到法律的救济。有鉴于此，包括我国在内的很多国家都在其环境保护法律中以特别法的形式对环境污染侵权责任规定了无过错责任的归责原则。

那么，与污染侵权行为侵害民事权益途径非常类似的生态破坏间接侵权，是否可以类比污染侵权行为，也适用无过错责任原则呢？这就需要分析对生态破坏间接侵权行为适用无过错责任原则的合理性。

首先，谁获利谁承担风险和责任，是民法中利益与风险并存精神的体现。生态破坏行为人从事生态破坏行为一般都是为了谋取利益。尤其是当其生态破坏行为已经严重到足以间接引发侵权问题的程度时，生态破坏行为人从其生态破坏行为中所获取的利益必然不会太少。那么在由其行为引发的危害后果发生时，由获取较大乃至巨额利益的行为人来承担责任较之于让受害人承担不利后果更加公平合理。

其次，生态破坏间接侵权行为产生损害结果的机理与环境污染侵权行为非常类似，侵权人的行为往往是依法进行的。以取得采伐许可证后从事的采伐行为为例，这与取得排污许可证后从事的排污行为类似，虽然是在许可证允许的范围内从事活动，但仍有可能造成生态破坏，并进而损害他人民事权益，造成侵权后果。也就是说，生态破坏行为人在实施生态破坏行为时，对其行为可能产生的损害他人人身和财产权益这一后果缺乏主观上的过错。这与我国有关行政部门发放许可证存在不科学因素有关，行政部门发放的许可证难以将被许可方的行为有效控制在生态承载力所能接受的范围内。这里存在知识掌握和技术水平受限制、权利寻租等多种制度外因素的作用，这种现象在短期内难以得到改变，尽管生态破坏行为人的开发利用行为合法却仍会造成环境恶化的情形仍将长期存在。在这种背景下，无过错责任原则可以有效督促行为人尽更多注意去缩减自己行为对环境的不利影响，因为一旦其行为在无意间超出了环境承载力，那么将来环境恶化引致的他人民事权益损害还将要追究到该行为人，由其承担侵权责任。

最后，生态破坏者的行为会造成他人人身、财产受损，其生态破坏行为足以构成生态破坏侵权行为，如兴建水利工程导致河流流域生态破坏进而影响流域农民农业生产，或者大肆砍伐树木导致山体滑坡、泥石流灾害进而损害他人人身、财产安全的，一般来说这些主体都不是势单力薄的个人，而是财力雄厚的大企业。这些企业与受害者之间经济实力悬殊，因此，在双方都没有过错的情况下，让这些大企业承担损害风险较之于让无辜的受害人承担风险更加符合社会正义和关怀弱者的精神。

周珂教授也认为："无过错责任原则之所以成为环境侵权领域各国所普遍采用的归责原则，其理由一方面是由于环境侵权自身的特点决定了在环境侵权损害赔偿的诉讼中要证明加害人的主观过错不仅是很困难的，而且往往对于受害人来讲是不经济的；另一方面侵权行为法自身功能的转化使得填补损害、分散损失成为其第一要务，又要求必须对受害人的损失进行填补，因此只有抛弃过错责任原则，才能走出这样的两难困境。"❶

综上所述，让生态破坏间接侵权行为人承担无过错责任既符合法律精神，又彰显道德正义，能够切合环境侵权的特殊性

❶ 周珂、杨子蛟："论环境侵权损害填补综合协调机制"，载《法学评论》2003 年第 6 期，第 113 页。

质。此外，对生态破坏间接侵权责任采用无过错责任原则，还有着非常重要的实践意义。

前文已述，生态破坏间接侵权行为的行为人在进行该破坏行为时，只是单纯地对生态环境造成损害，而对于其后发生的连锁反应则往往无法预计。仍以砍伐林木为例，砍伐人在砍伐时，一般只能预见到自己的砍伐行为会造成他人树木减少、财产减损，更深远的大约也能知道自己砍伐树木的行为是不利于生态环境的。但如果要求其预见到自己砍伐树木的行为会导致将来某一天此地发生泥石流灾害并进而损害他人人身、财产安全，则未免过苛，当损害结果发生时要求受害人证明砍伐者存在主观过错更是近乎不可能。再退一步来看，如果砍伐林木的人在砍伐前已经取得采伐许可证，并且严格按照许可证规定的限度范围进行采伐，但日积月累的采伐仍然导致森林退化、水土流失，则在这种情况下就更难说砍伐人对未来发生泥石流并导致他人人身、财产受损的结果存在主观过错。由于行为人的主观状态往往难以从主观层面予以确定，因此在认定行为人是否存在过错时行为的合法性就往往被作为客观层面的判断标尺（尽管合法与无过错之间并不能画等号）。应当说，生态破坏间接侵权行为的行为人对于最终造成的民事权益损害在许多情况下并不存在主观过错，尤其是行为人在获得了国家的自然资源开发利用许可证的前提下按照许可证的规定实施自然资源开发利用行为时，更加难以探寻其主观的过错因素。

在此前提下，研究生态破坏间接侵权行为的归责原则就十分必要，因为不同的归责原则将导致迥异的责任承担结果。如果采用一般的过错责任原则，那么由于生态破坏行为人在许多情况下对于他人民事权益的损害没有主观过错，就无须承担侵权责任。但如果采用无过错责任原则，则生态破坏间接侵权行为人不得以自己没有过错为由主张免责，只要其破坏行为与最终民事权益损害之间存在因果关系，即须承担侵权责任。权衡这两种情形并结合现今生态破坏问题的严重性，应当说，更为重要的是保护受害人的权益、消除危害、保护生态环境，而不是追究破坏行为人是否具有过失。[1]

除此之外，还有一点非常重要——可以将民事责任引入此种类型生态破坏行为的责任范畴。从现有立法来看，我国对于生态破坏间接侵权行为的民事责任规定非常少，即便有规定也是非常粗浅简单的条文。因此，在发生生态破坏行为导致民事权益受到损害时，受害人往往难以（或者不知道可以）请求加害人承担侵权责任，一般会由行政机关追究生态破坏行为人的行政责任，情形严重时由司法机关追究其刑事责任。然而，前文已经提及，行政责任和刑事责任无法有效救济受害人受到侵害的权益，在民事领域先天不足。但这个问题却长期遭到忽视。例如，泥石流事件发生后，并没有人考虑过让以前在此地山上滥采滥伐者对受灾人民承担损害赔偿责任，而只是单纯地依靠国家财政资金和社会募捐资金来进行救灾。而我国社会救助资金匮乏是长期以来有目共睹的社会痼疾，国家财政拨付的救灾资金和社会捐款对于惨重的损失和庞大的灾后重建需求来说常常是杯水车薪。如果能够从生态破坏侵权行为的民事责任角度着眼，确认生态破坏间接侵权行为的无过错责任归责原则，则可以支持因生态破坏侵权行为致害的受害人向加害人要求赔偿，这就有助于开辟一条新的救济渠道。

可见，令生态破坏间接侵权行为人承担无过错责任，既具

[1] 吕忠梅主编：《环境法案例辨析》，高等教育出版社 2006 年版，第 136 页。

有其理论架构上的合理性，也具有重要的制度价值和实践意义。

第二节　生态破坏侵权责任的构成要件

一、生态破坏直接侵权责任的构成要件

由于生态破坏直接侵权与一般财产侵权区别不大，因此其责任要件的构成及认定都与一般侵权责任非常类似，在此仅作简单介绍。

（一）加害行为

加害行为是侵害他人权益造成损害结果的行为，这种行为可能是作为，也可能是不作为（当不作为人负有法定作为义务而不履行该义务时）。

唯须注意的是，有学者特别强调了“由侵权行为而产生的赔偿损失的请求权的第一个前提……就是要有一个（《德国民法典》）第823条中所称的那种行为”。这是一种由意识所控制的、由意愿所引导的、可以掌握的人的行动……所以，被强制而作出的身体的动作或者因外力影响而产生的不自觉的反应并不是这里所称的“行为”。[1]这种观点令加害行为与“过错”更加紧密地结合起来。因为当行为人的行为并非由其自己的意识所控制，并非由其意愿所引导或者自己无法掌握该行为时，该行为对于其本人来说可以理解为独立于其意志的“事件”；显然该行为人对于行为所引发的结果也难谓存在主

[1] ［德］马克西米利安·福克斯：《侵权行为法》，齐晓琨译，法律出版社2006年版，第79页。

观上的倾向性，“过错”难以成立，这种没有过错的行为自然也不能成为侵权责任的构成要件。当然，并非所有基于自己意识控制的行为就一定是有过错的，它只是表明行为人所从事的行为是自己确实知晓并且有意愿去进行的；至于行为人的意愿是否合理正当，则对于加害行为的成立并无影响。可能行为人有意进行一项具有社会正当性的活动，其进行该活动的时候遵守了一切应当遵守的法律，也尽了合理的注意义务使自己的行为不影响他人，但由于非常偶然性的意外因素的介入，此人的行为最终还是侵害了他人的权益，那么，这种不存在主观过错的行为仍然会成为加害行为。这也是将加害行为与过错分列为两项独立的侵权责任构成要件的意义所在。

具体到生态破坏直接侵权责任，这里的加害行为仅限于生态破坏行为，即不合理地开发、利用环境，如盲目地开垦荒地、荒滩，围湖、围海造田，滥伐森林，过度放牧，过度用水，掠夺性捕捞，乱采、乱挖、乱猎，不恰当地兴建工程项目，不合理地灌溉等。[1]并且这种生态破坏行为同时也侵害了他人的财产权益。只要对生态环境造成损害并同时侵害了他人的财产权益，即属此处所说的加害行为范畴。

（二）损害或损害之虞

何谓损害？大多数国家的法律中并没有对其进行明确界定，即使是对损害给出了定义的《奥地利民法典》第 1293 条也只是规定其为“一个人在其财产、权利和人身上遭受的一切不利”。此定义显然含糊不清。[2]从《德国民法典》和我国台湾地区“民法”的条文中可以看出，损害系侵害他人权利或

[1] 王灿发：《环境法学教程》，中国政法大学出版社 1997 年版，第 8 页。

[2] ［德］克里斯蒂安·冯·巴尔：《欧洲比较侵权行为法》（下卷），焦美华译，法律出版社 2001 年版，第 5 页。

受其他法律保护的利益，导致他人遭受人身或财产上的不利影响。损害应当具有客观真实性和可确定性。根据不同的标准，可以对损害进行不同的分类。以侵害的标的为标准，可以分为财产性损害和非财产性损害。前者是指可以用货币单位来计量物质利益的损失；而后者则是侵犯身体、生命、人格、身份等所引起的非物质利益损害，包括精神损害。以财产损害的现实性程度为标准，可以分为直接损害和间接损害。前者是指既得利益的丧失，即现实财产的减损；而后者则是可得利益的丧失，即未来利益的减损，或者说是受害人本来可以获得的利益但因侵权行为而无法获得。

由于我国《侵权责任法》中明确了停止侵害、排除妨碍、消除危险等责任，所以即便损害尚未确实发生，只要有产生损害之虞，受害人即可请求加害人承担侵权责任。由此，生态破坏直接侵权责任的承担不以现实已经发生的损害作为必要条件，有损害之虞亦可。但这要分不同的责任形式来看，损害赔偿责任（包括恢复原状和赔偿损失）的承担应当以现实的损害结果为要件，而停止侵害、排除妨碍、消除危险等责任形式则针对的是损害危险而非实际损害。

生态破坏直接侵权所造成的损害或损害之虞所指向的仅仅是财产权益，而不包括人身权益或单纯的生态利益的损害。前者不能成为生态破坏直接侵权的客体，是由生态破坏直接侵权的内涵和性质所决定的；后者不能成为生态破坏直接侵权的客体，则是由于单纯的生态利益不属于侵权法救济权益的范畴。

（三）因果关系

因果关系是判断可归责性的重要标准。损害结果（或损害之虞）系由加害行为所引起，才令加害人承担责任具有价值判断上的正当性，自不待言。

我国台湾地区民法学者将因果关系分为责任成立因果关系和责任范围因果关系，前者是指加害行为与被侵害之法益之间的因果关系，后者则是指被侵害之法益与损害之间的因果关系。❶其中责任范围因果关系是要最终确定损害赔偿的具体范围，而不是判断侵权责任是否成立的依据，因此责任成立因果关系才是侵权责任构成要件。对于责任成立因果关系的判断，我国台湾地区通常采相当因果关系说。该学说是指加害行为在一般情形下，依社会之通念，皆能发生该等损害结果之连锁关系，则存在相当因果关系。❷

我国大陆地区民法理论中对因果关系也采“两分法”，但与上述台湾学说不尽一致。大陆学者认为，按照“两分法”，首先应确定被告的行为（或者依法由其负责的事件）是否在事实上属于造成损害发生的原因——事实上的因果关系；然后，应确定已构成事实上原因的行为是否在法律上成为应对该损害负责的原因——法律上的因果关系。❸事实上因果关系的判断应属于法律之外的知识判断问题，人们可以通过运用生活常识、科学技术等各种手段来认定加害行为是否从事实上导致了损害结果发生；法律上因果关系的认定则属于立法者的价值判断问题，它决定的是在加害行为与损害结果之间的确存在事实因果关系的前提下，由法律来规定何种加害行为的行为人需要承担侵权责任。针对这个问题，也有若干种学说。有认为一

❶ 姚志明：《侵权行为法》，元照出版公司2005年版，第32页。

❷ 同上书，第33页。

❸ 王卫国主编：《民法》，中国政法大学出版社2007年版，第610～611页。

切事实因果关系都具有法律因果关系效力的“相当说”[1]。有主张加害人仅对由其行为或按规定应由其负责的事件所生的一切直接结果承担责任的“直接结果说”[2]。有认为行为人对其引入社会的危险须承担责任的“危险说”[3]。有主张加害人必须对以其不法行为为充分原因的损害支付赔偿，但是对超出这一范围的损害不予负责的“充分原因说”[4]。还有认为对一个构成事实上原因的行为，如果损害结果是在行为人能够预见的范围内则该行为便构成法律上的原因的“预见力说”。这里预见的范围并没有一个十分明确的标准。[5]笔者认为，是否预见、是否应当预见归根结底应当是判断行为人是否存在过错、是否可以归责的依据，而不应当作为因果关系的判断标准。即使当事人没有预见也无法预见自己的行为会产生某个结果，也不能因此否定其行为与损害后果之间客观存在的因果关系。这种法律上的因果关系实际上将因果关系扩大到超越其原本意义之外的另一个层面，令其延伸到确定因果关系之后的归责阶段，有

---

[1] 显然不可能想当然认为所有事实上的因果关系都同时具有法律上的因果关系，有些加害行为与损害后果之间存在事实上因果关系系由极其偶然的原因导致的，按照理性第三人的标准，难以预见该行为会存在导致结果的可能性，这种情况下大多数法律都不会要求行为人承担侵权责任。

[2] 这种学说在环境案件中显然难以适用，如果适用直接结果说来判断法律上的因果关系，那么在绝大多数的环境侵权案件中，将会认定侵权行为与损害结果之间不具备因果关系。

[3] “危险说”针对的仅仅是一些具有特殊危险性的行为，它是针对特殊问题作出更为严格规范的政策性立法，而难以适用于所有侵权行为。

[4] 有人提出只有客观地造成或增加了损害发生之危险的条件，才构成充分原因。这种学说不仅仅是关于认定因果关系的技术思想，也是法律政策的实现手段。对“充分原因”认定的严格或宽松，体现出侵权法对加害人的仁慈或严厉。王卫国主编：《民法》，中国政法大学出版社2007年版，第614页。

[5] 王卫国主编：《民法》，中国政法大学出版社2007年版，第612~614页。

超出该概念正常负荷之嫌。举例以言之，在前述范塔拉腾诉鑫光公司案中，鑫光公司在未经范塔拉腾同意的情况下在其承包的草场上采掘矿产资源，采掘行为与草场破坏之间存在显而易见的因果关系，即可确定此项侵权责任是成立的。至于鑫光公司是否取得国土资源主管部门颁发的采矿许可证，是否需要就其采矿行为承担侵权责任，并不影响因果关系的成立。

生态破坏直接侵权行为直接导致他人财产权益受到损害或有损害之虞，如滥采滥伐他人林木对林木所有权人的所有权造成侵害，非法开采矿产资源对国家的矿产资源所有权构成侵害等。行为与损害结果之间的因果关系较为明显，与一般的侵害财产权益的侵权行为区别不大，比较容易判断。

（四）过错

通过前文关于生态破坏直接侵权责任归责原则的分析，笔者已经确定生态破坏直接侵权责任适用的是过错责任原则。在过错责任原则下，过错作为侵权责任的构成要件当然是毋庸置疑的。德国著名法学家鲁道夫·冯·耶林发表过这样的著名论断："不是损害而是过错造成了责任。简而言之，就像化学家断言的那样，燃烧的不是光亮而是空气所含的氧气。"[1]过错对于侵权责任的成立所具有的重要性可见一斑。哈耶克也曾指出："既然我们是为了影响个人的行动而对其课以责任，那么这种责任就应当仅指涉两种情况：一是他预见对其课以责任对其行动的影响，从人的智能上讲是可能的；二是我们可以合理

[1] Rudolf. v. Jhering, Schuldmoment im romischen Privatrecht. 转引自［德］克雷斯蒂安·冯·巴尔：《欧洲比较侵权行为法》（上卷），张新宝译，法律出版社2001年版，第143页。

地希望他在日常生活中会把这些影响纳入其考虑的范围。”[1]反之，如果某个人不可能预见其行动的影响，那么在其行动发生不利影响时对其课以责任即失去了意义：即便此时令其承担责任，以后其仍然会有此类行动，因为他无法预见自己的行动会产生怎样的后果。并且，在一个人无法预见其行动后果的情况下令其承担责任，对于这个人来说也有失公平。

过错分为故意与过失，故意指的是加害人预见到损害后果的发生并希望或放任该结果的发生的心理状态。过失表现为加害人因疏忽或轻信而未达到应有的注意程度的一种不正常或不良的心理状态。[2]在刑法中，区分故意和过失会直接影响定罪量刑，意义重大。而在确定行为人是否应当承担侵权责任时，无论其主观状态是故意还是过失，都须承担侵权责任，因此，在侵权责任构成要件这一领域区分故意和过失似乎并没有太大意义。正如王泽鉴先生所言：“刑事责任之目的系制裁反社会性的行为，旨在防止将来犯罪行为的发生；重视主观情事，以处罚故意为原则，过失为例外……科刑之际，应审酌一切情事，尤其是犯罪之动机、目的、犯罪所受的刺激、犯罪之手段、犯人之生活状况、品行……反之，侵权行为的民事责任则以填补损害为主要目的，原则上不分故意和过失，有时甚至不以故意或过失为要件；决定损害补偿数额时，对于加害人的主观情事，原则上不加审酌。”[3]

在生态破坏直接侵权的情形下，判断加害人是否具有过错

---

❶ ［英］弗里德利希·冯·哈耶克：《自由秩序原理》，邓正来译，生活·读书·新知三联书店1997年版，第99页。

❷ 张新宝：《侵权责任法》，中国人民大学出版社2006年版，第44～46页。

❸ 王泽鉴：《侵权行为法》（第一册），中国政法大学出版社2001年版，第60页。

往往要通过其客观行为来判断，如是否应当预见到自己的行为会损害他人财产权益而没有预见到，其行为是否存在违法性等。

（五）违法性

过错作为可归责的事由，在于其本质上的不正当性或不良性，行为人的过错往往通过一定行为反映出来。可以说，过错标准的客观化和典型化已经成为共识，但仍然存在较大分歧的问题在于：在注意义务这一范畴内，是否应对所谓外在的注意和内心的注意这两种因素加以区别，以及是否只有在这二者都存在的状况下才可以肯定过错的存在。外在的注意指的是适当的行为，不适当的行为即违反了注意义务；而内心的注意是指对注意的要求的主观认知和避免违反这种要求的主观意识。在学术论著中，越来越多的意见认为可以放弃考虑内心注意这一要素。德国联邦最高普通法院却一直将外在注意与内心注意的区别作为其判决的一个基础，但区别二者的实践意义微乎其微，因为审判实践和学术观点都认为，违反外在注意的要求即折射出没有尽到内心的注意义务。[1]探求行为人的内心真意实属困难，通过判断是否违反外在注意的要求，可以推定其内心状态。在司法实践中，对加害人是否存在主观过错往往是通过其客观是否违法来判定的。

如前文所述，生态破坏直接侵权具有违法性，如果是合法开发、利用自然资源的行为，则行为人必然已经取得开发、利用该自然资源的正当权利和许可，就不会侵害该自然资源之上其他权利人依法受保护的财产权益，也就不可能构成生态破坏

---

[1] ［德］马克西米利安·福克斯：《侵权行为法》，齐晓琨译，法律出版社2006年版，第92页。

直接侵权。至于行政主管部门在某个权利人享有排他性权利的自然资源之上又赋予了其他人使用该资源的权利，导致权利发生冲突的现象，应当属于行政行为存在过错，受害人得以要求该行政主管部门撤销错误的行政行为，并对自己所受损失作出赔偿，这并非侵权责任领域内的问题。

必须提及的是，尽管违法能从客观上体现出加害人存在主观过错，但二者并非等价，有过错不一定构成违法。因此，违法和过错应当并列作为两项独立的生态破坏直接侵权责任的构成要件。

二、生态破坏间接侵权责任的构成要件

生态破坏间接侵权与一般侵权相比，存在许多特殊之处。因此，有必要对其构成要件进行详细探究。

（一）加害行为

1. 加害行为的性质

在生态破坏间接侵权中，加害行为首先是一种生态破坏行为，其次是一种侵权行为。与单纯的生态破坏行为或者一般的侵权行为相比，这种类型的加害行为具有其特殊性质。

（1）隐蔽性。大多数构成生态破坏间接侵权的加害行为，在行为发生时披着“合法”或“正当性”的外衣，否则如果行为发生之时已经违法或显然不正当，则该行为可能尚未积聚到足以引发间接侵权的规模或程度即已经被其他法律手段（可能是行政处罚或刑事制裁，也可能是生态破坏直接侵权责任的追究）所阻止。而正是因为此类加害行为具有“合法”或“正当”的外表，如采伐林木者取得了采伐许可证、采矿者取得了采矿许可证等，其才得以持续进行。而从人类社会发展的需要来看，这些行为也确属必要，不可能为了生态环境保

护而放弃一切环境资源的开发利用行为，否则人类只能止步不前，甚至退回到刀耕火种的古老时代。即便是在人类普遍认识到环境问题的严峻性的今天，我们提出要进行可持续发展，也是以“发展”作为核心词。因此，停止开发利用环境资源显然是行不通的。为了将环境资源的开发利用行为控制在一定限度内，国家运用行政许可、环境标准、行政处罚等行政法手段来进行规制。在许可范围内、符合环境标准的开发利用行为即被视为合法行为，无须受到行政处罚。但这些许可的授予、标准的制定只是行政部门根据当下的科学技术水平作出的判断，争取将环境资源的开发利用行为控制在不至于发生严重后果的范围内。且不说科学技术水平受到人类认知能力的限制，即便是仅仅看预防发生的“严重后果”，大概也只是限于短期内的考量，更何况还存在不同地方的行政部门大多只考虑自己管辖区域会不会出现“严重后果”，而缺乏统筹大局的观念意识。举例以言之，某森林跨 A、B、C 三个地区，A 地区林业部门认为采伐1 000棵树无大碍，不会造成严重后果，批准了某企业1 000棵树的采伐许可申请；B 地区和 C 地区也抱着同样的想法，分别批准当地企业也都采伐1 000棵树。也许3 000棵树被采伐后，该森林的固土能力骤然降低，遇天降暴雨就很可能引发泥石流灾害。但此时 A、B、C 地区的企业都可以主张自己是取得采伐许可证之后在许可范围内进行的采伐行为，具有合法性。

此外，从环境科学的角度来看，普通人往往难以认清生态破坏间接侵权中加害行为的危害性，即便是一些已知其危害性的生态破坏行为（如滥采滥伐行为导致水土流失），也是人们根据日积月累的经验得以了解其危害性，除了这些已经为公众熟知其危害性的行为之外，其他环境资源的开发利用行为的危害性也许现在还远超出普通人了解范围之外。例如，阿斯旺大坝动工建设时，埃及政府和水利专家非常看好这一工程；但令他们始料不及的是，大坝完工后，环境负面效应逐渐显露出来，尼罗河水质恶化、下游河床遭到侵蚀、沿河流域土壤肥力下降并出现盐碱化，生态环境的恶化也致使经济利益受到严重损害。一项背负众望的工程最终却被指责弊大于利，这一定不是埃及政府建设大坝时所能预料的结果。

恩格斯早已提醒过世人："人类不要过分陶醉于我们对自然的胜利。对于每一次这样的胜利，自然界都对我们进行了报复。每一次胜利，起初确实取得了我们预期的效果，但是往后和再往后都发生了完全不同的、出乎意料的影响，常常把最初的结果又消除了。"❶目前，我们看到的产生了负面环境影响的人类活动可能还只是冰山一角，但人类常常满足于眼前能够取得的短期利益，而很难或者说不愿意去考虑长久以后对环境的破坏以及由此引发的对他人权益的损害。所以说，生态破坏间接侵权的加害行为在发生时可能是合法的，可能被认为是无害的，故而此类加害行为具有很强的隐蔽性。正因为这种隐蔽性，才致使此类侵权中的因果关系极其复杂。

（2）形式多样性。这是与污染行为相比较而言的。尽管污染可以分为水污染、大气污染、固体废物污染、噪声污染等多种类型，但各类污染归结起来无非是同一种行为——排放，其形式具有单一性。而生态破坏间接侵权中，加害行为则不限于一种类型。虽然许多生态破坏行为表现为向自然界索取自然资源，如采矿、采伐林木等，但还存在众多其他形式的行为，

❶ ［德］恩格斯：《自然辩证法》，王光远译，人民出版社1984年版，第305页。

如建设工程项目给当地环境带来负面影响（阿斯旺大坝即为适例），也有可能是对自然资源的利用超过其负荷限度（如剥削式开垦土地），不一而足。由于形式的复杂多样，对生态破坏间接侵权的加害行为就很难进行类型化分析。

（3）大规模性。生态破坏间接侵权的情形下，其加害行为必须具有较大规模，方能导致生态灾难或是严重的生态破坏后果，并进而间接侵害他人民事权益。如果某人只是砍伐了他人的两棵树木，纵然侵害了林木所有权人的财产权，可能引发生态破坏直接侵权，纵然这两棵树的毁坏也构成环境要素数量上的减少，从树本身来看其环境功能确实消灭了，但对于整体生态环境来说影响甚微，难谓其足以引发泥石流发生。

（4）结合性。有人指出，普通的共同侵权通常至少要求每个行为都分别单独构成一个独立的侵权行为，或者每个行为都具有侵权的危害性。而在环境共同侵权中，各个单一的行为最初可能并不一定具有危害性，不一定构成独立的侵权行为，但这些行为最终在环境因素的影响下演变为环境共同侵权。[1]这种特征在生态破坏间接侵权中表现得尤为明显。在生态破坏直接侵权中，侵权行为人单独的加害行为即可造成他人权益受损。而生态破坏间接侵权中，具有大规模性质的加害行为在绝大多数情况下并非一个单独的行为人所为，而是由许多行为人的生态破坏行为结合在一起，日积月累地对生态环境进行破坏，共同造成最终损害结果。这些行为人相互之间往往根本不认识，更不存在共同故意或共同过失的意思联络，因此称其为数人侵权较之于共同侵权也许更加妥当，毕竟共同侵权概念常

[1] 唐忠辉：《环境共同侵权研究》，中国政法大学2011年博士学位论文，第13页。

常有主观上存在意思联络的含义。但不可否认，这些行为人的生态破坏行为以环境作为联结点，其对生态环境的破坏效果结合起来，最终形成侵权结果。

2. 加害人（被告）的确定

生态破坏导致严重后果的，往往存在数量众多的行为人。例如，砍伐树木导致山体松动最终引发泥石流灾害的，可能在该地区有数以百计的合法或非法砍伐树木的单位或个人；或者过量开采地下水导致地面沉降并存在重大安全隐患，可能引发人身、财产损失的，[1]如果要追究地下水开采者的责任，则可能更是存在成千上万的开采主体。尽管确定加害人或者说确定侵权诉讼被告属于民事诉讼程序上的问题，而并非侵权责任构成要件所要关注的重点，但毕竟加害人是加害行为的实施主体，并且在生态破坏间接侵权中具有其较强的特殊性，也是追究生态破坏间接侵权责任要面临的极大困境之一，故而笔者认为有必要在此提及。

由于生态破坏间接侵权中的加害行为具有前述的隐蔽性、结合性、大规模性等特征，在发生损害后果时往往很难甚至是不可能确定具体的加害人，因为生态破坏间接侵权的损害后果并非在某一个生态破坏行为人从事破坏行为之后立即显露出来，而是多个行为人“前赴后继”长期从事生态破坏行为之后累积形成的后果。那么，在损害后果发生后，究竟应该以谁

[1] 中国网络电视台报道的“地下水超采，华北平原大面积沉降”新闻中指出：20世纪70年代至今，河北沧州的地表面积下降了约2.4米，原先建筑的二楼已经降为一楼。不仅仅是沧州，整个华北平原都发生了明显的地面沉降现象，其中北京、天津和河北最为严重。如果这种趋势仍不能改变，则会严重威胁到南水北调工程和京沪高铁的安全，后果堪忧。参见 http：//news. cntv. cn/china/20111022/104612. shtml，最后浏览时间：2011年10月23日。

作为诉讼被告就成为受害人所需要解决的一道难题。

笔者认为，行政许可制度为此种情况下的受害人解决寻找被告问题提供了机会。由于我国绝大多数自然资源归属国家和集体所有，国家对这些自然资源进行严格管理，因此法人或自然人想要开发利用自然资源，就需要提前取得国家的行政许可，取得许可证之后方可从事相应的自然资源开发利用活动。例如，采伐树木需要取得采伐许可证，开采矿产资源需要取得采矿许可证，取用水资源需要取得取水许可证等。同时，法律中也有一些例外性的豁免规定。[1]在这种制度背景下，当某种自然资源的开发利用超出生态环境的承载限度，以致发生生态破坏并侵害他人民事权益时，受害人可以从颁发许可证的行政机关那里查询取得此类自然资源使用许可的主体名单，并以这些主体作为共同被告。当然，如果取得许可证的人有充分证据证明自己取得许可证之后并未真正从事自然资源的开发利用活动，如某工厂为了满足工业用水需要，向水行政主管部门申请取得地下水取用许可证，但后来改变了取用水方案，改为取用污水处理厂排放的中水的，可以在诉讼过程中举证主张自己不是加害人，无须承担侵权责任。

如果仅仅让取得自然资源使用许可的主体成为侵权诉讼的被告，就会形成令人质疑的怪圈。必然会有人质问：此种制度设计恐有鼓励违法使用自然资源之嫌——既然申请了许可证有将来被起诉的风险，那还不如不要申请许可证，偷采、偷伐岂不是更安全？这显然存在不合理的制度漏洞。因此，对于自然

[1] 例如，《水法》第48条第1款规定："直接从江河、湖泊或者地下取用水资源的单位和个人，应当按照国家取水许可制度和水资源有偿使用制度的规定，向水行政主管部门或者流域管理机构申请领取取水许可证，并缴纳水资源费，取得取水权。但是，家庭生活和零星散养、圈养畜禽饮用等少量取水的除外。"

资源管理机关的行政许可名录之外的其他主体，如果受害人有证据证明其从事过某种自然资源的开发利用活动，并且最终因这种自然资源的开发利用总量不合理而引发生态破坏并导致受害人权益遭受侵害，则受害人同样可以将该主体列入被告行列。至于这里受害人所要负担的证明该被告的行为与自己所受损害之间的因果关系需要达到怎样的程度，后文讨论因果关系的部分将详细分析，此不赘述。

显然，在绝大多数生态破坏间接侵权的案件当中都会存在人数众多的被告，但是相对于规模宏大的生态破坏以及由此引发的严重损害后果来说，被告人数越多，就越能够有效保障受害人的权益得到充分救济。这与污染案件的环境共同侵权类似。例如，在河流污染类案件中，下游的受害人可以将该条河流上游的所有排污企业统统列为被告，各被告之间构成共同侵权行为，任何被告要主张自己免责的话，就必须举证证明自己的排污行为与损害后果并没有因果关系；但凡无法证明者，一律作为共同侵权行为人，连带承担环境侵权责任。

（二）损害或损害之虞

有学者认为，在污染型环境侵权责任中，“环境”对损害而言的意义不大，因为仅有环境污染的事实而无“人”的损害或损害危险无法构成环境侵权，污染型环境侵权责任强调的不是环境的损害而是人的损害。而生态型环境侵权责任所考察的中心是“环境”的损害，只要行为人的行为造成了生态破坏的事实或生态破坏的危险，就构成生态型环境侵权责任，“人”的损害在生态型环境侵权责任中已经变为第二位阶的损害。该学者主张，在生态型环境侵权责任中，只要加害人的行为有造成生态破坏的危险，就可以对其提起环境侵权诉讼，要求其消除这一危险或负担消除这一危险的成本。❶笔者认为此种观点值得商榷。前文有关侵权责任中损害问题的部分已经论述过侵权法所救济的对象范围仅限于民法中“人”的私权益，即人身、财产等权益；而没有特定权利主体的生态利益属于公共利益范畴，对它造成的损害或损害危险进行排除、救济不是侵权法所能够解决的问题。法律体系由众多分支组成，侵权法只是民事立法这一分支中的一个组成部分，它所解决的问题以及用以解决问题的方法都限定于民事领域内；试图用侵权法的手段来保护公共利益，无疑是对侵权法赋予了超出其能力范围之外的过高期望。

因此，笔者认为，我国可以参考美国的司法经验，对个人权益受损的纠纷以侵权诉讼寻求救济，而单纯生态环境的损害（或损害危险）问题则交由公益诉讼来解决。二者之间应泾渭分明，共同构建出公益和私益均能得到有效保护的诉讼体系。

我国环境侵权救济法律制度的完善，必须基于我国的国情及其发展趋势，并吸收借鉴世界各国环境侵权救济法律制度的经验教训，对现有的环境侵权救济法律制度进行调整、修正和补充，关键在于首先通过防止即将发生的环境侵害和除去正在发生的继续性、反复性环境侵害而尽量实现“防患于未然”，其次确保受害人的实际损害得到及时、充分的填补。❷在环境侵权中，侵权法的预防与救济功能不分上下，甚至前者在许多情况下更为重要。因为环境侵权一旦发生，即使加害人向受害人承担了侵权责任，可能仍然无法阻止该行为对生态环境造成严重不利影响，而这种影响有时是不可逆转的。因此，即使损

❶ 吕忠梅主编：《环境法案例辨析》，高等教育出版社2006年版，第99页。

❷ 王明远：“中国环境侵权救济法律制度的现状及其完善”，载《环境导报》2000年第3期，第10页。

害尚未实际发生，只要有损害发生的风险，即应允许潜在受害人要求潜在加害人承担侵权责任，运用民事责任的手段将环境法的风险预防原则予以贯彻实施。

曾世雄先生早已提出："损害赔偿之最高指导原则在于赔偿被害人所受之损害，俾于赔偿之结果，有如损害事故未曾发生者然。"[1]在生态破坏间接侵权发生后，有必要对其引起的各种损害后果周全考虑，以使赔偿后之状态恢复到有如损害事故未曾发生时的原状。

前文已述，根据不同的标准，可以对损害进行不同的分类，如财产性损害和非财产性损害、直接损害和间接损害等。显然，此种情况下的损害较之于生态破坏直接侵权中的损害来说种类更多、范畴更广。

1. 财产性损害

在生态破坏行为给生态造成不利影响的情况下，受损的生态环境可能会不断恶化，以至于最终形成生态灾难，如泥石流、洪涝灾害等。这些灾难的发生总是伴随着大量的财产损失，如房屋被毁坏、农作物减产乃至绝收等。即便是没有发生灾难性的生态问题，也有可能会间接损害他人的财产权。例如，破坏森林公园的森林生态样貌令其游览价值降低，游客因此减少，公园门票收入相应减少，也属于生态破坏间接侵害森林公园经营者财产权的情形。又如，山西许多村庄因地下挖煤而悬空，导致村民的房屋倒塌、生活用品被掩埋，这也是典型的财产性损害。

2. 非财产性损害

非财产性损害是侵犯他人身体、生命、人格、身份等所引

---

[1] 曾世雄：《损害赔偿法原理》，三民书局1996年版，第17页。

起的非物质利益损害，如泥石流等由生态破坏导致的灾害中当地居民受伤、致残乃至死亡，也应当包括精神损害。根据2001年《最高人民法院关于确定民事侵权精神损害赔偿责任若干问题的解释》的规定，自然人因生命权、健康权、身体权遭受非法侵害，或者具有人格象征意义的特定纪念物品因侵权行为而永久性灭失或者毁损的，受害人可以起诉请求赔偿精神损害，人民法院应当依法予以受理。在生态破坏间接侵权中，可能也会产生这些类型的精神损害赔偿责任。再以山西挖煤致村庄废弃为例，若在村舍倒塌时有村民被压死，则其生命权受到损害；如果全家的唯一一张合影被毁损，而已经有家人不在人世，则其他家庭成员也可以主张精神损害赔偿。这些都属于非财产性损害。需要注意的是，该解释第8条规定："因侵权致人精神损害，但未造成严重后果，受害人请求赔偿精神损害的，一般不予支持。"由此可见，法官的自由裁量权在确定精神损害后果是否严重、受害人是否可以获得精神损害赔偿方面起着十分重要的作用。且该解释第10条规定了精神损害赔偿数额的依据因素，法官在确定精神损害赔偿数额时并没有一个明确的标准，而是要按照该条所列的6项因素来酌情考虑。这种模式在目前我国法官的业务水平和道德修养良莠不齐的情况下往往会导致对受害人不公平的现象发生。并且该解释第10条本身也存在制度不合理之嫌，该条所列6项因素中并没有关于受害人实际情况的考量，而受害人方面的情况（如是否为家庭收入的主要承担人等）对于其本人及其亲属的精神损害也是起决定作用的重要因素。

（三）因果关系

生态破坏间接侵权责任中，最为复杂难辨的问题非因果关系莫属。由于掺入了生态环境这一中间介质，生态破坏行为与人身、财产权益的损害结果（或损害之虞）之间并不存在直接联系，因此要准确探寻损害结果（或损害之虞）的原因就存在种种困难。从损害结果（或损害之虞）往前追溯原因时不可能穷尽与其相关的方方面面，而是要判断什么才构成该损害结果（或损害之虞）法律上的原因（近因），只有被确定为近因的行为才需要被追究侵权责任。近因问题解决之后，还要判断由谁来对因果关系承担举证责任，即举证责任的合理分配。此外，还要明确证明标准，即对因果关系的举证要达到怎样的程度方可具有证明力。尽管这些问题并不影响因果关系作为生态破坏间接侵权责任构成要件之一的必然性，但要对这一构成要件进行准确把握就有赖于对上述问题的深入剖析。

1. 近因理论

从其本源意义上来说，因果关系属于事实判断问题，即某个结果是否由某个原因所引起，研究的是行为与结果之间的客观联系。在侵权法领域，因果关系一直以来都是学者热衷于研究的焦点，因为它最能体现出事实和政策交叉结合的复杂关系。在侵权纠纷中，法院在表述“原因”概念时，不仅表达了“发生了什么事”的意思，还包含了“法律应该做什么”的含义。随着单一的原因表达方式难以支持两方面不同需求的趋势越来越明显，法学家们开始区分两个不同的概念：事实因果关系和法律因果关系，[1]后者又被称为“近因”（proximate causation）。近因问题十分复杂、难以名状，一方面，具体案件中的因果关系头绪极其繁多，归纳和整理的难度都很大；另一方面，存在因果关系作为客观事实能否为人类所认知，以及

[1] 这种类型划分是英美法系的划分；与之相对应，大陆法系将因果关系划分为“责任成立的因果关系”和“责任范围的因果关系”。虽然这两种划分的称谓不同，但实质表达的意思基本相同。

这种认知在法律活动中可以达到何种程度的问题，如果人类的认识能力无法完全洞见因果关系的存在，那么几乎不可能下完满的定义。[1]

早在古罗马法时代，即已经有一条重要规则——In jure non remota causa, sed proxima, spectator，意为“在法律中，我们所探寻者为近因，而非远因”。这一规则蕴涵了人类对因果关系相当朴素的认识，即应以近因作为归责的对象，从而起到限制责任范围的作用。从一开始，人类就将因果关系问题与责任问题紧紧地联系在了一起。[2]培根曾在其《法律的箴言》一书中对上述规则进行了引申：“将原因限定于直接原因，据此裁判案件就不需要将原因追究到更远的程度。”培根对“近因”内涵的理解是大而化之的，有学者提出批评意见，指出培根所主张的将时间上和空间上的直接关联性作为检验因果关系的方法是错误的。诚然，这些因素在决定事实问题以证明因果关系方面具有非常重要的参考价值，但是，作为一个法律问题，欠缺这种直接关联性或接近关系并不足以得出被告的行为不是损害原因的结论。[3]《布莱克法律词典》中有对近因的阐释：“近因是被告对原告承担责任的最近原因。它是一种自然的和继续的、未被插因打断的原因。没有这种原因，就不会发生原告受害的结果。这里所指的最近，不必是时间上和空间上的最近，而是一种因果关系上的最近。损害的近因是主因或有

[1] 韩强：《法律因果关系理论研究——以学说史为素材》，北京大学出版社2008年版，第4页。

[2] 同上书，第12~13页。

[3] Jeremiah Smith, “Legal Cause in Actions of Tort”, *Harvard Law Review*. (Vol. 25, 1901), p. 106. 转引自韩强：《法律因果关系理论研究——以学说史为素材》，北京大学出版社2008年版，第15页。

效原因。附加原因、插因虽然在时间上和空间上是最近的，但不是近因。”❶

19世纪末，波罗克（Pollock）和梅特兰（Maitland）在《英国法律史》中突破了培根机械的近因学说，即不仅从原因与结果之间在时间上和空间上的“直接关联性”上寻找归责的依据，而是从原因对结果发生所起的作用角度探求归责的可能性。虽然此种观点有扩大责任范围的弊端，但也能够收到防止应负责者逃避责任的效果。❷

一直对逻辑和分析十分热衷的概念法学派试图对因果关系问题构建一整套完整的、放之四海而皆准的理论、模型或公式，将所有因果关系问题毕其功于一役地加以解决。在普通法系国家，概念法学家们先后提出了必要条件理论、“可能的（或自然的）结果”理论以及实质因素理论，这些理论都以全面解决因果关系问题为己任。但必须看到，因果关系理论普遍具有混淆事实判断与价值判断、事实问题与归责问题的缺陷，对因果关系问题性质的认识存在不足。由于概念法学派的因果关系进路在现实问题面前屡屡碰壁，概念法学家们也认识到单纯依靠构建在逻辑基础上的法律技术难以圆满解决问题，于是又不得不求助于诸如可预见性、过错等政策衡量手段。但是，概念法学家们将这些政策判断因素融入原有的法律技术框架之中，使其成为限制因果关系的工具而非直接限制责任的工具。这样，概念法学影响下的因果关系理论就表现出一个鲜明的特征：法律往往通过限制因果关系的存在限制责任，而不是直接

---

❶ 《布莱克法律词典》，第1103页。转引自李仁玉：《比较侵权行为法》，北京大学出版社1996年版，第81页。

❷ 韩强：《法律因果关系理论研究——以学说史为素材》，北京大学出版社2008年版，第18页。

通过政策考量对责任加以限制。这样做的理由是照顾因果关系作为归责要件的应有地位，而后果却是混淆了事实问题与价值问题在基本属性上的分野。

现实主义法学家们排斥近因概念，认为因果关系应当属于客观事实问题，所谓的“近因”“法律因果关系”其实都与因果关系毫不相干，其本质不过是有关责任归属和责任限制的法律政策。[1]甚至有人直接指出：“近因的目的在于限制过失案件中的责任范围。”[2]此种观点不无道理。所谓“近因”可能从其概念产生之初即已远离了本源意义上的因果关系概念，其原本就是为了更为合理地进行归责而由法学家们在理论研究和实践探索的过程中创造出的一种法律工具。这对于确定法律上追究原因的范围有重要意义，否则由于世间万物皆有联系的哲学思想，也许在一个损害后果发生之后我们要追究无数人的侵权责任，或者一个行为发生后行为人可能要承担无限大范围的责任，这会导致社会秩序紊乱、法院深陷讼累，显然是不可取的，这也不是侵权法创立的初衷。因此，有必要在损害事实发生后寻找到最合理的法律原因，确定近因的标准便成为侵权法学家们孜孜不倦潜心研究的重点问题。但也有人一针见血地指出，未能区分因果关系和责任是侵权行为法理论中最基本的错

[1] Leon Green, *The Rationale of Proximate Cause*, 1927, pp. 77 – 121, 144 – 168. 转引自韩强：《法律因果关系理论研究——以学说史为素材》，北京大学出版社 2008 年版，第 140 页。

[2] Norris J. Burke, “Rules of Legal Cause in Negligence Cases”, *California Law Review*, Vol. 15, No. 1, 1926, p. 2. 转引自韩强：《法律因果关系理论研究——以学说史为素材》，北京大学出版社 2008 年版，第 244 页。

误之一，而将责任问题说成因果关系更是造成了令人绝望的混乱。[1]现实主义法学将因果关系重新划归到事实层面，将其定位为加害行为与损害结果之间的客观联系，而在确定这种联系之后再考虑加害人是否需要承担侵权责任，则与因果关系并无关系。这种观点似乎从逻辑上还原了因果关系的本来面目，但现实主义法学家最终还是不能不承认，即便是他们所主张的事实因果关系的判断，其中仍然无法避免存在价值判断色彩的主观因素发生作用。

本书所要研究的是生态破坏侵权的责任构成要件，归根结底是要研究达到怎样的条件即可构成生态破坏的侵权责任，即归责问题。事实上的原因也好，法律上的原因也罢，最终我们所要寻找的是达到怎样的因果关系才需要生态破坏行为人向受害人承担侵权责任。因此，此处所探讨的因果关系并非那种纯粹的自然科学所追寻的绝对客观联系，而是能够据以要求加害人承担侵权责任的因果关系。

在 Hoag v. Railroad 案件中，法官提出：“如果一个最初的行为是错误的，且根据事物通常的发展规律可能自然地给他人造成损害，并最终确实造成了损害，同时其他介入因素均无过错，则此损害结果将被归于那个具有过错的原因，而放过那些无辜的因素。”[2]尽管介入因素可能最终引发了损害的发生，二者之间存在客观联系，但是将损害结果归于具有过错的原因而放过那些无辜的介入因素的判决结果可以被视为法官作出的政

[1] William L. Prosser, “Proximate Cause in California”, *California Law Review*, Vol. 38, No. 3, 1950, p. 375. 转引自韩强：《法律因果关系理论研究——以学说史为素材》，北京大学出版社 2008 年版，第 185 页。

[2] 85 Pa. 293, 27 Am. Rep. 653. 转引自韩强：《法律因果关系理论研究——以学说史为素材》，北京大学出版社 2008 年版，第 52 页。

策考量，这里需要运用“心证”，与法官的个人知识背景、审判经验、道德取向等具有非常密切的关系。因此，法学家和立法者们一直在试图寻找尽量能够适用于各种情形的因果关系判断标准，但这种努力似乎一直都没能成功，毕竟因果关系问题需要在作为侵权责任基础的社会整体安全和作为限制责任基础的个人生活自由之间取得平衡，[1]这并非易事。

要正确地追究生态破坏间接侵权责任，就必须寻找到引起损害结果（或损害之虞）发生的近因。前文已述，就在这种情形下发生的侵权行为而言，行为人的生态破坏行为并非直接指向损害结果（或损害之虞），而是首先作用于生态环境，经过生态环境的转化、牵引，才最终间接导致他人人身、财产权益受到损害（或有损害之虞）。那么在这种情况下，判断行为人的生态破坏行为是否构成损害结果（或损害之虞）的近因就至关重要。如果生态破坏行为并非最终损害结果（或损害之虞）的近因而是其远因，那么根据近因理论，受害人就无法要求行为人承担侵权责任；反之，如果生态破坏行为是最终损害结果（或损害之虞）的近因，则行为人应当承担侵权责任。

当然，在生态破坏间接侵权的情形中，生态破坏行为与民事权益损害结果（或损害之虞）之间并不具有时间上和空间上的直接关联性，但时间上和空间上的直接关联性作为判断近因的标准已经被学者否定，因此，并不能从时间上和空间上的非直接关联性推导出生态破坏行为不是民事权益损害结果（或损害之虞）的近因。这里主要是看该行为是否构成最终损

---

[1] Roscoe Pound, “Causation”, *The Yale Law Journal*, Vol. 67, No. 1, 1957, pp. 1 - 2. 转引自韩强：《法律因果关系理论研究——以学说史为素材》，北京大学出版社2008年版，第162页。

害结果（或损害之虞）的主要原因或有效原因。以采伐林木行为和泥石流灾害导致当地居民受损为例，如果种种证据表明当地的地质条件和当时的气象环境决定了这场泥石流灾害的不可避免性，与松动的土质和百年不遇的强降水等人类不可控因素相结合，即使之前没有采伐林木行为，此次泥石流灾害仍然会发生，那么在这种情况下，地质条件、气象因素等就应当被看做最终损害结果的主要条件；但如果证据表明此地在发生大规模采伐之前也经常出现同等强度的降水，却从未发生过泥石流，但自从采伐林木行为发生之后，同样强度的降水后却发生了泥石流，那么也许就可以认定采伐行为是最终损害结果的主要条件，也就构成了损害结果的近因。

对生态破坏间接侵权中近因的判断存在许多科学技术上的不确定性，因此，法官的自由裁量权在此占据重要的地位，但至少应确定一个大致的标准。在美国的司法实践中，发生类似案件时，原告对因果关系须负举证责任。一般来说，原告会请专家证人运用其专业知识来判断原告的受害结果与被告的行为之间存在因果关系。正常情况下专家须至少证明此种因果关系达到 probably（十分可能）的程度——至少有 60% ~70% 的可能性，法官才会认可这种因果关系。如果被告在法官认可因果关系后表示否认，则需要承担相应的举证责任。[1]下文将详细分析证明标准问题，此不赘述。

2. 因果关系举证责任分配

由于环境侵权领域中损害事实往往是经过诸多因素经年累月复合形成，其中涉及的艰深的科技知识、专业理论不是平常

---

[1] 这是笔者在与美国环境法学者和律师交流过程中得到的解释，并未找到确切的文献来源。

人所能具备的，其因果链条非常复杂，也不是通过寻常手段所能够确定的。因此，如果拘泥于传统的因果关系理论和举证规则，则环境侵权受害人寻求法律救济的大门将被紧锁。故而，有些国家对于环境侵权纠纷的举证规则进行了调整。只要原告提供初步证据证明自己受到的损害是由被告的行为造成的，举证责任就会转移到被告方，即所谓的举证责任转移原则。如果被告无法证明损害并非由自己造成，就可以推定被告的行为与原告所受损害之间存在因果关系，由被告承担民事责任。与此紧密相关的举证责任倒置原则则是指，在环境侵权案件中，原本由原告承担的举证责任改为由被告举证；或者原告只需提出受到损害的证据，如果被告否认自己的民事责任，则必须提出反证。[1]

（1）对相关概念的厘清。在分析生态破坏间接侵权的举证责任分配前，需要对与因果关系和举证责任分配相关的几个概念作出区分，只有在概念明晰的基础上方能准确探讨生态破坏间接侵权中的因果关系举证责任分配问题。

① 举证责任倒置与因果关系推定的区别。我国《侵权责任法》第66条规定，在环境污染侵权纠纷中，污染者对于法定免责事由及其行为与损害之间不存在因果关系承担举证责任。《水污染防治法》《固体废物污染环境防治法》等污染防治单行法中也作出了类似规定，均将因果关系不存在的举证责任倒置由被告承担。《德国环境责任法》第6条第1款也规定，对单一设备所造成的个别环境污染事件实行因果关系推定：“根据特定案件之状况，如果某设备可以引起相应损害之发生，应推定损害是由该设备造成。”

[1] 曹明德：《环境侵权法》，法律出版社2000年版，第175～176页。

上述规定针对的是污染侵权纠纷中的因果关系举证责任问题。许多人往往将因果关系举证责任倒置与因果关系推定两者混同，认为前引我国现有的法律规定表明我国对环境污染侵权实行因果关系推定。其实不然。有必要对二者进行正确区分，在此基础上再探讨生态破坏间接侵权责任中就加害行为与损害后果之间的因果关系应当如何分配举证责任。

要区分上述两个概念，首先要明确何谓“推定”，这要从事物间的逻辑关系角度进行揭示。设定一事物为 A，另一事物为 B，A 和 B 之间可能存在以下五种逻辑关系：第一种，等值关系，即 A = B，A 与 B 并存，A 存在时 B 一定存在；第二种，包含关系，A 包含于 B，A 存在时 B 一定存在；第三种，逆包含关系，A 包含 B，B 包含于 A，A 存在时 B 可能存在也可能不存在；第四种，相交关系，A 与 B 相互交叉，A 存在时 B 可能存在也可能不存在；第五种，矛盾关系，A 与 B 相互矛盾，A 存在时 B 一定不存在。在第一种、第二种、第五种逻辑关系中，显然可以从 A 的存在明确得出 B 存在或不存在的结论，在已知基础条件的前提下运用逻辑学知识即可得出肯定性的结果，不存在“推定”问题。[1]而所谓推定，应当是从一个明确的前提推导出一个可能性的结果。如果结果是确定的，则不能称其为“推定”而应当称其为“推导”。

法律上的推定与立法者的价值判断密切相关。由于结果是一项未知的事实，若立法者倾向于认定结果事实为肯定，则可以由前提事实推定结果事实存在；若立法者倾向于认定结果事实为否定，则也可以由前提事实推定结果事实不存在，立法者

[1] 邹雄：《环境侵权法疑难问题研究》，厦门大学出版社 2010 年版，第 107 页。

的立场会直接左右推定结果。正如德国学者莱奥·罗森贝克所说："事实的法律推定是这样一些法律规范，它们从非要件的情况中推断出存在作为法效果的要件特征所必需的事实。推定的前提条件（所谓推定的基础）必须是有疑问的法效果要件以外的情况，但是推定的效果是存在一个这样的要件特征的结论。"[1]当然，前提事实和结果事实之间的联系至少应存在一定程度的常态性，如果A在常态下会产生B结果的可能性非常大，而立法者却偏要反其道而行之，推定B不存在，则恐怕也难以说服他人。

有学者提出可以将推定作这样的理解：某一事实为基础事实，另一事实为推定事实，在基础事实已经被证据证明而推定事实未能被证据证明的情况下，依据法律直接规定或法官按照经验所确立的两个事实之间的充分条件关系，认定推定事实的一种特殊证明。其内涵包括以下几个方面：其一，推定涉及两个事实，因此刑法中的"无罪推定"不是真正意义上的推定，因为其不存在明确清楚的基础事实；其二，推定仅适用于推定事实未能被证据证明的情形，否则没有必要进行推定；其三，推定仅适用于基础事实与推定事实之间存在或然关系的情形，如果是必然关系则应当是逻辑推导而不是法律推定；其四，凭基础事实认定推定事实的根据是二者间的常态关系，这种常态关系只能由基础事实得出一种推定事实；其五，推定是可以被反驳的，这是因为基础事实与推定事实之间存在的是或然关系，也就是说主张推定不成立的一方可以举证推翻这种或然关

[1] ［德］莱奥·罗森贝克：《证明责任论——以德国民法典和民事诉讼法典为基础撰写》，庄敬华译，中国法制出版社2002年版，第210页。

系，从而主张推定事实不成立。[1]从这个角度来讲，推定以两个事物间的常态联系作为其逻辑基础，而这种常态联系的实质就是事物之间的因果关系。通过对推定逻辑结构的分析可以发现，推定的逻辑过程可以简单表述为 A→B，其中 A 是基础事实，B 是推定事实。基础事实和推定事实这两个不同的事实是推定的必备要素，其法律效果就是通过逻辑推理，A 的真实可以被视为 B 的真实（尽管 B 的真实与否在实际上处于存疑状态）。

而我国立法中所规定的“由加害人就其行为与损害结果之间不存在因果关系承担举证责任”，其逻辑推理过程是“不能证明非 B→B”，这并不符合上述关于推定的逻辑推理过程。其不存在推定事实之外的基础事实，也不存在由基础事实到推定事实的逻辑推导过程。尽管适用这些法律条文与适用因果关系推定的结果基本相同——在加害人不能证明其行为与被害人损害结果之间不存在因果关系时，视为因果关系存在；但这不是因果关系推定适用的结果，而是加害人未能完成其举证责任所导致的举证不能的消极后果。因此，我国立法中有关环境污染侵权因果关系的规定不是对因果关系推定的规定，而是对因果关系这一侵权责任构成要件的举证责任分配规则，即所谓的因果关系举证责任倒置。必须看到，因果关系推定和因果关系举证责任倒置在具体适用时存在较大差别：在适用因果关系举证责任倒置时，加害人不仅要承担因果关系不存在的证明责任，而且要承担首先提出证据证明因果关系不存在的责任。也就是说，在此种情况下，受害人对因果关系这一责任构成要件

[1] 邹雄：《环境侵权法疑难问题研究》，厦门大学出版社 2010 年版，第 108 页。

不承担任何举证责任。而在适用因果关系推定规则时，尽管加害人最终也要承担因果关系不存在的证明责任，但是其责任的承担是以受害人完成对基础事实的证明为前提的，加害人并不承担首先提出证据的责任。受害人尽管不承担因果关系存在的证明责任，但是其要承担首先提出证据证明基础事实的举证责任。质言之，通过因果关系推定，受害人的举证对象发生了转换；尽管是由难而易的转换，但是受害人并没有完全卸除对于因果关系的举证负担。可以看出，就保护受害人这一目的而言，通过因果关系举证责任倒置的方式，可以令受害人的诉讼证明负担更轻，对受害人的保护程度也就更高。[1]

综上，举证责任倒置与因果关系推定的区别可以概括为以下几点：

第一，证明目标不同。通过举证责任倒置的方式所要证明的目标是因果关系不存在，而通过因果关系推定的方式所要证明的目标是因果关系存在。

第二，证明前提不同。举证责任倒置方法适用的前提是法律无条件假设因果关系成立，而允许举证方提出反证予以反驳；而因果关系推定方法适用的前提是因果关系可能存在但尚未确定，需要采用一定的证明方法予以证明。

第三，适用的主体不同。在诉讼中，举证责任倒置是与“谁主张、谁举证”的举证责任分配原则相对的概念，因而运用举证责任倒置方法的主体应当是对证明目标本不存在举证义务的主体，即被告；而运用因果关系推定方法的主体应当是原告。

---

[1] 王社坤：“环境侵权因果关系推定理论检讨”，载《中国地质大学学报（社会科学版）》2009年3月刊，第51页。

第四，适用的方法不同。举证责任倒置的证明方法的道理其实很简单，就是将举证责任转移给被告承担，其核心是举证责任的转移；而因果关系推定的证明方法就比较多样，概括说来包括优势证据方法、证据比例方法和流行病统计学方法等。关于这些方法的适用，下文将予以详细说明。

第五，理论基础不同。因果关系推定方法的理论基础是相当因果关系说，即证明侵害行为与损害结果之间存在因果关系只要达到盖然性程度即可完成举证责任，对因果关系的证明无须达到必然性的标准；而举证责任倒置则与相当因果关系说没有必然关联，对此下文将予以明确说明。

由此可见，因果关系举证责任分配问题的实质是要不要在争议双方之间进行举证责任的转移，进一步说就是要不要实行举证责任倒置，让被告承担一部分本来不由其承担的举证责任。而因果关系推定涉及如何证明因果关系存在的证明方法问题，与举证责任分配并无关联。讨论生态破坏间接侵权中因果关系的举证责任分配，核心问题是要探讨是否有必要在其中适用举证责任倒置的举证责任分配规则。

② 举证责任倒置与相当因果关系的区别。相当因果关系说认为，不应要求侵害行为与损害结果之间存在直接因果关系，只要侵害行为与损害结果之间构成适当条件，行为人就应当免责。[1]该学说强调的是侵害行为与损害结果之间的可能性联系。而对举证责任倒置，学者们在论述其理论基础时，也往往将其建立在相当因果关系说之上。这样，举证责任倒置与相当因果关系就非常相似、极易混淆，因而有必要对二者的区别加以说明。

---

[1] 王利明、杨立新：《侵权行为法》，法律出版社1996年版，第382页。

首先，相当因果关系与举证责任倒置是目的与方法的关系。前者要求证明因果关系存在应当达到一种什么样的证明标准，后者要求以什么方法来证明因果关系。与相当因果关系相对应的概念是必然因果关系，它们都是有关因果关系证明需要达到何种标准的概念，本身不涉及证明方法问题。而举证责任倒置则是一种证明因果关系存在与否的方法。

其次，相当因果关系的证明并不必然意味着举证责任倒置。证明相当因果关系的方法有很多，最主要的是因果关系推定的方法，如优势证据方法和流行病统计学方法等。但其并不一定非要通过举证责任倒置的方法来实现，也可以要求原告来证明，只是证明标准达到盖然性程度即可。因此，如果说举证责任倒置是建立在相当因果关系说的基础之上，则充其量也只是实现相当因果关系证明的一种途径而已。

可见，举证责任倒置与相当因果关系是根本不同的两个概念，只是存在一些联系而已。长期以来，有很多学者认为举证责任倒置的理论基础就是相当因果关系说，并把我国法律、司法解释所规定的举证责任倒置与相当因果关系的一些理论与方法（如流行病统计学方法等）相混淆。事实上，二者之间虽有关联，但该关联绝非如此紧密。理论界的错误倾向为司法实践作出了错误的引导，带来了不小的麻烦。

（2）在生态破坏间接侵权诉讼中适用举证责任倒置的必要性。尽管我国现有立法中对于污染侵权纠纷规定了因果关系举证责任倒置的举证规则，但司法实践中绝大多数污染纠纷案件的审理法官仍然会要求受害人对其所受的损害以及其遭受的损害系由加害人的行为所引起承担初步的证明责任。通常，受害人只需达到一个非常低的证明标准，即可认定因果关系存在。[1]而加害人如果要予以反驳，主张因果关系不存在，则须提供证据进行反证，且其反证需要达到高证明标准，能够从自然科学上充分说服他人，证明其行为并非引起损害后果的原因。例如，在水污染案件中，受害人只要证明自己养殖的鱼死亡了，并且加害人在鱼塘附近建厂进行工业生产，其排出的工业废水流入了鱼塘，从而主张加害人的排污行为与自己养殖的鱼死亡之间存在因果关系，即可完成其举证任务。而加害人若要主张自己不承担侵权责任，可能需要对鱼塘中的水进行取样鉴定，证明鱼塘中的水所含的致害化学元素是 A，而自己所排出的废水根本不含有 A 元素，并且自己排出的废水也没有与其他物质发生化学反应产生 A 元素的可能性，从而为自己洗脱责任。显然，在污染案件中，排污者所负的证明因果关系不存在的举证责任相对于受害人的举证责任来说，从技术难度、经济成本等各方面来看，都要高出许多。之所以作出这样的制度安排，缘于排污者与受害人在经济实力、信息掌握等各方面的悬殊状况；为了体现扶弱抑强的法律正义精神，立法者将举证责任的杠杆明显倾斜到有利于保护污染受害者的一端，这种倾斜在现有立法中已经多处得到体现。

然而，这种体现出公平正义精神的价值取向似乎未能在生态破坏侵权相关立法中得到同等的体现。生态破坏间接侵权中的生态破坏行为与人身、财产损害后果之间因果关系的复杂程度相对于环境污染侵权而言有过之而无不及。长久以来，泥石流、地陷等灾害的发生总是被人们归因于“天灾”，只是现在

---

[1] 尽管这里所需要的证明标准很低，却仍然常常导致污染受害者提出的环境污染侵权之诉陷入困境。

随着生态学、地质学等学科的不断发展才逐渐揭示出人类实施的破坏生态的行为与这些灾害之间或多或少的联系。但自然科学的发展还没有达到能够确切地证明生态破坏行为与地质灾害发生之间是否具有必然联系的程度。对于地质灾害的发生到底是纯粹的“天灾”还是掺杂了“人祸”的因素，如果确定掺杂了“人祸”的因素那么“人祸”在灾害引发的过程中占据了多大比例等关键问题，现在自然科学还不能够作出明确的回答。此外，生态破坏间接侵权行为往往具有大规模性，即主体的多元性，参与实施生态破坏行为的主体可能多达成千上万，行为的实施也可能经历了多年时间的积累，因此灾难的发生到底由哪一个具体的主体所导致也是难以回答的问题。在这种情形下，如果法律不对举证责任倒置作出明确规定，则原告几乎没有任何胜诉的可能性。有鉴于此，对生态破坏间接侵权中的因果关系，在举证责任分配上应当采用举证责任倒置的方法，这样做可以在一定程度上弥补原告举证能力不足的缺陷，提高原告胜诉的可能性。同时这样做也并不违反法律公平原则的要求。正如环境污染侵权中排污者与污染受害者的地位、实力不平等一样，在生态破坏间接侵权中，同样存在生态破坏者与受害者的实力不均衡、利益配置不公平的问题。

前文已经对生态破坏侵权与环境污染侵权进行了比较，不难看出，二者之间存在许多共同之处，尤其是在侵权双方主体的地位对比方面。首先，与污染侵权相类似，在生态破坏间接侵权中，加害人在大多数情况下相对于受害人来说也处于更加强势的地位，二者实力悬殊。加害人通过实施破坏生态的行为一般都获取了经济利益，由其承担举证不能的风险总比让受到生态灾难危害的普通百姓承担此风险更加公平合理。其次，加害人对受害人民事权益的侵害也常常需要借助环境中介的作用，环境因素对整个侵权过程的推动往往是在相当长的时期当中潜在进行的，具有长期性、隐蔽性、极端复杂性等特征，即便是生物学、地质学、生态学等科学领域的专家可能也难以阐明这种生态破坏行为与最终损害结果之间的作用环节和运动机理，更不用说作为普通百姓的受害人。如果要求受害人承担举证责任来证明加害人的行为与自己所受损害之间的因果关系，则无异于封锁了受害人寻求法律救济的途径，对于无辜的受害人来说实为不公。因此，在我国有关生态保护的立法中对生态破坏间接侵权责任确立举证责任倒置的举证规则是非常有必要的。但非常遗憾的是，我国现行多部规定生态破坏侵权责任的法律，如《森林法》《草原法》《水法》《矿产资源法》《渔业法》等，无一提及因果关系举证责任问题。立法的缺失并非因为无此必要，而是由于这些法律的立法者在立法过程中对该问题的疏忽。

（3）举证责任倒置适用的方法。我国《最高人民法院关于民事诉讼证据的若干规定》《侵权责任法》《水污染防治法》等多次规定，在环境污染侵权案件中，由排污者就其行为与损害结果之间不存在因果关系承担举证责任。这显然是因果关系举证责任倒置的规定。我国环境法学者对于这一特殊举证规则总是津津乐道，认为这是我国环境立法中的一大亮点。诚然，包括美国在内的诸多发达国家的立法中，尚未作出如此偏重保护污染受害者的特殊规定，我国立法在这个方面走到了发达国家的前面。但是法律的制定只是法治的开端，制定出来的法律能否得到良好的执行才能最终决定其实际效果。

认真考察我国环境污染纠纷司法实践就会发现：在环境污染侵权案件的审判过程中，法院几乎从来没有将因果关系的举证责任绝对倒置过。按照举证责任倒置规则，原告根本不必对被告的行为与自己所受损害之间的因果关系提出任何证据，而是应当完全由被告来证明这种因果关系不存在；如果被告无法提出充分有效的证据，即认定因果关系是存在的。但我国法院在司法实践中的通常做法是，原告在提起环境污染侵权诉讼时，首先要举证证明自己所受到的损害，并证明自己所受损害可能是由被告的排污行为所引起。尽管原告不必举出充分证据证明被告所排污染物与自己所受损害之间具有必然的因果关系，但至少要证明这种因果关系存在的可能性。例如，证明被告排放了有毒有害气体，而自己生活在离被告工厂很近的地方，并且有科研人员指出这种气体的吸入会有害身体健康，这就形成了初级的因果关系证据链条。[1] 在此基础上，法院才会将其作为环境污染案件审理，并要求被告举证证明其行为并非造成原告损害结果的原因；如果被告无法证明，则认定因果关系存在。由此可见，立法中关于环境污染侵权因果关系举证责任倒置的特殊规定在实践中却普遍没有得到遵循，令立法的威信力大打折扣。出现这种现象，一方面固然与司法腐败、地方政府的不当干预有关，另一方面却也提醒我们不得不对立法的科学性、合理性进行反思。

尽管举证责任倒置能够在更大程度上体现出保护污染受害者的价值判断，但完全将因果关系不存在的举证责任交由排污者来承担并不合理。首先，这会令法院陷于讼累，浪费司法资源。我国司法资源十分不足，案多人少问题突出。如果严格遵循环境污染纠纷因果关系举证责任倒置规则，则会有更多的原告主张自己受到环境污染侵害，可能由季节更替天气变化引起

[1] 有些法院对原告关于因果关系的举证要求还相当高，几乎不考虑立法对环境污染案件适用因果关系举证责任倒置的特殊规定。

了普通感冒也会主张与附近的化工厂排污有关。按照举证责任倒置规则，原告不必证明因果关系，法院应当要求化工厂证明自己的排污与原告的感冒并无关联。尽管最终化工厂能够举证证明因果关系不存在，但这样一个诉讼过程会极大地浪费司法资源。故而，一般法院会先设立一个门槛，要求原告先建立起初级证据链，证明自己所受损害确实可能是由被告的排污行为引起的。这样可以排除掉一部分毫无依据的污染侵权纠纷，避免司法资源的浪费。其次，完全要求加害人证明环境污染侵权纠纷中复杂难辨的因果关系绝对不存在绝非易事。保护污染受害者不能以完全不考虑排污者的利益为代价，毕竟排污者的排污行为在大多数情况下都是其正常生产经营活动的附随品，其对受害人造成的损害亦非出于主观愿望。要求排污者承担无过错责任已经是出于双方经济实力及其他因素考虑对排污者提出了较为严苛的法律要求，如果还不分青红皂白地要求排污者应诉并举证证明自己的排污行为与原告的损害之间不存在因果关系，则未免对排污者过于“不近人情”。与法院可能陷于讼累相对应，排污者更是要疲于应诉。因为在举证责任倒置规则之下，如果法院严格遵循此规则，则排污者可能每天都要应对数起诉讼，证明自己的排污行为与各个原告的感冒发烧、关节疼痛、肩膀酸痛等症状并无因果关系。也许排污者在这种重压之下要极力呼吁“公平正义”的法律精神了。可以说，法院在环境污染纠纷案件的审判实践中普遍不遵循因果关系举证责任倒置的诉讼规则，在很大程度上是出于现实需要对立法规定的变通修正，体现出理想化的举证责任倒置规则存在的不合理性。

通过总结环境污染侵权责任因果关系举证责任倒置规则的不足，笔者认为，在设计生态破坏间接侵权责任时，必须更加周全地考虑因果关系的举证规则。首先，应当吸取现有立法中关于环境污染侵权责任因果关系举证责任倒置规则不尽合理的教训，不能规定绝对的举证责任倒置规则，而是要设定一个合理的条件，让受害人对自己所受损害与被告的生态破坏行为之间的因果关系先承担一定的举证责任，这种举证责任只要求建立一个初步可能性的证据链即可。这种证据可以是一个原则性的证明，而不必具体指向被告的行为。例如，A 和 B 两个矿山企业在某地开采煤矿，经过一段时间后该地一些村庄开始出现地面塌陷的问题，村庄 X、Y、Z 中的村民房屋相继倒塌，即便有一些还没有倒塌的也是岌岌可危。此时，X、Y、Z 三个村的村民可以提起对 A、B 的侵权诉讼，其需要举证证明的内容应当包括：自己房屋出现倒塌的事实，村庄所在地区的地面出现了塌陷，A 和 B 企业在当地从事开矿行为，以及专家论证过开采煤矿可能导致地面塌陷问题的论文或专著等。这就可以形成一个初级的证据链。至于地面塌陷的发生是不是由 A、B 的采矿行为所导致，是由 A 的行为所致还是由 B 的行为所致，抑或是另有原因，则属于具体指向被告的行为与结果之间因果关系的问题，不属于初级证据链所需要证明的范围。其次，在原告提供的证据足以形成初级证据链的基础之上，被告的具体生态破坏行为与损害结果之间是否具有因果关系的举证责任应当倒置由被告承担。这就是考虑到原被告双方的经济地位差别、被告获利与风险并存以及保护受害者的价值判断等因素而对生态破坏行为人施加的诉讼负担。

可以说，这里笔者对生态破坏间接侵权责任中因果关系的举证责任所要建立的是一种建立在原告提出初级证据链基础之上的举证责任倒置规则。这样既可以体现出对生态破坏间接侵权受害人的特殊保护，也能避免现有立法中关于环境污染纠纷的绝对的因果关系举证责任倒置规则被虚置的局面。

3. 因果关系的证明标准

在笔者提出的建立在原告提出初级证据链基础之上的举证责任倒置规则中，负担举证责任的包括侵权法律关系中的双方当事人。原告对于因果关系需要承担初步的证明责任，以形成初级证据链，在此原告需要面对的问题就是：自己举证达到何种程度才能形成初级证据链。而在原告提供的证据能够形成初级证据链的情况下，被告即须举证证明自己的生态破坏行为与原告的损害结果之间不存在因果关系；这种证明需要达到什么程度才能说服法官认定因果关系不存在也是立法需要解决的问题，这就涉及因果关系的证明标准。

（1）有关因果关系证明标准的传统学说。目前环境法学界关于因果关系证明问题主要有以下几种学说：

① 优势证据说。这是英美法上的一种证明规则，被运用于英美侵权法中的有毒物质致害、环境污染致害领域。其降低了证明程度，举证人所提出的证据的证明程度超过 50% 即可胜诉。该学说被加藤一郎引入日本环境侵权法领域，并加以引申，将其应用于民事诉讼中，认为只要有一方当事人所提出的证据达到了比另一方当事人所提出的证据更优越的程度即达到了法律所要求的证明程度。他主张，在环境侵权诉讼中，不必要求以严密的科学方法来证明因果关系，毕竟民事责任不同于刑事责任，只要考虑举证人所提出的证据已达到比对方证据更优的程度即可。这一理论大大减轻了环境侵权受害人举证责任的负担；[1]但何谓“优势”则标准模糊，令人难以理解该优势是指一方当事人证据的证明力占优势还是指因果关系存在的可

[1] 曹明德：《环境侵权法》，法律出版社 2000 年版，第 178 页。

能性较之于不存在的可能性占优势。[1]

② 比例规则说。这种学说也是英美法上的，产生于矫正正义的理论，指的是根据侵权行为人对受害人造成损失的原因力的大小来认定其承担赔偿责任的比例。尽管这一学说能够避免侵权诉讼中原告获得意外收获或根本得不到赔偿这两种极端，看似更加有利于实现损害赔偿；[2]但从其本质来看，该学说涉及的是确定赔偿责任承担比例的问题而不是判断因果关系是否存在的问题，将其作为因果关系判断的依据似乎有混淆目标概念之嫌。

③ 盖然性说。该学说的主要内容是：a. 因果关系举证责任在形式上仍然由原告受害人承担；b. 若被告不能证明因果关系之不存在则视为因果关系存在，以此实现举证责任的转换，习惯上称为事实推定理论；c. 只要求原告在相当程度上举证，不要求就全部技术过程举证。所谓相当程度上的举证，即盖然性举证，在侵权行为与损害之间，只要证明"如无该行为，就不致发生此结果"的某种程度的盖然性（或然性），即可推定因果关系的存在。因此，受害人只需证明：a. 行为人排放的污染物质到达损害发生地区而发生作用；b. 该地区有多数同样的损害发生。法院可据此推定因果关系的存在；除非被告能举出反证来证明因果关系不存在，否则就不能免除其民事责任。[3]这里所说的盖然性举证仍然存在标准模糊的问题，一个标准是"如无该行为，就不致发生此结果"，另一个标准是行为人排放的污染物质到达损害发生地区而发生作用，并且该地区有多数同样的损害发生，对于究竟应采用哪个标准并没

---

[1] 邹雄：《环境侵权救济研究》，中国环境科学出版社2004年版，第80页。

[2] 同上书，第178~179页。

[3] 同上书，第179~180页。

有明确的结论。此外，如果是某个地区首例污染侵权案件，则受害人的举证就无法达到上述盖然性的要求。

④ 流行病统计学说。流行病学是从集体现象研究疾病的发生、分布、消长，并就有关某种疾病发生的原因，利用统计的方法，调查其疫学上可考虑的若干因子与某种疾病之间的关系，从中选出关联性较大的因子，对此进行综合性的研究和判断。在一般情况下，凡满足以下四个条件时，该因子与疾病之间的因果关系便得以认定：a. 该因子在发病前发生作用；b. 该因子作用的程度越显著，则该种疾病的患病率越高，此即量与效果的关系；c. 该因子作用的程度减弱或被消除，则患病率明显降低或患者病情减弱；d. 该因子作为致病原因而起作用的机制，与生物学上的研究结论并不矛盾。流行病统计学说与盖然性说结合起来之后，大大减轻了原告的举证责任。在日本的水俣病、四日市哮喘病等著名案例中，均采用了此学说，令其成为公害案件因果关系认定的主流学说。显然，该学说提出了四个具体的判断标准，较之于原先的盖然性说更加具有可操作性；但其本质仍然是盖然性说，只是对盖然性的判断有了较高程度的依据。之所以该学说能够成为公害案件因果关系的主流判断理论，系缘于民法上的因果关系有别于科学中的因果关系。科学领域中的因果关系判断的目的在于清楚说明或严谨探索科学真理这一伟大目标；而民事责任中的因果关系判断的目的主要在于实现损失的公平分配，而不必达到科学上十分精确的程度。加之环境侵权中真实因果关系的科学论争可能十几年乃至几十年都难以得出定论，这显然不利于案件有效率地得到裁决以及受害人及时有效地得到救济。因此，流行病学

上的这种盖然性因果关系理论被环境污染侵权诉讼广泛使用。[1]

⑤ 间接反证说。根据该学说，如果受害人能证明因果关系链条中的一部分事实，就推定其他事实存在，而由加害人承担证明其不存在的责任。受害人只需证明：其一，加害人具有排放污染物的行为；其二，受害人曾接触或暴露于污染物质；其三，受害人在接触或暴露于污染物质之后受到损害。在受害人对因果关系的大致框架举证之后，提供证据的责任便转移到被告，由被告证明因果关系的某一链条不存在并进而证明因果关系不存在，否则即认定因果关系存在。[2]这类似于前文所提及的受害人的证明责任只需达到一个较低的证明标准，而加害人要反驳受害人的主张则须举出反证并达到一个较高的证明标准。该学说从本质上来看仍然是盖然性说的一种形式，并非与盖然性说相并列的学说。

有学者提出，上述有关环境侵权因果关系理论的各种学说存在理论目标不明确、相关概念认识模糊且纠缠不清、法理错误、理论体系缺失等诸多问题。[3]不同学说中提出的不同标准杂糅混乱，令人产生无所适从之感。我们在研究生态破坏间接侵权中的因果关系证明标准问题时，应当综合考察上述各种学说，力争构建出一套完整的理论体系。

（2）“NESS”测试规则及其在生态破坏间接侵权中的应用。罗斯科·庞德早已指出：“如果哪个法科学生期望对因果关系有一个科学的分析，那么他将极度失望。在一定程度上，

[1] 曹明德：《环境侵权法》，法律出版社2000年版，第181～182页。

[2] 张新宝：《中国侵权行为法》，中国社会科学出版社1995年版，第350页。

[3] 邹雄：《环境侵权救济研究》，中国环境科学出版社2004年版，第84页。

普通法还确实达到了一定的抽象程度，但是没有哪个因果关系直接性的测验能够令所有的学者满意。另外，也没有哪一个由学者们研究出来的因果关系检测方法可以满足律师和法官的实际需要。”❶一般侵权责任中的因果关系尚且如此难以确立统一的判断标准，更何况是掺入了环境要素中介作用的生态破坏间接侵权，其因果关系问题之复杂程度远远超过一般侵权。

在追究加害人的侵权责任时，我们当然希望因果关系的证明越充分越好；但由于时间的一维属性，我们永远都无法知晓如果没有加害人的生态破坏行为则是否仍然会发生同样的损害结果，这也就导致要绝对证明作为客观事实的因果关系是不可能完成的任务。但是作为归责要素的因果关系并不要求完全还原到客观事实的状态，只要在法律上足以构建加害行为与损害后果之间的因果关系链条即可。即便如此，无数学者在试图构建普遍使用的因果关系标准时仍然屡屡碰壁，最终丧气地发现：在因果关系问题上，值得说的和不值得说的都说了，近因问题仍然是一团乱麻和一堆荆棘，一个令人眼花缭乱、扑朔迷离的领域。❷

Richard W. Wright 试图在这个困难重重的领域有所突破，他构建了“NESS”测试规则（Necessary Element of a Sufficient Set Test），即“当且仅当一个特定条件是足以使一个特定结果发生的一系列先前的实际条件中的一个必要因素时，该条件就是该结果的原因”。他指出，“若无——则不”归责原则在多

❶ Roscoe Pound, “Causation”, *The Yale Law Journal*, vol. 67, no. 1, 1957, p. 8. 转引自韩强：《法律因果关系理论研究——以学说史为素材》，北京大学出版社 2008 年版，第 163 页。

❷ 王家福主编：《中国民法学·民法债权》，法律出版社 1993 年版，第 476 页。

数案件中可以很好地得到应用，但在复合因果关系案件[1]中则会出现问题，这就有必要在必要条件测试中引入充分条件测试。综合了必要条件理论和充分条件理论的“NESS”规则可以适用于一切案件的因果关系检测。Wright 还特别举了环境污染案件的例子，假设 5 个单位的污染可以达到致害程度，现有 7 名被告，每个被告均排放 1 个单位的污染物。每个被告都可以说其排放的污染物质对于损害来说既非必要条件也不是充分条件。但 5 个被告排放的污染量结合在一起就是损害结果的充分条件，而任何一个被告排放的 1 个单位的污染物又是构成这一充分条件的必要条件，且这一充分条件又不因存在另外 2 个单位的污染而有所改变。由此，根据“NESS”规则，任何一个被告排放的污染物都是损害的原因。同理，如果一个被告排放了 5 个单位的污染物，另一个被告排放了 2 个单位的污染物，则此时第二个被告的 2 个单位污染物可能与前一个被告的 3 个单位污染物混合而引发损害，故仍可适用“NESS”规则追究侵权责任。[2]

此外，针对后续损害（successive-injury）案件和压倒性力量（overwhelming-force）案件，Wright 也进行了阐释。他认为，如果被告能够证明损害无论如何都会因为独立的非侵权性条件而发生，那么法庭通常会免除被告的责任。在此类案件中，原告基于矫正正义的诉讼请求——如果不是因为他人的侵权行为，其就不会遭受损害——就落空了。另外，如果累积原

[1] 复合因果关系案件应当指的是多个行为引起同一损害结果，且各个单独的行为（或其中某一个或一部分行为）足以引发同样的损害结果。

[2] Richard W. Wright, “Causation in Tort Law”, *California Law Review*, vol. 73, no. 6, 1985, pp. 1773 - 1775, 1792 - 1793. 转引自韩强：《法理因果关系理论研究——以学说史为素材》，北京大学出版社 2008 年版，第 225 ~ 226 页。

因和超越原因也是由侵权行为造成的，则原告基于矫正正义的诉求就不会变化。无论如何，如果被告对损害所起的作用较之于其他因素更小，则让被告对全部损失承担责任显然有失公平。一旦原告证明特定被告行为的侵权方面对损害起了作用，很多法院就将证明的负担转移给被告，要求其证明：①损害无论如何都会因独立的非侵权性条件而发生；②其仅对损害的某一部分起了作用；③其凭借其他被告的侵权行为而对损害发挥作用。

Wright 还指出，给事实因果关系调查带来最大挑战的是数量正在上升的“制造危险”（risk-exposure）案件。在此类案件中，一个或多个被告过失地将原告置于危险境地，并且最终发生损害，但是没有证据能够证明哪个特定被告实际地对损害的发生起了作用。尽管原告常常无法证明被告的侵权行为是造成其损失的必要条件，但其可以证明被告的行为很有可能对其损害起到了作用，而不是毫无作用。在此类上升危险（increased-risk）案件中，法院一般会要求被告对损害负责。但在另外一些案件中，原告可能无法证明被告行为的侵权方面极有可能对损害发生起了作用而非毫无作用，其所能证明的可能只是被告行为的侵权方面使受害人免受损害的概率降低，此即减少机会（reduced-chance）案件类型。此种案件的处理方法有两种：一是降低原告的证明负担，即使对因果关系的确信程度低于 51%，也可以支持原告的赔偿请求；二是允许对被减少的免受损害的机会进行赔偿，而不对损害本身进行赔偿，这里需要法院辨认该机会利益是否受法律保护。[1]

Wright 所提出的这种规则对于生态破坏间接侵权责任中因果关系之确定有着重要的借鉴价值。在生态破坏间接侵权案件中，原告可以将其从自然资源管理机关处查知的自然资源使用许可证取得者以及原告有明确证据证明其虽然没有取得自然资源使用许可但的确从事了自然资源开发利用活动的人一并作为侵权诉讼被告，因为这些主体分别进行的开发利用自然资源的活动累积起来共同导致了生态破坏的结果，并进而导致原告的民事权益遭受损害；各个主体的行为是最终共同侵权的组成部分，属于引起损害后果发生的必要条件，可以适用“若无——则不”规则。但也有可能诸多加害人当中有一些人的行为对生态环境造成了十分严重的破坏，该行为即便在其他加害行为不存在的情况下也会产生同样的损害后果；这种情况属于 Wright 所说的复合因果关系案件类型，不再适用“若无——则不”规则，而是应当判断该行为是否足以成为损害后果发生的充分条件。不论是必要条件的判断还是充分条件的认定，受害人的举证都仅仅需要达到一个非常低的标准，可以借鉴间接反证说中的证明要求，由受害人举证证明加害人从事过自然资源开发利用行为，该行为可能引发了生态破坏后果，而自己所受的损害是在生态破坏中造成的。例如，加害人在某条河流上建设水坝工程，自从水坝建立后该地生态环境一反常态，之前水坝上游从未出现过洪涝灾害的地区在水坝建成后发生了洪涝灾害，导致当地居民的家园被淹没，遭受人身、财产损害。受

[1] Richard W. Wright, “Causation in Tort Law”, *California Law Review*, vol. 73, no. 6, 1985, pp. 1773 – 1775, 1798 – 1799, 1813 – 1815. 转引自韩强：《法理因果关系理论研究——以学说史为素材》，北京大学出版社 2008 年版，第 228 ~ 229，231 ~ 233 页。

害人可以将水坝建设者作为被告起诉到法院，其所须证明的事项包括：①被告在河流上建设了水坝；②水坝建成后发生了洪涝灾害，此前该地很长时间内没有发生过洪涝灾害，可以推测水坝的建设与洪涝灾害可能存在因果关系；③自己在洪涝灾害中遭受了损害。其中第①项与第③项都是客观事实，很容易举证；而第②项的举证似乎稍显困难，这里可以运用盖然性标准。有人根据心证程度将“盖然性”分为三个等级：初级盖然性，心证强度为51% ～74%，表明事实大致如此；中级盖然性，心证强度为75% ～84%，表明事实在一般情况下如此；高级盖然性，心证强度为85% ～99%，表明事实几乎如此。[1]这种百分比的划分显然不存在客观标尺，只是一种大致的区别。而生态破坏间接侵权的受害人对上述第②项的举证只需达到初级盖然性即可，即可以令法官考虑水坝建设有可能是引发洪涝灾害的原因，被告的行为可能使得原告遭受损害的风险上升。原告可以提交一些水利专家撰写的有关建坝行为可能引发洪涝灾害的文章或著作作为辅助证据。只要达到这样的证明标准，即可认定因果关系存在。而被告如果主张这种因果关系不存在，则需要举出具有很强说服力的反证。

“NESS”规则同样适用于被告对因果关系的举证，被告不得以他人的行为足以产生损害后果为由主张自己的行为并非损害后果的必要条件而要求免责，因为该被告的行为也有可能与其他加害人的一部分行为结合起来共同造成足以引发损害后果的生态破坏问题。此外，之所以长期以来生态破坏间接侵权被忽视，很重要的原因在于人们将其看做自然灾害，作为不可抗力来对待。例如，采伐树木引发泥石流灾害，往往人们会因泥

[1] 邹雄：《环境侵权救济研究》，中国环境科学出版社2004年版，第89页。

石流灾害中的暴雨天气而切断了树木采伐行为与人身、财产损害之间的因果关系，即认为天降暴雨是泥石流的成因。这一介入因素使得人们的采伐行为不再是损害的近因，因此采伐者也就不必承担侵权责任。而按照 Wright 的观点，被告必须要证明受害人所受损害无论如何都会因泥石流而发生，并且该泥石流的形成与自己的采伐行为并无关联，只有这样才不必承担侵权责任。显然，这种证明要求很难达到，因为根据现有的科学知识，大多数人都知道砍伐树木会导致水土流失，很可能由此引发泥石流灾害。尽管暴雨也是泥石流的必要条件，但被告很难证明即使不存在采伐树木行为暴雨仍然可以造成同样规模的泥石流。这也是由时间的一维性所决定的，被告无法将山体还原到未采伐之前的状态并检验这种先前的山体经受同样规模的暴雨会有怎样的结果。当然，如果被告能够证明该地的地质结构非常疏松，泥石流灾害频发，而所有被告砍伐的树木总量几乎屈指可数，基本上对周边生态环境没有造成影响，那么其也许可以主张免责。这也有赖于法官的心证，对于案件中涉及的各方面事实进行裁量、判断；但这里被告所提出的证据至少应当使法官对被告的生态破坏行为与损害结果之间不存在因果关系的认定达到高级盖然性的心证强度。

可见，在生态破坏间接侵权中，受害人并非对因果关系不承担任何责任，而是要承担初步的低标准的证明责任，只要其证明达到初级盖然性标准，即可认定加害行为与损害后果之间的因果关系是成立的；而被告如果要推翻因果关系，则需要举出充分反证，达到基本确定的程度方可否定因果关系。

（四）免责事由的限缩

免责事由，从其概念的字面意义即可看出，应当是指本来应当承担责任，却因一些因素的存在而得以减轻或免除责任。

在侵权法中的免责事由，暗含着责任构成要件均已具备却由于一些特殊因素的存在而导致本应承担侵权责任的人得以减免责任。尽管免责事由不是侵权责任构成要件的一部分，但对于侵权责任的最终承担与否起着重要的决定作用，在此有必要提及。

根据我国《侵权责任法》第 3 章的规定，侵权责任的免责事由包括受害人的故意或过失、第三人行为、不可抗力、正当防卫、紧急避险等情形。《环境保护法》《大气污染防治法》《海洋环境保护法》《水污染防治法》等环境保护相关法律中的法律责任部分也基本上都将不可抗力作为免责事由。❶《德国环境责任法》第 4 条也规定了免责事由："因不可抗力所导致的损害不负赔偿责任。"在大多数国家和地区，不可抗力均可作为免责事由。

然而，笔者认为，在生态破坏间接侵权的情况下，有必要对这一免责事由进行认真思考。前文已经提及，在生态环境遭到破坏之后，如果发生地质灾害导致他人权益受损，则人们往往很自然地将这种损害归咎于天灾，而忽视了"人祸"的一面。众所周知，天灾是不可抗力最为常见的形态。如果坚持将不可抗力作为免责事由，那么在生态破坏间接侵权发生时，可能绝大多数受害者都无法获得救济，因为加害者可以主张受害者所受损害系由不可抗力所致，自己得以免责。但我们必须清楚地看到，这里所谓的不可抗力其实并非不可预见、不可避免、不可克服的。由生态破坏引起的地质灾害（如泥石流、

❶ 尽管《水污染防治法》第 85 条第 2 款规定了将不可抗力作为水污染损害赔偿责任的免责事由的除外情形，相对于其他法律来说，为将来立法中规定不可抗力不得免责留下了立法空间，但毕竟现有法律中还没有例外性规定；并且从该条款的内容来看，原则上仍然认同不可抗力是水污染损害赔偿的免责事由。

洪涝灾害、地表塌陷等）发生之前，对生态进行破坏的行为人在从事生态破坏行为时即应当可以预见到自己的行为可能会导致将来在该地发生生态灾难；尽管这种灾难的发生可能不具有必然性，与未来的气候因素也息息相关，但至少该行为人的行为增加了发生生态灾难的可能性。可以说，即便这些自然灾害最终发生时已陷于不可避免、不可克服的境地，但这也是由先期的生态破坏行为所致。从严格意义上来讲，这时所发生的原本看似不可抗力的自然灾害已经不再符合不可抗力的特征（因为其原本是可以预见、可以避免的）。因此，在生态破坏间接侵权的场合，仍然可以沿用不可抗力免责的原则；但须注意要对不可抗力作狭义理解，不可简单地将地质灾害一律认定为不可抗力，而应具体分析加害人的行为有没有增加该地质灾害的危险的可能性，分析从理性第三人的角度是否能够预见加害人的行为会增加生态破坏的危险。这里可能要较多地运用生态学、地质学等自然学科的知识来鉴定人为因素和自然因素在此类地质灾害成因中各占据多大的比例，根据人为因素所占比例来确定生态破坏行为人在最终损害结果发生后得以免责的程度。

综合以上两节的内容，可以将生态破坏直接侵权责任与生态破坏间接侵权责任的归责原则和构成要件归纳总结如图三所示。

第三节　生态破坏侵权责任的追究与承担

生态破坏侵权责任的承担方式主要有停止侵害、排除妨碍、消除危险、恢复原状、赔偿损失等。由于生态破坏侵权特别是生态破坏间接侵权可能涉及众多的受害人和众多的加害

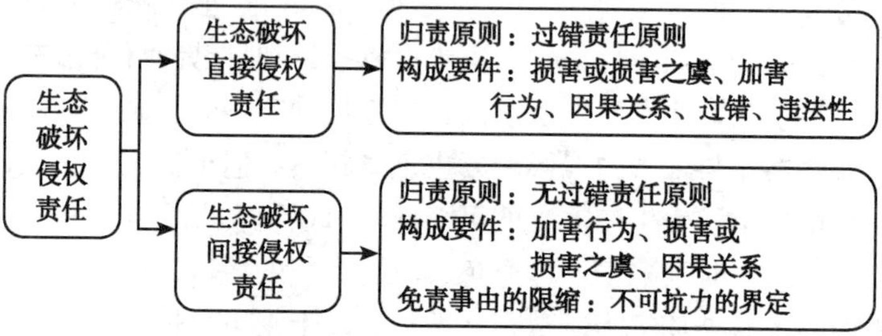

图三　生态破坏侵权责任的归责原则和构成要件小结

人，因此这种责任的追究与承担可能十分复杂。

一、生态破坏侵权受害人对责任的追究

在受害人的民事权益受到生态破坏行为侵害的情况下，即产生民事纠纷，解决这种纠纷的途径包括和解、调解、仲裁解决，也包括请求行政处理，还可以提起侵权诉讼。诉讼作为司法手段，是解决侵权纠纷的最后一道屏障，也是全面贯彻生态破坏侵权责任从立法走向实践的体现。

在生态破坏侵权发生之后，受害人往往人数众多；尤其是在生态破坏间接侵权的情况下，如滥伐林木导致大规模的泥石流事件发生，人身、财产遭受损害的受害人可能数以千计。此时需要明确区分两个概念——公益诉讼和集团诉讼。

公益诉讼（public interest litigation）是为了维护公共利益而提起的诉讼。何谓公共利益？学界几乎从未给出一个精准明确的定义。公共利益由“公共”和“利益”组成，利益的判断是事实问题，不含有价值判断因素；但公共利益则牵涉不特定的多数人、正义、私权与公权的界限等问题，故而超越了事实判断问题，还掺入了价值判断因素。而事实判断和价值判断具有对立性，公共利益难以界定就是这种事实与价值的相互交

结而产生混乱的表现。有人提出：要明确认识和合理实现公共利益，不能再单纯依靠下定义的方法，因为公共利益不是一个纯粹依靠理性就可以有效解决的问题，只有将其置于实践的语境中进行具体分析才可能有效地解决。[1] 耶林曾指出："公共利益在由个人接近权利实现的情形下，就不再仅仅是法律主张其自身权威、威严这样一个单纯的概念上的利益，而同时也是一种谁都能感受得到、谁都能理解得到的非常现实、极为实际的利益，即一种能够保证和维持各人所关注的交易性生活的安定秩序的利益。"[2]

总体来说，公共利益具有不可分性、公共性和不确定性。以约翰·罗尔斯为代表的新自由主义理论认为："公共利益和私人利益之间的区别非常复杂细微，主要区别在于公共利益具有不可分性和公共性，也就是说它不可能只提供给社群中某个人，而不提供给其他人，不能由个人按照他们的偏爱多要一点或少要一点。"[3]如果某个人可以享有某项公共利益，那么其他成员也自动地能够享有该项利益，如治理污染能够让周边居民都获益。公共利益在内容上和主体范围上都具有明显的不确定性。首先，利益在不同区域、不同时段具有不同的含义和衡量标准，并且每个人、每个群体所希望和需求的利益都不相同，物质利益与非物质利益（如自由、平等、尊严等）的综合更加具有复杂性。因此，公共利益的内容十分难以确定。其次，公共利益的利益主体也很难确定，如德国学者纽曼所说："公

---

[1] 肖顺武：《公共利益研究》，西南政法大学2008年博士学位论文。

[2] ［意］莫诺·卡佩莱蒂编：《福利国家与接近正义》，徐俊祥等译，法律出版社2000年版，第67页。

[3] 潘申明：《比较法视野下的民事公益诉讼——兼论我国民事公益诉讼制度的建构》，华东政法大学2009年博士学位论文。

共意味着公共性原则，其含义即是开放性：任何人可以接近，不封闭，但也不专为某些个人保留。”[1]任何人都可能成为公共利益的受益者，不仅限于当代人，还包括后代人。究竟达到多少人就能够称为“公共”也是个难以言明的问题。因此，“对公共利益的界定，需要根据不断变迁的社会政治、经济、文化等因素来进行综合考量。在民主法治国家，更应以法律特别是宪法确定的原则和精神来充实”[2]。

与公共利益相对应的是私益，即私主体的个人利益。庞德认为：“个人利益就是那些直接涉及个人生活和从个人生活的立场看待的请求、需求和欲望——严格地说，是指以个人生活的名义提出的。”[3]相对于公共利益来说，私益更加具体、明确，它是每个个人从自己的立场出发来追求自己所期望得到的东西，具有个体性和确定性。私益只关注利益主体个人的情况，对于其他人是否有裨益则不属于私益的关怀范畴。这与公共利益的公共性形成鲜明对比。由于私益只关注某个人的自身情况，因此较为容易确定。一方面，利益主体十分明确；另一方面，由于主体明确，对于该主体追求的价值目标、期望的判断也就较为容易。尽管特定主体的利益追求在不同时段可能会发生变化，但相对于公共利益来说，私益即使发生变化也是较为容易掌握的。私益对于整个社会的有序运行至关重要，正如亚里士多德所说：“划清了各人所有利益的范围，人们间相互

---

[1] 杨峰：“财产征收中‘公共利益’如何界定”，载《法学》2005年第10期，第96页。

[2] 刘丹：“公共利益的法律解读与界定”，载《行政法学研究》2005年第2期，第7页。

[3] ［美］罗斯科·庞德：《法理学》（第三卷），廖德宇译，法律出版社2007年版，第18页。

争吵的根源就会消失，各人注意自己范围以内的事业，各家的境况也就可以改进了。”[1]

公共利益和个人利益有时相互一致，有时相互冲突，[2]二者并不是能够截然划分开来的概念。许多公共利益当中也蕴涵着私益的保障。例如，禁止半夜喧哗的规定，既保障了公共安宁，也有利于私人免受干扰。[3]之所以要在生态破坏侵权责任的研究中讨论公共利益与私益的问题，是因为生态破坏行为可能会引起两方面的损害结果：一方面使环境的生态功能下降，如过度放牧导致水土流失，采伐林木致使森林蓄水、净化空气等功能下降，开矿引发地下水位下降等；另一方面导致他人的民事权益受到侵害，如砍伐他人林木侵害了林木所有权人的财产权益、开矿引发地面塌陷并由此导致当地居民房屋毁损等。前者是环境生态功能的减弱，有损于公共利益；后者是人们民事权益的减损，不利于私益。这里的区分较为明显。

但是，在生态破坏行为引发生态灾难进而侵害他人人身、财产权益的情形下，可能受到侵害的受害人人数非常多，涉及面十分广。要将所有受害人全部凝聚起来共同提起侵权之诉不太现实，那么由其中某一个或几个人或者受害人之外的其他人提起的诉讼是否属于公益诉讼？笔者认为，不可一概而论。

从其名称即可看出，公益诉讼的目的是维护公共利益。哈耶克曾经提出：“（公共利益）作为一个整体，它不指向任何

[1] ［古希腊］亚里士多德：《政治学》，吴寿彭译，商务印书馆1965年版，第54页。

[2] ［德］哈特穆特·毛雷尔：《行政法学总论》，高家伟译，法律出版社2000年版，第40页。

[3] 陈新民：《中国行政法学原理》，中国政法大学出版社2002年版，第8页。

特定的具体目标，而是仅仅提供最佳渠道，使无论哪个成员都可以将自己的知识用于自己的目的。”[1]公共利益并不是多个私益简单相加的总和，更不会因侵权之诉中受害人人数众多而由此转变为公益诉讼。侵权诉讼救济的是受害人的民事权益，而公益诉讼救济的应当是私益所不能涵盖的、具有公共性的公共利益。

至于受害人人数众多的侵权诉讼，应当属于集团诉讼，或称为代表人诉讼。我国《民事诉讼法》第55条对此作出了规定：“诉讼标的是同一种类、当事人一方人数众多，在起诉时人数尚未确定的，人民法院可以发出公告，说明案件情况和诉讼请求，通知权利人在一定期间向人民法院登记。向人民法院登记的权利人可以推选代表人进行诉讼；推选不出代表人的，人民法院可以与参加登记的权利人商定代表人。代表人的诉讼行为对其所代表的当事人发生效力，但代表人变更、放弃诉讼请求或者承认对方当事人的诉讼请求，进行和解，必须经被代表的当事人同意。人民法院作出的判决、裁定，对参加登记的全体权利人发生效力。未参加登记的权利人在诉讼时效期间提起诉讼的，适用该判决、裁定。”集团诉讼是处理当事人众多而诉讼请求类似的案件的一种独特的诉讼程序。它是一种程序法上的创设，其本身并不是一种单独的诉讼类型。如果是侵权诉讼中一方主体人数众多，就可能产生侵权集团诉讼；如果是合同纠纷诉讼中一方主体人数众多，就可能产生合同纠纷集团诉讼。集团诉讼程序不会改变原有的诉讼类型。

公益诉讼之提出，并非因原告数量众多而称其为公益诉讼，

[1] ［英］弗里德里希·冯·哈耶克：《经济、科学与政治——哈耶克思想精粹》，冯克利译，江苏人民出版社2000年版，第393页。

而是因为公共利益确实遭受了侵害。一般来说，公共利益没有明确的依附主体，因此由某个人或者组织代表公众提起公益诉讼，[1]以维护公共利益。由于原告并非单纯为自己受侵害的权益而起诉，因此原告在公益诉讼中提出的诉讼请求一般不会使自己受益。例如，要求被告停止侵害行为；或者如《美国清洁水法》中的民事罚金制度，被告支付的罚金不是支付给原告而是收归国库，再由财政拨付用于水污染的治理。因此，在生态破坏行为发生后，如果针对环境生态功能降低提起诉讼，由于环境生态功能并不归属于特定主体，而是对普通公众都有影响，因此此时提起的诉讼应当纳入公益诉讼范畴。而如果是针对侵害他人民事权益问题提起诉讼，由于这里是私权益的救济，因此由受害人提起侵权诉讼即可；即便是存在众多受害人，甚至受害人人数多到难以确定的程度，也可以通过《民事诉讼法》第55条所规定的代表人诉讼程序来解决该问题。

本书研究的是生态破坏侵权责任，这种责任所救济的仅仅是受害人的民事权益，而不能涵盖公共利益。因此，在请求加害人承担生态破坏侵权责任时，仍然应当由民事权益遭受侵害的受害人作为原告来提起侵权诉讼，而不能由其他主体以公益诉讼的形式来追究加害人的侵权责任。

二、生态破坏侵权加害人对责任的承担

在生态破坏直接侵权的情况下，加害人较为容易确定，即直接侵害他人对自然资源享有的财产权益的行为人；而在生态破坏间接侵权的情况下，加害人则较为隐蔽且可能人数众多。

[1] 有资格提起公益诉讼的主体一般需要立法上的授权，如美国立法中允许符合法定条件的公民个人提起公益诉讼，而我国一般是由检察院、有关行政机关提起公益诉讼。

前文已述，在后一种情况下可以根据自然资源行政管理机关的行政许可名录来确定加害人；对于此名录之外的其他行为人，如果受害人有证据证明其从事过某种自然资源的开发利用活动，且最终因这种自然资源的开发利用不合理而引发生态破坏并进而导致受害人的权益遭受侵害，则受害人同样可以将该行为人列入被告行列。

如果加害人为单个行为人，则责任承担者只有其一个人，不存在责任分担问题。这种情形一目了然、较为简单。下面主要讨论的是加害人为多个人的情形，即数人生态破坏侵权的责任承担问题。

（一）加害人对受害人的责任承担

1. 连带责任与按份责任之选择

我国《侵权责任法》第 2 章“责任构成和责任方式”中涉及数人侵权责任的条款主要是第 8～14 条。

第 8 条规定：“二人以上共同实施侵权行为，造成他人损害的，应当承担连带责任。”对于该“共同”一词的内涵，存在不同解读。有人认为是指“共同故意、共同过失或故意行为与过失行为相结合”；[1] 也有人认为这里的“共同”既包括主观上的共同侵权行为，也包括客观上的共同侵权行为。[2]

第 10 条规定：“二人以上实施危及他人人身、财产安全的行为，其中一人或者数人的行为造成他人损害，能够确定具体侵权人的，由侵权人承担责任；不能确定具体侵权人的，行为人承担连带责任。”该条是关于共同危险行为的规定。共同危

[1] 王胜明主编：《中华人民共和国侵权责任法解读》，中国法制出版社 2010 年版，第 42 页。

[2] 杨立新：《侵权责任法：条文背后的故事与难题》，法律出版社 2011 年版，第 50 页。

险行为人只有证明损害后果并非由自己行为造成才能避免承担侵权责任，否则需要承担连带责任。

第11条和第12条都涉及数人分别实施侵权行为时的责任承担问题，但有所不同。第11条规定："二人以上分别实施侵权行为造成同一损害，每个人的侵权行为都足以造成全部损害的，行为人承担连带责任。"第12条则规定："二人以上分别实施侵权行为造成同一损害，能够确定责任大小的，各自承担相应的责任；难以确定责任大小的，平均承担赔偿责任。"显然，二者的区别在于数个侵权行为人中每个人的行为是否足以造成全部损害。有学者认为第11条规定的是叠加的共同侵权行为。尽管每个人都足以造成损害结果，但毕竟损害事实只有一个，因此，责任也只是一个。各个行为与这同一个损害结果之间的因果关系可以称为叠加的或累积的因果关系。[1]且由于每个行为都足以使损害结果发生，因此很难区分各个行为造成的损害结果的份额，所以立法者规定各个行为人承担连带责任。而第12条所规定的情况则有所不同，其规定的是分别实施的数人侵权行为且各行为人的行为都不足以产生损害结果，各侵权行为人分别承担责任。

由上述条文可以知道，在共同侵权的情况下，各侵权人承担连带责任；在分别侵权的情况下，如果各侵权人的侵权行为都足以导致损害后果，则承担连带责任，否则承担按份责任。因此，对共同侵权的界定就显得十分重要。有人对共同侵权的相关理论进行了归纳整理，主要观点有意思联络说、共同过错说、共同行为说、关联共同说（又称为行为关联论）、共同结果

[1] 杨立新：《侵权责任法：条文背后的故事与难题》，法律出版社2011年版，第59页。

说五种。其中，前两种是以主观标准来判断共同侵权是否成立，后三种则是以客观标准来认定。[1]这几种理论观点对于共同侵权行为的认定标准宽严有别，相应地，对受害人利益的保护和对加害人自由的束缚也有不同。共同侵权行为认定标准越严苛，令加害人承担连带责任就越困难，也就越不利于保护受害人利益，加害人的行为也就越自由；反之，如果共同侵权行为的认定标准较为宽松，加害人承担连带责任的可能性加大，那么其从事侵权行为的顾虑也就增多，受害人的权益保护也相对容易。有观点认为，为实现更充分地保护受害人的价值追求，可以放宽共同侵权的认定标准，扩大共同侵权的适用范围，或者扩大连带责任的适用范围，规定两个以上行为产生同一不可分割损害的，承担连带责任。[2]笔者认为，对共同侵权及连带责任适用标准的把握必须谨慎为之，尤其是在环境侵权领域，这种标准的设定牵涉到环境保护与经济发展的力量博弈。作为环境保护法领域内的人，我们当然希望更多地保护受害人的利益，对污染者和生态破坏者规定更加严厉的责任；但法律的制定必须要平等对待所有人，令绝大多数人都认可其合理性。因此，如果单纯为了保护受害人利益就对共同侵权及连带责任规定十分宽松的认定标准，加害人仅仅因为各自行为偶然结合导致同一个损害结果就要承担连带责任，则对于加害人来说难谓公正。从宏观上来说也不利于国家的经济建设和社会发展。

最初，学界认同共同侵权行为的最本质特征就是意思联络，认为只有各侵权行为人在主观上具有共同故意，才能将他

---

❶ 杨立新："共同侵权行为及其责任的侵权责任法立法抉择"，载《河南省政法管理干部学院学报》2006 年第 5 期，第 3 页。

❷ 唐忠辉：《环境共同侵权研究》，中国政法大学 2011 年博士学位论文，第 54 页。

们的行为结合成一个行为，多个行为人才应当对外承担一个完整的责任，即连带责任。郑玉波先生曾经提出："法律上所以加重规定者，乃因其既有行为之分担，复有意思之联络或共同之认识，同心协力，加害之程度必较单一之行为为重，故应使之负担较重之责任。否则若未同心，焉能协力，既不能协力，则虽有数人，其所为者与由各个人单独为之者何异，故无使负连带责任之理。"[1]意思联络说确定的连带责任范围过窄，不能使更多的受害人得到连带责任的保护，因此学界又认可共同过错是共同侵权行为的本质。这仍然停留在以主观上存在共同故意或过失为标准来判断是否构成共同侵权的阶段。但是随着时代的发展，数人侵权呈现出复杂化走向，尤其是在产品责任、环境侵权等案件中，加害人与受害人之间的实力悬殊也强烈要求法律加强对受害人的救济，共同侵权认定标准呈现出客观化趋势。"在较晚近的各国判例中，法官们开始确认即使是多数加害人没有意思上的联络，其共同行为造成损害的，也为共同侵权行为，应当承担连带责任。"[2]判断是否构成"共同行为造成损害"可以从以下两方面来着眼：一是数人的过错行为与所发生的损害结果之间是否都有因果关系；二是数人的共同行为所造成的损害是否不可分割。[3]由此，构成共同侵权行为的不仅包括行为人在主观上存在意思联络的情形，也包括客观关联的共同。前者比较容易理解；后者的判断主要是看数人的行

[1] 郑玉波：《民法债编总论》，三民书局1998年版，第166页。转引自程啸："论意思联络作为共同侵权行为构成要件的意义"，载中国民商法律网。

[2] 张新宝：《侵权责任法原理》，中国人民大学出版社2005年版，第81页。

[3] ［苏］约菲：《损害赔偿的债》，法律出版社1956年版，第65～66页。转引自杨立新："共同侵权行为及其责任的侵权责任法立法抉择"，载《河南省政法管理干部学院学报》2006年第5期，第6页。

为是否已经造成同一个损害结果，且该损害结果不可分。[1]此外，还须数人的行为对于损害的发生均为不可或缺的原因，必须各人的侵权行为结合起来才能造成同一的损害结果；如果缺少某个行为仍然会造成这个损害，则不符合“必要条件规则”，不构成共同侵权行为。[2]结合主观关联和客观关联恐怕是对共同侵权行为最妥当的认定方法。

在生态破坏直接侵权中，按照《侵权责任法》第8～14条的规定来处理即可，并无过多复杂与特别之处。

在生态破坏间接侵权中，如果能够确定多个加害人之间存在意思联络，则当然应当令其承担连带责任。但这种情形其实并不多见，现实中更多的情况是各加害人之间既无共同故意也无共同过失，而是在不同的时间、不同的地点从事自己独立的自然资源开发利用活动，最终因这些行为对生态环境破坏效应的累积而导致地质灾害，进而使他人人身、财产权益受到损害。例如，采矿企业甲、乙、丙、丁都在A县开采煤矿，这四个企业之间并无关联，但由于它们开采煤矿都要抽取大量地下水，最终导致A县地下水位下降，居民正常生产、生活的用水无法得到正常保障，这是采矿行为发生以前没有出现过的现象。另外，由于地下大面积挖空，导致A县某些地方的地面出现裂缝，周边居民的住房也岌岌可危。在此种情况下，甲、乙、丙、丁四个企业都不能否认自己的采矿行为与损害结果之间存在因果关系。可能丁企业会主张自己刚刚开始采矿行为3个月，而甲、乙、丙已经采矿多年，即便自己没有采矿，

---

❶ 刘兴善译：《美国法律整编·侵权行为法》，司法周刊杂志社1986年版，第710页。转引自杨立新：“共同侵权行为及其责任的侵权责任法立法抉择”，载《河南省政法管理干部学院学报》2006年第5期，第7页。

❷ 张新宝：《侵权责任法原理》，中国人民大学出版社2005年版，第81页。

也同样会出现地下水位下降、地面裂缝的现象。此时是否应当认为丁的采矿行为不是损害结果的必要条件而将其采矿活动排除在共同侵权行为之外呢？笔者认为不该如此。按照前文提及的“NESS”规则，丁无法证明自己采矿行为中抽取地下水的行为没有与其他企业抽取地下水的行为结合起来导致了地下水位的下降。也许甲、乙、丙各自抽取了2 000吨，丁只抽取了50吨，但抽掉6 050吨和6 000吨地下水对于地下水位下降的影响还是有所区别的（即使这种区别不是太大）。退一步来说，即使抽取3 000吨就可以造成最终的地下水位下降的结果，但丁也无法否认，也许是自己所抽取的50吨与其他企业所抽取的2 950吨结合起来导致的结果。因此，在连带责任抑或按份责任的选择上，应当先由各加害人承担连带责任；至于谁的责任较重谁的责任较轻，则属于加害人内部责任分担问题。

此外，在加害人主观上没有意思联络但客观行为结合起来造成同一损害结果的情况下，令各加害人承担连带责任也有其价值判断上的合理性。有法官在谈及环境污染数人侵权的责任承担问题时指出：“让风险控制能力强而更合适控制的加害人来承受因没有有效控制风险而导致污染侵权的损失，相对比较公平。正如人们所认为的，相对于生命、身体、健康无辜遭受侵害的受害人而言，与其让加害人承担按份责任而使受害人求偿不能，毋宁使加害人承担连带责任而致其追偿不能，在利益衡量上更为妥当。”[1]生态破坏间接侵权责任也与之类似。在生态破坏间接侵权的情形中，加害人相对于受害人来说往往经济实力更强；在难以判断应当令数个加害人承担连带责任还是按

[1] 陈现杰：“最高人民法院人身损害赔偿司法解释精髓诠释”，见王利明主编：《判解研究》（2004年第3辑），人民法院出版社2004年版，第18页。

份责任的情况下，选择前者更加符合法律扶弱抑强的精神。

2. 排除性侵权责任的承担

停止侵害、排除妨碍、消除危险等排除性侵权责任虽然已经在我国《侵权责任法》中有明确规定，但前文已经提及，要求加害人承担这类侵权责任应当比要求其承担损害赔偿责任更加谨慎，因为前者对于加害人（乃至整个社会经济发展）来说影响更为深远。

在此可以参考台湾学者的观点：“一般地，对生命、身体、健康有危害者，侵害重大且将来有继续侵害的高度可能性者，有造成金钱赔偿无法回复原状的损害之虞者，利益衡量上均准许排除环境侵害。而环境侵权（公害）案件忍受限度的判断，应综合下列情形为之：（1）受害利益的性质和程度；（2）侵害行为的形态、性质、程度及社会评价；（3）地区性；（4）加害人有无采取最完善的损害防治措施；（5）是否遵守公法上排放标准或管制要求；（6）土地利用的先后关系等。”❶

由此，在考虑生态破坏侵权中是否要求加害人承担停止侵害、排除妨碍、消除危险等责任时，可以考虑以下因素：受害人遭受的是否为人身权方面的损害，该损害是否十分严重；加害人的生态破坏行为是否在当地引起公众不满；该生态破坏行为是否在生态环境较为脆弱的区域进行；加害人造成生态不利影响的同时有没有采取相应的弥补措施；加害人是否在行政许可范围内从事自然资源的开发利用活动；加害人从事自然资源开发利用活动时，受害人是否已经在附近生活等。如果考量这些因素后发现加害人行为的社会负面性较强，则应当考虑要求

❶ 曾隆兴：《公害纠纷与民事救济》，三民书局股份有限公司1995年版，第78页。转引自马俊驹、罗丽：“日本环境侵权民事责任研究”，载《现代法学》第25卷第1期，第156页。

其承担停止侵害、排除妨碍、消除危险等责任。这样是对加害人的严厉惩罚，也是对受害人及潜在受害人消除隐患的保障。

就侵害排除方式而言，可以考虑转变传统制度中“有”或“无”的刻板思维。在传统理论中，排除性侵权责任要么是完全停止加害人的活动，要么就是维持侵害状态，令受害人继续忍受侵害，缺乏中间调整形态。这种“零或全部”“全输或全赢”的思维模式和制度规定无法实现双方当事人利益的均衡调配，在环境侵权救济领域具有十分严重的局限性。在这种模式下，法院往往倾向于保护加害人的产业活动和经济利益，非常不利于保护受害人权益。由此，“中间排除侵害”“部分排除侵害”等更具灵活性的理论和制度应运而生，如安装污染防治设备或设施、缩短企业营运时间、禁止企业在特定时间排污、限制扰民机场的飞机起降时间和建筑工地的施工时间等，都是中间排除侵害或部分排除侵害的表现形式。这样可以在环境侵害排除中更好地兼顾产业利益和保护公众权益、维护社会公平正义这两个方面的需要。[1]

具体到生态破坏侵权，也可以认真思考如何更好地实现中间排除侵害或部分排除侵害。例如，可以考虑要求矿产企业在干旱季节减少或停止抽取地下水；滥砍滥伐导致泥石流的，采伐者除了要对受害人进行损害赔偿外，还要暂停采伐活动直至森林密集度超出正常固土所需程度或减少其采伐额度等。

（二）加害人之间的责任分担

当生态破坏侵权行为人为数人时，无论这些行为人之间承

---

[1] 金瑞林：“环境侵权与民事救济——兼论环境立法中存在的问题”，北京大学法律系、香港城市大学法学院第二次法学学术讨论会论文，第5页。转引自马俊驹、罗丽：“日本环境侵权民事责任研究”，载《现代法学》第25卷第1期，第156页。

担的是按份责任还是连带责任，都需要解决责任分担问题，区别只是在于是先分担再向受害人承担责任，还是先连带向受害人承担责任再进行内部责任划分。责任分担的时间先后并不影响划分责任所需要考虑的因素。

《侵权责任法》第14条第1款规定："连带责任人根据各自责任大小确定相应的赔偿数额；难以确定责任大小的，平均承担赔偿责任。"这里只是确定了连带责任人之间划分责任的原则——根据责任大小，但没有明确怎样来确定各人的责任大小。诚然，各侵权行为人责任大小的判断在现实生活中可能出现千差万别的情形，法律不可能穷尽所有可能，给出具体的衡量标准。该法第67条规定了环境污染数人侵权中污染者的责任分担："两个以上污染者污染环境，污染者承担责任的大小，根据污染物的种类、排放量等因素确定。"由此，确定环境污染侵权中各污染者责任大小的主要依据就是污染物的种类、排放量等。

有学者在论及数人侵权责任分担问题时提出比例份额责任（proportional share liability）理论，这是美国学者在市场份额责任（market share liability）理论的基础上进一步发展提出的。1980年，美国加州最高法院在Sindell v. Abbott Laboratories一案中首次采纳了市场份额责任理论。它"是指在复数企业的缺陷产品致人损害而又不能证明具体是哪个企业的产品致害时，由生产企业按其产品占有市场之份额对被害人承担赔偿责任的理论"[1]。但有学者提出，市场份额只是比例份额责任理论中用于合理确定责任份额的方式之一。当产品具有相同的致

[1] 鲁晓明："论美国法中市场份额责任理论及其在我国的应用"，载《法商研究》2009年第3期，第152页。

害风险率时，市场份额责任是一种较为理想的责任划分方式。但如果各企业的致害风险率明显不同，则依靠市场份额很难合理划分责任。此时，适用比例份额责任理论可以通过综合使用各种可获得的信息来合理划分责任，以更加公平地反映被告行为的致害概率和风险贡献率。[1]

这种比例份额责任理论在生态破坏侵权责任中也可以加以借鉴。当生态破坏侵权为数人侵权时，可以根据各侵权行为人开发、利用自然资源的数量、时间、种类等因素来确定其各自应当承担责任的份额。例如，在某一地区既有煤矿企业也有铁矿的情况下，由于不同矿藏种类的采挖对地下水造成的影响有所不同，因此不能再仅仅根据矿藏的采挖量来确定责任份额，而是要结合各采矿企业在采矿过程中抽取地下水的具体需求来计算责任份额。这里涉及较多的技术知识要求。

第四节　生态破坏侵权责任立法建议

前文已述，现有法律中涉及生态破坏侵权责任的主要是自然资源开发利用和保护相关的单行法，如《森林法》《草原法》《水土保持法》《水法》等。这些法律中大多只是以一个或寥寥几个条文规定某种自然资源遭到破坏时行为人应当承担的民事责任，且大多数规定的是生态破坏直接侵权责任，只有个别条文的内容体现出生态破坏间接侵权责任的含义。这些寥寥可数的条文中还有很大一部分呈现出强烈的民事责任行政化的色彩：在许多情况下，当自然资源遭到他人破坏时，由有关

[1] 竺效："论无过错联系之数人环境侵权行为的类型——兼论致害人不明数人环境侵权责任承担的司法审理"，载《中国法学》2011 年第 5 期，第 103 页。

行政主管部门责令加害人承担停止侵害、恢复原状、赔偿损失等责任，即运用行政裁决的途径来实现民事责任。显然，行政裁决的决定不以当事人申请为前提，有关行政机关可以主动进行处理，这并不符合侵权责任的运行机理。可以看出，与环境污染责任的立法现状相比，生态破坏侵权责任在立法中所占的比重以及立法水平都十分不足，亟待完善。

要完善生态破坏侵权责任立法有两种选择：一种选择是制定一部专门的“生态破坏侵权责任法”，将与生态破坏侵权责任相关的内容全部囊括其中；另一种选择是在现有的各部相关法律中修改或者增加生态破坏侵权责任条款，使其更加明确、更加合理、更具有可操作性。前者固然能够更加系统地对生态破坏侵权责任进行规定，但也存在诸多问题：首先，我国立法资源相当有限，不可能一有任何法律制度需要就都进行单独立法，并且一部法律从法律案动议的提出到法律的最终出台从来都是旷日持久。其次，一部新法的制定一般都是因为其具有较强的独立性，其他法律难以涵盖其内容，方有必要出台一部新的法律；但生态破坏侵权责任问题并不具有那么强的独立性，它从属于侵权责任，又与自然资源密切相关，而我国已经有专门的《侵权责任法》和多部自然资源开发利用与保护相关的单行法律。最后，我国已经形成中国特色社会主义法律体系，与环境相关的立法体系已经较为完善。《侵权责任法》从总体上对我国侵权责任的一般和特殊规定已经系统地作出规定。《环境保护法》尽管已经落后于时代的需要，但作为环境保护方面的综合性法律，该法对环境保护相关的问题（包括侵权责任）进行了总括性的规定，只是有待修改完善。《森林法》《草原法》《水法》《矿产资源法》等与自然资源的开发利用及保护密切相关的法律中也都安排了独立的“法律责任”章节。在这样的立法背景下，只要在综合性的《侵权责任法》《环境保护法》中对生态破坏侵权责任进行总体性、原则性的规定，在各部自然资源相关单行法的“法律责任”部分对该法所调整的自然资源遭到破坏时产生的侵权责任作出具有针对性的规定，即可形成总体与部分相结合、基本原则和具体规则相呼应的生态破坏侵权责任立法体系。综合考虑以上因素，笔者认为选择第二种立法模式对于完善我国生态破坏侵权责任立法更加合理。

任何法律制度的完善都必然是一个缓慢的过程，不可能一蹴而就。加之生态破坏侵权责任牵涉到生态环境保护和社会经济发展两个方面，若责任过严则可能阻碍经济发展，若责任过松则又不利于环境保护。因此，对这种责任的规制需要经过长期的研究和探索。笔者认为，为了增强建议的可行性，可以先选择某一种自然资源作为突破口，对该自然资源开发利用过程中发生的生态破坏侵权责任进行法律规制；在该领域的生态破坏侵权责任趋于成熟之后，再以此为基础，展开对其他自然资源相关的生态破坏侵权责任进行法制完善的工作。经过比较，笔者认为，选择矿产资源作为突破口较为合适。

较之于其他自然资源，矿产资源的开采在法律中受到的限制更加严格，其所有权仅归属于国家。必须依法取得探矿权、采矿权并办理登记，方可进行矿产资源的勘察、开采活动，[1]且还必须符合规定的资质条件。而对于其他自然资源，如水资源、森林资源等，尽管法律中也有取水许可、林木采伐许可等制度，但法律同时又规定了一些例外情形，在有许多人从事取

[1] 依《矿产资源法》第3条第3款的规定，已经依法申请取得采矿权的矿山企业在划定的矿区范围内为本企业的生产而进行勘察的，不需要再申请取得探矿权。

水、伐木行为时并不需要取得行政许可。因此，较之于其他自然资源，在矿产资源的开发利用活动中寻找生态破坏侵权责任主体的难度要小得多。以矿产资源作为突破口是目前进行生态破坏侵权责任法制完善的可行方案，但这并不是说仅仅修改《矿产资源法》即可。作为环境保护领域综合性立法的《环境保护法》以及作为侵权责任领域根本性立法的《侵权责任法》都与矿产资源的生态破坏侵权责任有关，[1] 只有在这两部法律中为矿产资源的生态破坏侵权责任预留特别法的立法空间，才能彼此呼应、共同构建矿产资源相关的生态破坏侵权责任。

一、修改《环境保护法》的建议

《环境保护法》实施至今已逾 20 年，对我国环境保护工作的进行起到了不可磨灭的作用。但毕竟该法制定于 20 世纪 80 年代，具有很强的时代局限性，对于近年来产生的许多环境问题并未进行规制，因此修改《环境保护法》的呼声越来越高涨。本书研究的是生态破坏侵权责任，因此仅考虑该法民事责任条款的修改，对其他需要修改的内容不作研究。

《环境保护法》中涉及侵权责任的主要有第 41 条和第 44 条。[2]第 41 条规定了造成环境污染危害的情况下承担的排除危

---

[1] 《民法通则》当然也与生态破坏侵权责任密切相关，该法已经远远落后于时代需要，亟待修改。但该法是整个民法领域中的基本法，其中涉及侵权责任的内容仅占很小的篇幅。在未来民法典的制定中，《民法通则》中的主要内容经修改完善后应纳入民法典的总则编，而关于侵权责任的问题则会将现有的《侵权责任法》进行修改完善之后纳入债编。因此，本节不再针对《民法通则》提出修改建议。

[2] 《环境保护法》第 42 条规定了环境污染损害赔偿的诉讼时效，这是诉讼程序方面的规定，与侵权责任的实体内容并无太大关联，在此不考虑其是否需要修改的问题。

害和赔偿损失责任，并规定了不可抗力作为免责事由；第 44 条规定了违反该法规定，造成自然资源破坏的，依照有关法律的规定承担法律责任。这两条将环境污染与生态破坏引起的侵权责任分开来单独规定，对于环境污染侵权责任，从第 41 条可以直接看出其责任承担方式、责任构成要件、受害人寻求救济的途径以及免责事由等；而对于生态破坏引发的侵权责任，该法并未直接规定其具体责任内容，而是引向“有关法律”，交由其他有关法律来进行规定。

这种分不同条款分别规定环境污染侵权责任和生态破坏侵权责任的立法模式并无太大问题，毕竟二者分属不同类型的侵权，但针对这两种情形规定的责任内容的细致程度相差甚远可以明显反映出立法者在制定该法时对生态破坏侵权责任的回避态度。也许是考虑到不同自然资源遭受破坏时引发的责任差异较大，难以作出总体性的规定，因此立法者才采用了这种“委托”其他法律规定的形式。但该法第 44 条在“委托”其他法律规定生态破坏相关法律责任之前，又设定了一个前提条件——“违反本法规定”，这就给生态破坏侵权责任预设了“违法性”这一责任构成要件。根据前文对生态破坏侵权责任构成要件的分析，“违法性”不应当成为其责任构成要件。如果只有违法行为才须承担生态破坏侵权责任的话，那么许多情况下的生态破坏间接侵权行为人可能就不必承担侵权责任。例如，采矿企业开采矿产资源的，绝大多数都依法取得了采矿权，属于合法采矿行为。但即便是合法采矿，仍可能会引发地面塌陷的后果，进而侵害他人的人身、财产权益。在这种情况下，按照现在的《环境保护法》第 44 条的规定，采矿企业并没有违反《环境保护法》的规定，也就不必“依照有关法律的规定承担法律责任”，这显然对受害人有失公允。并且其与

《矿产资源法》第32条第3款的规定是不相符的，该款规定："开采矿产资源给他人生产、生活造成损失的，应当负责赔偿，并采取必要的补救措施。"矿产资源开采者负赔偿责任并不以"违法"为要件。因此，《环境保护法》第44条中所规定的违法性要件实有画蛇添足之嫌。

笔者建议将该法第44条修改为："在开发利用土地、森林、草原、水、矿产、渔业、野生动物等自然资源的过程中产生的法律责任，依照有关法律的规定承担。"[1]这样一方面延续了原有的"委托"其他法律规定开发利用自然资源过程中产生的法律责任的方式，另一方面删减了"违法性"要件，可以使该条与其他相关法律更好地配套使用。如果自然资源开发利用及保护相关法律中规定了侵权责任以"违法性"为要件，那么可以运用"特别法优于一般法"的法律适用规则，并不存在冲突。一般来说，综合性、一般性的立法在条文中规定的限制性条件应当越少越好。

二、修改《侵权责任法》的建议

《侵权责任法》第1～4章规定了侵权责任相关的总体性规定；第5～11章则规定了7种较为特殊的侵权责任，由于这些特殊的侵权类型具有各自的特殊性，因此法律特别对其制定了不同的规则。其中第8章规定了"环境污染责任"，以4条的篇幅规定了环境污染行为产生的侵权责任中的责任构成要件、因果关系举证责任倒置、污染者为数人时的责任分担、第三人过错侵权等问题，这些规定都有别于一般侵权责任适用的

---

[1] 《环境保护法》第41条规定的是环境污染产生的侵权责任，本书不再讨论其修改方案。

规则。而《侵权责任法》对生态破坏侵权并未特别提及，根据该法从一般到特殊的立法结构，第5～11章中未单独提及的侵权类型应当作为一般侵权适用前4章的规定。

根据前文分析，生态破坏直接侵权中，生态破坏行为对他人自然资源所有权或使用权的侵害与一般的财产侵权并无差异，可以作为一般侵权对待，适用一般侵权责任规则。但生态破坏间接侵权则与环境污染侵权类似，具有许多特殊性质，如果对其适用一般侵权规则会导致受害人很难得到救济。因此，笔者认为，应当扩大《侵权责任法》第8章的适用范围，将“环境污染责任”扩大为“环境侵权责任”，并将生态破坏侵权责任的相关内容增加到该章中加以规定。

为方便对照比较，笔者将针对该章的立法修改建议以表二形式列示如下：

表二 《侵权责任法》第8章条文修改建议

	《侵权责任法》现有条款	修改建议	修改之处
第8章	环境污染责任	环境侵权责任	将“环境污染”扩大为“环境侵权”，可以涵盖生态破坏侵权责任
第65条	因污染环境造成损害的，污染者应当承担侵权责任	因污染环境或破坏生态侵害他人民事权益的，侵权人应当承担侵权责任	（1）将“污染环境”修改为“污染环境或破坏生态”； （2）将“造成损害”修改为“侵害他人民事权益”，将未造成损害但有损害之虞的情形纳入，以呼应停止侵害、排除妨碍、消除危险等责任形式； （3）将“污染者”修改为“侵权人”

续表

	《侵权责任法》现有条款	修改建议	修改之处
第 66 条	因污染环境发生纠纷，污染者应当就法律规定的不承担责任或者减轻责任的情形及其行为与损害之间不存在因果关系承担举证责任	因污染环境或破坏生态发生纠纷，受害人须承担初步举证责任，证明自己所受侵害与侵权人行为之间可能存在因果关系。受害人完成初步举证责任之后，侵权人应当就法律规定的不承担责任或者减轻责任的情形及其行为与损害之间不存在因果关系承担举证责任	(1) 将“污染环境”修改为“污染环境或破坏生态”； (2) 将完全的因果关系举证责任倒置修改为受害人对因果关系承担初步证明责任之后由侵权人承担举出反证的举证责任
第 67 条	两个以上污染者污染环境，污染者承担责任的大小，根据污染物的种类、排放量等因素确定	增加第 2 款： 两个以上行为人破坏生态，承担责任的大小，根据开发利用资源的数量、种类、时间长度等因素确定	增加该款是为了对生态破坏行为人相互之间的责任分担提出划分依据，但这只是加害人之间的责任划分问题，与受害人无关。究竟应采用连带责任还是按份责任，还要根据《侵权责任法》第 2 章来确定
第 68 条	因第三人的过错污染环境造成损害的，被侵权人可以向污染者请求赔偿，也可以向第三人请求赔偿。污染者赔偿后，有权向第三人追偿	因第三人的过错污染环境或破坏生态造成损害的，被侵权人可以向污染者或生态破坏行为人请求赔偿，也可以向第三人请求赔偿。污染者或生态破坏行为人赔偿后，有权向第三人追偿	将污染环境扩大到污染环境或破坏生态

鉴于生态破坏直接侵权并不具有区别于一般侵权的特殊性，没有对其适用特殊规则的需要。因此，第 8 章不应包含生态破坏直接侵权的内容，可以在本章最后增加一条将其予以排

除："侵害自然资源所有权或使用权的侵权行为不适用本章规定。"

三、修改《矿产资源法》的建议

既然选择矿产资源作为生态破坏侵权责任立法修改的突破口，那么在对《环境保护法》和《侵权责任法》这两部综合性立法提出修改建议之后，就要针对《矿产资源法》这部关于矿产资源开发利用及保护的单行法提出具体的修改建议。在进行条文修改之前，要先把握修改的主要方向。

首先，要扭转现有立法中生态破坏侵权责任条款的民事责任行政化倾向，将规定侵权责任内容的条款在"法律责任"一章中单独规定，而不是安排在其他章节，也不应附随在行政责任条款中简略提及。[1]

其次，要区分生态破坏直接侵权与生态破坏间接侵权，考虑二者不同的归责原则和责任构成要件，作出不同的侵权责任规定。

最后，要将新增加的侵权责任条款与其他原有条款进行整合，避免重复、矛盾的规定。

确定修改该法中关于生态破坏侵权责任的条款的主要方向之后，应当理清与矿产资源有关的生态破坏侵权责任可能出现的情形。

（一）生态破坏直接侵权

矿产资源属于国家所有，单位或个人可以申请取得探矿权或采矿权，它们属于经行政许可取得的用益物权。《物权法》第123条规定："依法取得的探矿权、采矿权、取水权和使用

[1] 如《草原法》第66~70条。

水域、滩涂从事养殖、捕捞的权利受法律保护。”《侵权责任法》第2条明确规定用益物权属于该法救济对象。

《矿产资源法》第19条第2款规定：“禁止任何单位和个人进入他人依法设立的国有矿山企业和其他矿山企业矿区范围内采矿。”针对此条禁止性规定，该法第39条第2款作出了关于法律责任的回应：“单位和个人进入他人依法设立的国有矿山企业和其他矿山企业矿区范围内采矿的，依照前款规定处罚。”[1]

在此种情形下，单位或个人进入他人矿山采矿的行为，显然侵犯了依法取得采矿权的矿山企业所享有的采矿权，属于开发利用矿产资源的过程中直接侵害了他人的财产性权益，也就是本书所说的生态破坏直接侵权。但是第39条中只规定了“处罚”，尽管处罚的形式包括责令停止开采、赔偿损失等类似于侵权责任的内容，但这种带有浓重行政责任色彩的责任并不能替代侵权责任。笔者建议将第39条第2款从该条中抽离出来，规定此种侵害他人采矿权的行为的侵权责任。由于进入他人矿山并采矿的行为本身即蕴含了“有过错”的含义（任何一个理性的人都不能托辞说自己不小心进入他人的矿山并且毫不知情地开采了他人矿区中的矿产资源），所以在规定其侵权责任时，无须再特别强调过错要件。综上所述，可以将该条修改为：“单位或个人进入他人依法设立的国有矿山企业和其他矿山企业矿区范围内采矿的，采矿权人有权要求其停止侵

---

[1] 该条第1款的内容是：“违反本法规定，未取得采矿许可证擅自采矿的，擅自进入国家规划矿区、对国民经济具有重要价值的矿区范围采矿的，擅自开采国家规定实行保护性开采的特定矿种的，责令停止开采、赔偿损失，没收采出的矿产品和违法所得，可以并处罚款；拒不停止开采，造成矿产资源破坏的，依照《刑法》第一百五十六条的规定对直接责任人员追究刑事责任。”

害、排除妨碍、消除危险；给采矿权人造成损害的，依法承担损害赔偿责任。”对他人探矿权的侵害可以类比该条追究侵权责任。

至于第 39 条第 1 款所规定的情形，当属于对国家的矿产资源所有权的侵害。国家既是侵权法律关系中的受害人，又是行政法律关系中的管理者和执法者。因此，当其所有权遭受侵害时，国家可以运用自己的行政权力，对侵害其所有权的加害人作出行政处罚，而无须诉诸侵权诉讼。因此，针对矿产资源所有权遭受侵害的情形，可以不必再单独规定其侵权责任。

（二）生态破坏间接侵权

当开采矿产资源间接侵害他人民事权益时，也会产生侵权责任。

《矿产资源法》第 32 条规定：“开采矿产资源，必须遵守有关环境保护的法律规定，防止污染环境。”

“开采矿产资源，应当节约用地。耕地、草原、林地因采矿受到破坏的，矿山企业应当因地制宜地采取复垦利用、植树种草或者其他利用措施。”

“开采矿产资源给他人生产、生活造成损失的，应当负责赔偿，并采取必要的补救措施。”

该条规定在《矿产资源法》第 4 章“矿产资源的开采”部分。显然，该条前 2 款是对矿产资源开采者提出的注意保护环境的要求，而第 3 款的内容则蕴含了在开采矿产资源没有保护好环境并间接侵害他人民事权益的情况下所须承担法律责任的含义。这种责任条款安插在“矿产资源的开采”一章中显然不太合理，应当将该条第 3 款从该条中分离出来，纳入“法律责任”部分，单独成一条规定在矿产资源开采过程中产生的生态破坏间接侵权责任。

该款对赔偿责任采用的是无过错责任归责原则，应当予以坚持。但其中规定的另一构成要件是“给他人生产、生活造成损失的”，鉴于“损失”一般来说指的是财产损失，而不包含人身损害，这种救济的对象未免过于狭窄，有必要进行扩展。此外，“采取必要的补救措施”的含义模糊，也不是严格意义上的侵权责任承担方式。因此，有必要对该款内容进行修改完善。可以在“法律责任”一章中，在规定矿产资源开采过程中的生态破坏直接侵权责任的条款之后，规定生态破坏间接侵权责任：“开采矿产资源导致他人民事权益遭受损害或有损害之虞的，应当依法承担侵权责任”。此外，该条中还可增加第 2 款对因果关系举证责任进行规制：“因本条第 1 款纠纷发生诉讼的，受害人须承担初步举证责任，证明自己所受侵害与加害人采矿行为之间可能存在因果关系。受害人完成初步举证责任之后，由加害人就法律规定的免责事由及其行为与损害结果之间不存在因果关系承担举证责任”。

四、完善其他相关单行法

选择《矿产资源法》作为生态破坏侵权责任立法完善的突破口，源于其行为主体的易确定性；并且在生态破坏间接侵权的情况下，作为加害人的矿产企业与作为受害人的周边居民的经济实力悬殊。当矿山企业在无过错的情况下造成周边居民人身、财产受到侵害时，由矿山企业来承担不利后果较之于让受害人自吞苦果更加公平合理。并且该法第 32 条本来就已经规定了类似于笔者所说的生态破坏间接侵权责任的内容，对其进行位置调整和内容部分修改所遭遇的阻力相对来说也会比较小。所以，可以先尝试在《矿产资源法》中规定生态破坏直接侵权责任和间接侵权责任。

但生态破坏侵权问题普遍存在于各种自然资源的开发利用活动中，因此，不能因为《矿产资源法》的修改难度较小就止步于此，而是应该以该法作为一个起点，对生态破坏侵权责任进行立法探索，在《矿产资源法》中规定生态破坏侵权责任之后经过法律的实践来更加清楚地认识和掌握对生态破坏侵权应当如何更加合理地规定侵权责任。经过一段期间的摸索之后，可以在总结《矿产资源法》中生态破坏侵权责任条款的经验教训的基础上，逐渐在其他自然资源开发利用与保护相关的单行法当中增加生态破坏侵权责任条款。这样一个先易后难、循序渐进的过程可以增强生态破坏侵权责任立法完善的可操作性，降低其难度。

结　论

我国环境保护立法体系已经较为完善，但该体系中的许多法律在制定时立法水平不足、规范内容不全面、责任界定不清晰、不同法律之间相互矛盾等问题十分突出。此外，由于我国"官本位"的传统思想较为顽固，部门立法模式在相当长时期内是我国主要的立法方式，我国环境相关立法因此明显体现出"重行政轻民事、重实体轻程序、重处罚轻赔偿"[1]的失衡特征，甚至许多原属于民事责任领域的侵权责任也以行政部门责令承担的方式规定在法律当中。因此，对我国环境立法进行修改完善可谓任重而道远。

现有立法中大多数关于生态破坏侵权责任的规定是针对自然资源所有权或使用权遭到侵害时产生的侵权责任，即本书所说的生态破坏直接侵权责任。而生态破坏间接侵权的情形则仅在少数法律中以个别条文有所提及，并且这个别条文还未能在司法实践中得到运用。对于生态破坏行为引发的侵权问题，现有法律提供的救济明显不足。这在很大程度上与生态破坏侵权的极端复杂性密切相关。由于生态破坏问题往往规模庞大、影响至巨，生态破坏行为人人数众多、难以遍寻，并且确定生态破坏行为与损害后果之间的因果关系难度极大，涉及生物学、地质学、地理学、气象学等诸多学科的专业知识，如此高的难

[1] 王灿发："论环境纠纷处理与环境损害赔偿专门立法"，载《政法论坛》2003年10月刊，第20页。

度已经令人望而却步。但更为关键的问题在于，如何合理维持生态环境保护与社会经济发展之间的平衡。如果令合法的自然资源开发利用行为人承担侵权责任，是否会极大挫伤经济活动主体的积极性？如果不追究其侵权责任，是否对于受害人来说有失公允？经济发展效率与法律公平正义的碰撞在此也是一览无遗。可持续发展原则作为口号和标语已经被提倡多年，但怎样才能真正实现可持续发展、既要维持发展步伐又保证其可持续性，一直以来都还处于摸索的过程中。仍处于社会主义初级阶段的中国必须要满足13亿人民的生活需要，在这样的国情下，严格地追究生态破坏侵权责任是否妥当？这些都是立法者不得不认真考虑的问题。

学术探讨须立足于现实，但也应当具有一定的超前性，否则会失去研究价值。作为法科学生，笔者深切地认为，现实的困境不能也不应成为理论研究裹足不前、畏首畏尾的理由。

法律以权利和义务为核心内容。自法律创设“权利”以来，世世代代的人都在不断地为权利而斗争。如果只有权利规范而没有权利保护机制，则权利规范将形同虚设，因为“如果无人维护权利，在法律中确立权利将是毫无意义的”。[1]从这个意义上来讲，完整的权利应当包含救济的权利。那么，既然在生态破坏侵权中受害人的民事权益受到了侵害，就应当赋予其寻求救济的机会与途径。而这种救济只能通过法律中的侵权责任来实现。本书通过类型化分析的方法来归纳分析生态破坏直接侵权和生态破坏间接侵权分别应当适用的归责原则和责任构成要件；并选择以《矿产资源法》作为立法完善的突破口，建议在该法

[1] ［美］C. H. 麦基文：《宪政古今》，翟小波译，贵州人民出版社2004年版，第62页。

中修改和增加生态破坏侵权责任相关的条款，以便为矿产资源开发利用活动中发生的生态破坏侵权提供明确的侵权责任法律依据。更加期望能够以此为基础展开生态破坏侵权责任立法完善的探索研究，通过不断总结经修改完善后的《矿产资源法》在实施过程中的经验教训，为其他有关自然资源开发利用与保护的单行法增加生态破坏侵权责任条款提供借鉴。

当然，笔者深知这种学术上的探讨和立法时的构想永远难以应对实际案例的纷繁复杂，法官在司法实践中的正确判断与合理裁量才是实现法律公平正义的最终途径。笔者只是期望自己进行的理论研究、提出的立法建议能够为生态破坏侵权责任立法完善尽微薄之力，以接近有效保护和救济民事权益、切实维护与实现公平正义的理想状态。

参考文献

一、中文著作类

[1] 金瑞林，主编. 环境与资源保护法学 [M]. 2 版. 北京：高等教育出版社，2006.
[2] 王灿发. 环境法学教程 [M]. 北京：中国政法大学出版社，1997.
[3] 金瑞林，汪劲. 20 世纪环境法学研究评述 [M]. 北京：北京大学出版社，2003.
[4] 吕忠梅，主编. 环境资源法学 [M]. 北京：中国政法大学出版社，2005.
[5] 吕忠梅，主编. 环境法案例辨析 [M]. 北京：高等教育出版社，2006.
[6] 蔡守秋，主编. 环境资源法教程 [M]. 北京：高等教育出版社，2004.
[7] 周珂. 环境法 [M]. 2 版. 北京：中国人民大学出版社，2005.
[8] 徐祥民，主编. 环境法学 [M]. 北京：北京大学出版社，2005.
[9] 曾世雄. 民法总则之现在与未来 [M]. 台北：三民书局，1993.
[10] 孙森焱. 新版民法债编总论（上册）[M]. 台北：文泰印刷企业有限公司，2004.

[11] 黄风. 罗马私法导论 [M]. 北京：中国政法大学出版社，2003.
[12] 陈朝璧. 罗马法原理 [M]. 北京：法律出版社，2006.
[13] 王泽鉴. 侵权行为法（第1册）[M]. 北京：中国政法大学出版社，2001.
[14] 王泽鉴. 民法学说与判例研究（第5册）[M]. 北京：中国政法大学出版社，1998.
[15] 张新宝. 中国侵权行为法 [M]. 2版. 北京：中国社会科学出版社，1998.
[16] 王卫国，主编. 民法 [M]. 北京：中国政法大学出版社，2007.
[17] 姚志明. 侵权行为法 [M]. 台北：元照出版有限公司，2005.
[18] 王利明. 侵权行为法研究（上卷）[M]. 北京：中国人民大学出版社，2004.
[19] 谢瑞智，编著. 法律百科全书Ⅳ　民法 [M]. 台北：三民书局，2008.
[20] 佟柔等. 民法概论 [M]. 北京：中国人民大学出版社，1982.
[21] 张新宝. 侵权责任法 [M]. 北京：中国人民大学出版社，2006.
[22] 王利明，主编. 中华人民共和国侵权责任法释义 [M]. 北京：中国法制出版社，2010.
[23] 王胜明，主编. 中华人民共和国侵权责任法释义 [M]. 北京：法律出版社，2010.
[24] 马骧聪. 环境保护法 [M]. 成都：四川人民出版社，1998.

[25] 曹明德. 环境侵权法［M］. 北京：法律出版社，2000.
[26] 邹雄. 环境侵权救济研究［M］. 北京：中国环境科学出版社，2004.
[27] 吕忠梅. 环境法新视野［M］. 北京：中国政法大学出版社，2000.
[28] 陈泉生. 环境法原理［M］. 北京：法律出版社，1997.
[29] 蔡守秋. 调整论——对主流法理学的反思与补充［M］. 北京：高等教育出版社，2003.
[30] 张梓太. 环境法律责任研究［M］. 北京：商务印书馆，2004.
[31] 赵国青，主编. 外国环境法选编（下册）［M］. 北京：中国政法大学出版社，2000.
[32] 宋宗宇. 环境侵权民事责任研究［M］. 重庆：重庆大学出版社，2005.
[33] 台大法学基金会，编纂. 国际环境损害判例汇编［M］. 我国台湾地区"行政院环境保护署"，1994.
[34] 曾世雄. 损害赔偿法原理［M］. 台北：三民书局，1996.
[35] 韩强. 法律因果关系理论研究——以学说史为素材［M］. 北京：北京大学出版社，2008.
[36] 李仁玉. 比较侵权行为法［M］. 北京：北京大学出版社，1996.
[37] 邹雄. 环境侵权法疑难问题研究［M］. 厦门：厦门大学出版社，2010.
[38] 王利明，杨立新. 侵权行为法［M］. 北京：法律出版社，1996.
[39] 王家福，主编. 中国民法学·民法债权［M］. 北京：法律出版社，1993.

[40] 陈新民. 中国行政法学原理 [M]. 北京：中国政法大学出版社，2002.
[41] 王胜明，主编. 中华人民共和国侵权责任法解读 [M]. 北京：中国法制出版社，2010.
[42] 杨立新. 侵权责任法：条文背后的故事与难题 [M]. 北京：法律出版社，2011.
[43] 徐祥民. 对公民“环境使用权”的意义的疑问 [M] //中国环境资源法研究会. 中国海洋大学法学院论文集. 青岛：中国海洋大学出版社，2003.
[44] 王军. 大陆法系侵权法上严格责任比较研究——兼论其中的过错推定制度 [M] //沈四宝，主编. 国际商法论丛（第6卷）. 北京：法律出版社，2004.
[45] 陈现杰. 最高人民法院人身损害赔偿司法解释精髓诠释 [M] //王利明，主编. 判解研究（2004 年第 3 辑）. 北京：人民法院出版社，2004.
[46] [日] 森岛昭夫. 日本法上的环境责任 [M] //吕忠梅，徐祥民，主编. 环境资源法论丛（第 4 卷）. 北京：法律出版社，2004.
[47] [德] 鲁道夫·冯·耶林. 为权利而斗争 [M] //梁慧星，主编. 民商法论丛（第 2 卷）. 北京：法律出版社，1994.

二、中文译著类

[1] [美] E. 博登海默. 法理学——法律哲学和法律方法 [M]. 邓正来，译. 北京：中国政法大学出版社，2004.
[2] [德] 克雷斯蒂安·冯·巴尔. 大规模侵权损害责任法的改革 [M]. 贺栩栩，译. 北京：中国法制出版社，2010.
[3] [德] 克雷斯蒂安·冯·巴尔. 欧洲比较侵权行为法（上

卷）[M]. 张新宝，译. 北京：法律出版社，2001.
[4] [德] 克雷斯蒂安·冯·巴尔. 欧洲比较侵权行为法（下卷）[M]. 张新宝，译. 北京：法律出版社，2001.
[5] [德] 马克西米利安·福克斯. 侵权行为法 [M]. 5 版. 齐晓琨，译. 北京：法律出版社，2004.
[6] [日] 田山辉明. 日本侵权行为法 [M]. 顾祝轩，丁相顺，译. 北京：北京大学出版社，2011.
[7] [英] 弗里德里希·冯·哈耶克. 自由秩序原理 [M]. 邓正来，译. 北京：三联书店，1997.
[8] [德] 迪特尔·施瓦布. 民法导论 [M]. 郑冲，译. 北京：法律出版社，2006.
[9] [德] 卡尔·拉伦茨. 法学方法论 [M]. 陈爱娥，译. 北京：商务印书馆，2004.
[10] [美] 约翰·罗尔斯. 正义论 [M]. 谢延光，译. 上海：上海译文出版社，1991.
[11] [日] 原田尚彦. 环境法 [M]. 于敏，译. 北京：法律出版社，1999.
[12] 日本律师协会，主编. 日本环境诉讼典型案例与评析 [M]. 皇甫景山，译. 北京：中国政法大学出版社，2011.
[13] [德] 恩格斯. 自然辩证法 [M]. 王光远，译. 北京：人民出版社，1984.
[14] [德] 莱奥·罗森贝克. 证明责任论——以德国民法典和民事诉讼法典为基础撰写 [M]. 庄敬华，译. 北京：中国法制出版社，2002.
[15] [美] 理查德·A. 波斯纳. 法律的经济分析 [M]. 蒋兆康，译. 北京：中国大百科全书出版社，1996.
[16] [美] 肯尼斯·S. 亚伯拉罕，阿尔伯特·C. 泰特，选

编. 侵权法重述——纲要 [M]. 许传玺，石宏，等，译. 北京：法律出版社，2006.
[17] [美] C. H. 麦基文. 宪政古今 [M]. 翟小波，译. 贵阳：贵州人民出版社，2004.
[18] [意] 莫诺·卡佩莱蒂，编. 福利国家与接近正义 [M]. 徐俊祥，等，译. 北京：法律出版社，2000.
[19] [美] 罗斯科·庞德. 法理学（第三卷）[M]. 廖德宇，译. 北京：法律出版社，2007.
[20] [德] 哈特穆特·毛雷尔. 行政法学总论 [M]. 高家伟，译. 北京：法律出版社，2000.
[21] [古希腊] 亚里士多德. 政治学 [M]. 吴寿彭，译. 北京：商务印书馆，1965.

三、外文著作类

[1] Monika Hinteregger. *Environmental Liability and Ecological Damage in European Law* [M]. Cambridge: Cambridge University Press, 2008.
[2] Mark Wilde. *Civil Liability for Environmental Damage - A Comparative Analysis for Law and Policy in Europe and the United States* [M]. The Hague: Kluwer Law International, 2002.
[3] Greatta Goldenman. *Environmental Liability and Privatization in Central and Eastern Europe* [M]. London: Graham & Tortman Limited, 1994.
[4] R. F. V. Heuston. R. A. Buckley. *Salmon & Heuston on the Law of Torts* [M]. 21th edition. London: Sweet & Maxwell, 1996.

[5] John G. Fleming. *The Law of Torts* [M]. 9th edition. Sydney: LBC Information Services, 1998.

[6] Harold Luntz, David Humbly. *Torts: Cases and Commentary* [M]. 4th edition. London: Butterworths, 1995.

[7] Craig N. Johnston, William F. Funk, Victor B. Flat. *Legal Protection of the Environment* [M]. 3rd edition. San Francisco: West, a Thomson business, 2010.

四、期刊论文类

[1] 王灿发. 论环境纠纷处理与环境损害赔偿专门立法 [J]. 政法论坛, 2003 (5).

[2] 曹明德. 日本环境侵权法的发展 [J]. 现代法学, 2001 (6).

[3] 吕忠梅. 司法中的生态安全考量——兼论生态安全立法存在的问题 [J]. 环境保护, 2006 (28).

[4] 周珂, 杨子蛟. 论环境侵权损害填补综合协调机制 [J]. 法学评论, 2003 (6).

[5] 王明远. 中国环境侵权救济法律制度的现状及其完善 [J]. 环境导报, 2000 (3).

[6] 王轶. 论侵权责任承担方式 [J]. 中国人民大学学报, 2009 (3).

[7] 王轶. 论中国民事立法中的"中国元素" [J]. 法学杂志, 2011 (4).

[8] 周友军. 我国侵权责任形式的反思 [J]. 法学杂志, 2009 (3).

[9] 王社坤. 环境侵权因果关系推定理论检讨 [J]. 中国地质大学学报 (社会科学版), 2009 (3).

[10] 王利明. 我国侵权责任法的体系构建——以救济法为中心的思考 [J]. 中国法学, 2008 (4).
[11] 王利明. 侵权行为概念之研究 [J]. 法学家, 2003 (3).
[12] 崔建远. 论归责原则与侵权责任方式的关系 [J]. 中国法学, 2010 (2).
[13] 崔建远. 绝对权请求权抑或侵权责任方式 [J]. 法学, 2002 (11).
[14] 朱谦. 论环境权的法律属性 [J]. 中国法学, 2001 (3).
[15] 杨明. 请求权、私权救济与民事权利体系 [J]. 比较法研究, 2007 (4).
[16] 毛显强, 钟瑜, 张胜. 生态补偿的理论探讨 [J]. 中国人口·资源与环境, 2002 (4).
[17] 王利民, 郭明龙. 民事责任归责原则新论——过错推定规则的演进: 现代归责原则的发展 [J]. 法学论坛, 2006, 21 (6).
[18] 孔祥俊. 论侵权行为的归责原则 [J]. 中国法学, 1992 (5).
[19] 刘丹. 公共利益的法律解读与界定 [J]. 行政法学研究, 2005 (2).
[20] 张长青. 论违法性与侵权责任的构成 [J]. 法律适用, 2004 (6).
[21] 李慧玲. 论我国"排除危害"环境责任及其立法完善 [J]. 湖南行政学院学报, 2007 (6).
[22] 薄晓波. 论生态破坏侵权行为的归责原则与责任构成要件 [J]. 研究生法学, 2011 (2).
[23] 陈龙江. 对我国民法上的"公平责任"的质疑 [J]. 海南大学学报 (人文社会科学版), 2005 (12).

[24] 张颖. 美国环境公共信托理论及环境公益保护机制对我国的启示 [J]. 政治与法律，2011 (6).
[25] 杨峰. 财产征收中"公共利益"如何界定 [J]. 法学，2005 (10).
[26] 杨立新. 共同侵权行为及其责任的侵权责任法立法抉择 [J]. 河南省政法管理干部学院学报，2006 (5).
[27] 火兴才，王克勤. 舟曲泥石流成因调查：与生态破坏等多种因素有关 [N]. 中国经济时报，2010 - 08 - 23.
[28] 崔木杨. 湖南岳阳一处村庄 24 户被泥石流吞没 [N]. 新京报，2011 - 06 - 12.

五、学位论文类

[1] 唐忠辉. 环境共同侵权研究 [D]. 北京：中国政法大学，2011.
[2] 王军. 论侵权法上的严格责任——比较研究与立法建议 [D]. 北京：对外经济贸易大学，2005.
[3] 潘申明. 比较法视野下的民事公益诉讼——兼论我国民事公益诉讼制度的建构 [D]. 上海：华东政法大学，2009.
[4] 肖顺武. 公共利益研究 [D]. 重庆：西南政法大学，2008.
[5] 陈凤艳. 环境侵权民事责任比较研究 [D]. 哈尔滨：黑龙江大学，2005.
[6] 薄晓波. 数人侵权行为及其民事赔偿责任研究——以意思联络与连带责任的关系为分析视角 [D]. 北京：中国政法大学，2007.

后　记

后记写或不写，似乎对于这本书并没有太大的实质性影响。但是我不愿意放弃这么一次宝贵的机会，就像领奖者上台举着奖杯总要说几句感谢某某某的得奖感言。我想如果我现在不说，以后说的机会恐怕也不太多。在名师云集、厚德明法的中国政法大学求学闻道、砥砺学问长达十年之久，是我人生的一大幸事。在本书的撰写过程中，得到了许多师友的倾心帮助，令我十分感动。

首先要感谢的是我尊敬的导师孙佑海教授，他对我影响至巨。不仅是在学业上对我的不懈指导与帮助，更多的是他做人、做事的风格与态度，令我清楚地认识到勤奋、严谨、认真对于一个人的成功来说是多么地不可或缺。在以后的工作和生活中，我会铭记他对我的谆谆教诲。

其次要感谢我的父亲薄立斌先生和母亲王萍女士，如果没有他们的鼓励与支持，我很难毫无后顾之忧地选择读博。父亲因为“文革”后没有把握住机会参加高考，时常表露悔意，于是读书成才成为他教育两个女儿的重要目标。现在看来，虽然我距离“成才”还相差甚远，但父亲已经感到比较欣慰、知足了。

再次要感谢我的丈夫冯嘉，在他的影响下，我才选择攻读环境与资源保护法学专业的博士学位。并且可以问心无愧地说：我们是真正的环保人，在节能减排方面我们身体力行。我们不仅自己要做到，还要通过高校教师这个很好的工作平台向更多的人传播环保理念。本书的选题也在他的建议下最终敲定。在我初稿完成后，他也向我提出了一些中肯的修改建议，使本书的逻辑结构更加严密完整。

最后还要感谢我的好友刘英赫、妹妹薄琳，她们非常认真仔细地阅读了本书的初稿，帮助我完成了校正工作。

老师、亲人和好友们的无私帮助是我人生的重要财富，所以要用这篇短小的后记来表达我对他们的感激之情！

薄晓波

2013 年 6 月